职业教育市场营销专业精品教材

市场调查实务

杨毅玲　主　编

何义勇　副主编

电子工业出版社
Publishing House of Electronics Industry
北京·BEIJING

内 容 简 介

本书坚持"任务导向"原则，根据市场营销专业岗位群的岗位职责与能力素质要求，以市场调查岗位系列活动为蓝本，将整个策划任务分为市场调查岗前准备、调查方案的设计、实施调查、分析调查资料以及撰写调查报告5个项目，通过19个任务，分别设置"任务情境"引出任务，引起思考；通过"案例"、"练一练"细化、实施任务；利用"综合实训"和"拓展延伸"提高学生的技能掌握水平。本书案例丰富、通俗易懂，具有可操作性强的特点。

本书可作为职业院校市场营销相关专业教材，也非常适合作为企业在职人员的培训教材和营销人员的自学用书。

本书还配有电子教学参考资料包（包括电子教案及部分习题答案），请登录华信教育资源网www.hxedu.com.cn 免费下载。

未经许可，不得以任何方式复制或抄袭本书之部分或全部内容。
版权所有，侵权必究。

图书在版编目（CIP）数据

市场调查实务 / 杨毅玲主编. —北京：电子工业出版社，2016.11
ISBN 978-7-121-29267-5

Ⅰ. ①市… Ⅱ. ①杨… Ⅲ. ①市场调查－职业教育－教材 Ⅳ. ①F713.52

中国版本图书馆 CIP 数据核字（2016）第 150566 号

策划编辑：陈　虹
责任编辑：陈　虹　　特约编辑：俞凌娣
印　　刷：北京天宇星印刷厂
装　　订：北京天宇星印刷厂
出版发行：电子工业出版社
　　　　　北京市海淀区万寿路 173 信箱　邮编　100036
开　　本：787×1 092　1/16　印张：15　字数：384 千字
版　　次：2016 年 11 月第 1 版
印　　次：2022 年 1 月第 2 次印刷
定　　价：32.00 元

凡所购买电子工业出版社图书有缺损问题，请向购买书店调换。若书店售缺，请与本社发行部联系，联系及邮购电话：(010) 88254888，88258888。

质量投诉请发邮件至 zlts@phei.com.cn，盗版侵权举报请发邮件至 dbqq@phei.com.cn。

本书咨询联系方式：chitty@phei.com.cn。

前　言

　　本书坚持"任务导向"原则，根据市场营销专业岗位群的岗位职责与能力素质要求，按照"任务技能、任务呈现→样本分析→任务细化→任务实施→综合实训"的体例，将知识点融入项目中，结合任务引出知识技能，实战性强。这样的设计融先进的教学理念于其中，符合职校学生的心理特点、学习规律，体现出职业特点。

　　本书以市场调查岗位系列活动为蓝本，将市场调查细分为 5 个项目、19 个任务。19 个任务是根据市场调查的典型工作任务经分析整合、提炼整理后得出的，涵盖了市场调查的主要理论知识和所需技能，也是符合企业调查的工作流程和任务分配的。通过"任务情境"提出任务，引起思考，引出相关知识；通过"案例"、"练一练"细化、实施任务；"综合实训"则将通过任务深化来检验学生的技能掌握情况。

　　使用本书，教师既可以采用"任务驱动法"，也可以采用"案例教学法"，还可以采用传统的理论教学方法。每种方法所需资料、案例及内容均包含其中，任课教师可以根据自身和学生的实际情况，灵活地选用教学方法。若条件具备，建议采用任务驱动教学法，以获得更好的效果。

　　本书根据企业提供的建议设置了"练一练"、"综合实训"栏目，模拟企业实际工作任务，在具体任务中充分调动学生学习积极性，带动学生参与到学习中来，发挥学生学习的主观能动性。引导学生在完成任务的过程中锻炼学生的综合能力，如语言沟通、信息查找、归纳分析、计算机应用、演讲答辩、团队合作等，使学生在学习中，不仅学习了市场调查的知识，掌握了设计实施调查、整理分析数据和撰写调查报告的技能，还提高了自身的综合素质，有利于今后的职业提升。

　　本书由杨毅玲担任主编，何义勇担任副主编。杜翠茹、凌健珍、吴淞耿、张帆、沈银花、罗玉琴等参与编写。

　　本书在编写过程中，参考了大量资料，并从公开发表的书籍、报刊和网站上选用了一些案例和资料，特向有关单位和个人表示诚挚的谢意。

　　由于编者水平有限，编写时间仓促，书中疏漏与不妥之处在所难免，敬请读者批评指正。

编　者

目 录

项目一　岗前准备 ………………………… 1
　任务1　市场调研人员岗位职责
　　　　　及工作流程 …………………… 2
　　实训与练习 ………………………… 10
　　综合实训 …………………………… 12
　　拓展阅读 …………………………… 12
　任务2　招聘调查人员 ………………… 14
　　实训与练习 ………………………… 25
　　综合实训 …………………………… 27
　　拓展阅读 …………………………… 27
　任务3　培训调查人员 ………………… 27
　　实训与练习 ………………………… 32
　　综合实训 …………………………… 33
　　拓展阅读 …………………………… 34
项目二　调查方案的设计 ………………… 36
　任务4　确定调查目的和内容 ………… 37
　　实训与练习 ………………………… 45
　　综合实训 …………………………… 47
　　拓展阅读 …………………………… 47
　任务5　选择调查对象及方法 ………… 48
　　实训与练习 ………………………… 54
　　综合实训 …………………………… 55
　　拓展阅读 …………………………… 55
　任务6　安排调查日程 ………………… 57
　　实训与练习 ………………………… 61
　　综合实训 …………………………… 62
　　拓展阅读 …………………………… 62
　任务7　调查经费预算 ………………… 64
　　实训与练习 ………………………… 71
　　综合实训 …………………………… 73

　　拓展阅读 …………………………… 73
　任务8　撰写市场调查方案 …………… 74
　　实训与练习 ………………………… 80
　　综合实训 …………………………… 81
　　拓展阅读 …………………………… 81
　任务9　设计问卷 ……………………… 82
　　实训与练习 ………………………… 95
　　综合实训 …………………………… 96
　　拓展阅读 …………………………… 97
　任务10　抽样技术 …………………… 98
　　实训与练习 ………………………… 111
　　综合实训 …………………………… 112
　　拓展阅读 …………………………… 113
项目三　实施调查 ……………………… 115
　任务11　文案调查法 ………………… 116
　　实训与练习 ………………………… 121
　　综合实训 …………………………… 124
　　拓展阅读一 ………………………… 124
　　拓展阅读二 ………………………… 125
　任务12　访谈调查法 ………………… 125
　　实训与练习 ………………………… 134
　　综合实训 …………………………… 135
　　拓展阅读 …………………………… 135
　任务13　观察调查法 ………………… 137
　　实训与练习 ………………………… 146
　　综合实训 …………………………… 147
　　拓展阅读 …………………………… 147
　任务14　实验调查法 ………………… 147
　　实训与练习 ………………………… 156
　　综合实训 …………………………… 157

拓展阅读 …………………………… 158
　　任务 15　网络调查法 ……………… 158
　　实训与练习 ………………………… 166
　　综合实训 …………………………… 167
　　拓展阅读 …………………………… 168
项目四　分析调查资料 …………………… 171
　　任务 16　整理调查数据 …………… 172
　　实训与练习 ………………………… 183
　　综合实训 …………………………… 186
　　拓展阅读 …………………………… 189
　　任务 17　录入调查数据 …………… 190

　　实训与练习 ………………………… 203
　　综合实训 …………………………… 206
　　拓展阅读 …………………………… 206
　　任务 18　分析调查数据 …………… 207
　　实训与练习 ………………………… 215
　　综合实训 …………………………… 217
　　拓展阅读 …………………………… 219
项目五　撰写调查报告 …………………… 220
　　任务 19　调查报告及其撰写 ……… 221
　　实训与练习 ………………………… 231
　　拓展阅读 …………………………… 234

项目一

岗前准备

任务1　市场调研人员岗位职责及工作流程

技 能 目 标	知 识 目 标	素 质 目 标	建 议 课 时
能明确市场调研人员的工作内容 能按照市场调研人员的标准工作流程开展工作	了解市场调研机构 掌握市场调研人员的岗位职责 掌握市场调研人员的工作流程	树立学生的分工与团队协作意识、培养学生的计算机软件应用和沟通能力	2

任务情境

就读于市场营销专业的广峰今年刚从学校毕业，被必达市场调研公司录用为该公司调查部的见习调查督导，该公司的业务范围非常广，专门搜集各种市场信息，同时也承接各种委托调查。第一天来到公司，没有任何从业经验的新人广峰根本就不了解自己所进公司属于哪类市场调研机构，市场调研人员到底要负责哪些工作，他们又是如何开展工作的。就在广峰非常迷茫的时候，已经在公司工作两年的小林非常热情地给他拿来了一些公司资料。

市场调查就是以科学的方法、客观的态度，明确研究市场营销有关问题所需要的信息，有效地收集和分析这些信息，为决策部门制定更加有效的营销战略和策略提供基础性的数据和资料。市场调查是企业获取信息的重要手段。随着经济的不断发展，市场调查对企业发展和整个社会经济的作用也越来越大。

一、认识市场调查机构

市场调查机构是指受企业或部门委托，专门从事市场调查的单位或组织。与市场调查活动随商品经济发展而发展一样，市场调查机构也是随着商品经济的发展而不断演变的，在市场经济不发达的情况下，市场调查职能有限，大多数都由企业内部市场调查部门承担，随着市场经济的发展，专门从事市场调查与预测的机构应运而生，如图1-1所示。

1. 企业内部市场调查组织

根据企业规模、自身需求和能力，在企业内部设立市场调查部门，也可以是部门监管，调查人员可以是专职或兼职。

（1）企业内设专门调查机构。
（2）企业内没有专门的调查机构，但有一些相关部门的专人承担企业的调查工作。
（3）企业因项目而临时组成的调查队伍。

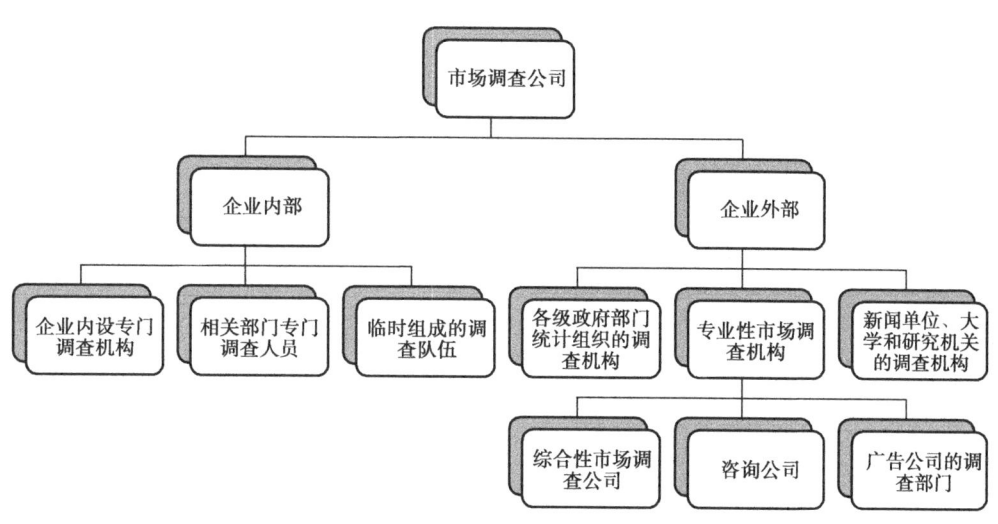

图 1-1　市场调查公司及其构成

2. 企业外部市场调查组织

（1）各级政府部门统计组织的调查机构。

主要是根据国家经济发展和制定政策的需要，进行针对性较强的调查。

（2）专业性市场调查机构

由于社会分工的日益专门化，市场经济的发展和信息化社会的到来，企业的经营决策和市场调查密切相关，因此产生了一些专业性和专门性的市场调研机构，如调查公司、咨询公司、广告公司等。这些公司涉及面广，综合能力强，调查技术先进，是企业外部最主要的市场调查组织形式。专业市场调查机构主要职能如表 1-1 所示。

表 1-1　专业市场调查机构主要职能

专业公司	主要职能
综合性市场调查公司	这类公司专门搜集各种市场信息，当有关单位和企业需要时，只需交纳一定费用，就可随时获得所需资料。同时，它们也承接各种调查委托，具有涉及面广、综合性强的特点
咨询公司	这类公司一般是由资深的专家、学者和有丰富实践经验的人员组成，为企业和单位进行诊断，充当顾问。这类公司在为委托方进行咨询时，也要进行市场调查，对企业的咨询目标进行可行性分析。当然，它们也可接受企业或单位的委托，代理或参与调查设计和具体调查工作
广告公司的调查部门	广告公司为了制作出打动人心的广告，取得良好的广告效果，就要对市场环境和消费者进行调查。它们大都设立调查部门，经常大量地承接广告制作和市场调查

（3）新闻单位、大学和研究机关的调查机构。

新闻单位、大学和研究机关的调查机构因其可以独立地开展市场调查活动，定期或者不定期地公布市场信息，经常性地出售市场信息，也属于市场调研机构的一种。

小·资料

世界名列前茅的十大市场调研公司

名　称	标　志
The Nielsen Company（荷兰 VNU 集团子公司——尼尔森市场研究公司）	nielsen
The Kantar Group（英国 WPP 广告传媒集团子公司——坎塔市场研究公司）	Kantar Operations
IMS Health（美国艾美仕市场研究公司）	IMS HEALTH
GfK（德国捷孚凯市场研究公司）	GfK
Ipsos（法国益普索市场研究公司）	Ipsos
Synovate（英国思纬市场研究公司）	synovate Research reinvented
IRI（美国 IR 市场研究公司）	IRI Industrial Research Institute
McKinsey（美国麦肯锡咨询公司）	McKinsey&Company 麦肯锡
Arbitron（美国阿比创市场研究公司）	ARBITRON
INTAGE （日本英德知市场研究公司）	intage

> **练一练 1-1**
>
> 请判断必达市场调研公司属于哪一类市场调研机构?

3. 专业市场调查机构的组织结构（见图1-2）

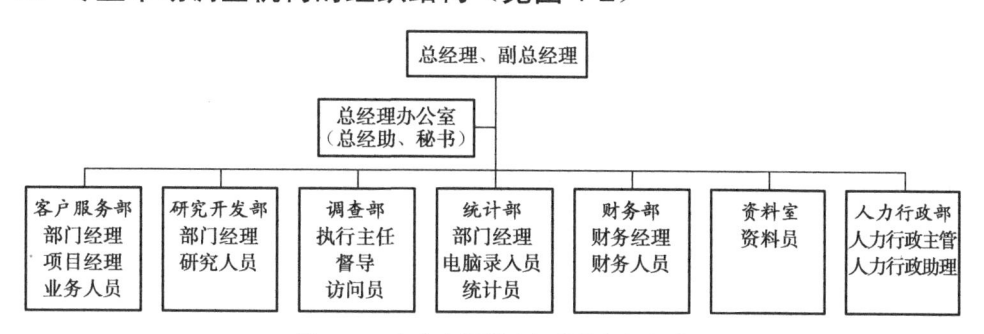

图 1-2 专业市场调查机构的组织机构

二、熟悉市场调研人员的岗位职责

市场调研是一项高强度、高智力性的工作，需要有一个高效的团队去完成这项繁重而艰辛的工作，而在这个团队中，调研人员处于不同的岗位，其内容和职责也有所区别，如表1-2所示。

表1-2 市场调查机构主要的业务岗位种类及其职责

岗 位	职 责
管理人员	组织、控制整个市场调查与预测工作，协调下属各部门之间的工作；制定公司的管理规则、人员的职责
研究人员	拟定调查方案和数据处理计划，参加抽样、工具等定量及定性研究的设计、实施环节；完成数据整理、研究分析并撰写调查报告；参与多部门沟通及合作，辅助项目管控；此外还负责参与向客户进行项目陈述、提供咨询服务等
督导	访问员的招聘、访问员的培训，对访问员的工作进行指导、监督和检查，以及对调查实施结果的检查验收
访问员或调查员	采集资料，对指定的受调查者进行调查访问，以获得原始数据资料
电脑录入员	对收集到的问卷资料进行编码，并将数据资料输入计算机，以便研究人员作统计分析处理
资料员	各种一般性的商业资料的搜集、分类、整理和归档，以便研究人员查询。资料一般来自各种媒体，包括报纸、杂志、商业通报、邮函或出版物

小资料

2016年零点研究咨询集团项目面向应届毕业生的"领航雁计划"

零点研究咨询集团于1992年成立，经过不断的结构调整，目前拥有完备的业务体系与分支机构，业务包括专业调研、策略咨询、社会与文化研究、互动营销、公共呼叫、跨国投资、创业服务、互联网交互与洞察等；零点研究咨询集团已经从一家策略性研究咨询服务的集团公司成为一家提供互联网化的交互数据服务集团公司。

零点领航雁计划是针对应届毕业生的招募、选拔和培养计划，意在为零点研究咨询集团吸纳更多具有研究咨询潜质并且具备多种特质的有为青年，将传统调研咨询依托于互联网产业，并且为多个行业以及互联网产业链中的各个环节提供服务。招聘信息表如表1-3所示。

表1-3 零点领航雁计划招聘信息表

开放岗位	工作职责	应聘基本要求
研究咨询类岗位	完成项目资料收集整理分析、参加定量以及定性研究的设计、实施环节；参与多部门沟通及合作，辅助项目管控；完成研究分析及研究报告撰写、参与项目陈述等工作	热爱研究，有钻研精神，自信有想法，好学上进；对研究分析感兴趣，逻辑思维强，喜欢分析和关注新鲜事物；具有良好的沟通表达能力、优秀的团队意识和协作精神；可适应高强度且快节奏的工作；本科及以上学历，专业不限；有实习经验者优先
数据分析类岗位	负责调研项目前期的抽样技术的把握；负责项目过程中的数据库建立，以及项目的数据分析模型建造；协助项目经理从数据分析的角度实现研究目的	熟练使用SPSS等统计分析软件，有一定的编程基础，熟悉VBA；对数据感兴趣，有较好的逻辑思维能力；敬业，抗压能力强；本科及以上学历，统计学、数学等专业毕业生优先
营销/销售岗位	负责新媒体、新产品营销工作；参与客户沟通及开拓等工作；参与线上、线下营销及销售活动	能说、能写、爱交际、喜欢变化、敢于尝新；有一技之长，会文案或设计或广告创意；有合作精神、抗压能力；敬业，有服务意识；有较强学习能力和分析能力；专业不限，有相关实习经验者优先
设计师岗位	能将艺术与商业结合，擅长平面设计、工业设计、网页设计、UI设计、动漫设计之一即可；参与重要项目的创意设计、提案文件的创意设计；为公司项目的延续性进行设计与维护制作	有非常好的平面美术功底和创新意识，擅长多种设计软件；对网站、互动设计有良好的理念和全面的认知，了解UI及交互设计的概念；美术或多媒体设计专业毕业生优先

练一练 1-2

请问广峰在公司的哪个部门工作？他的主要岗位任务和职责分别是什么？

三、明确市场调研人员的工作流程

市场调研公司接到一个调研项目，会先成立一个项目组，项目组再按照既定的流程开始有序的工作。在调研项目完成的过程中，市场调查人员的工作主要由调研前期准备、调研计划、调研实施和调研分析报告四个阶段构成（见图1-3），具体分为以下七步。

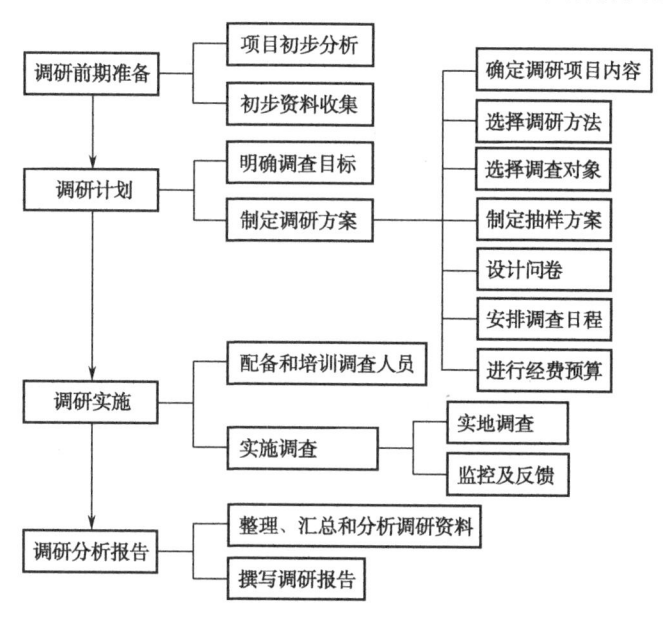

```
调研前期准备 ──┬── 项目初步分析
              └── 初步资料收集

调研计划 ──┬── 明确调查目标
          └── 制定调研方案 ──┬── 确定调研项目内容
                            ├── 选择调研方法
                            ├── 选择调查对象
                            ├── 制定抽样方案
                            ├── 设计问卷
                            ├── 安排调查日程
                            └── 进行经费预算

调研实施 ──┬── 配备和培训调查人员
          └── 实施调查 ──┬── 实地调查
                        └── 监控及反馈

调研分析报告 ──┬── 整理、汇总和分析调研资料
              └── 撰写调研报告
```

图1-3 市场调研工作流程图

1. 准备项目调研的前期资料

当项目组接到项目时，会对项目进行初步的分析，并开展二手资料的收集和小范围的定性研究。

2. 明确调查目标

调研目标是用尽可能准确的语言叙述的、指明所需要信息的陈述书。比如明确调查中要解决哪些问题，通过调查获得什么样的数据资料，取得这些资料有什么用途等问题。其作用是只要获取目标里所指出的信息之后，调研目的就一定能实现。按照企业的不同需要，市场调研的目标有所不同,而且调查目标应尽可能具体和切实可行。例如,本次市场调研的目的是了解某产品的消费者购买行为和消费偏好情况等。

练一练 1-3

某家公司制造产品多年,过去一直受政策保护,经营十分顺利,营业额节节上升,收益率尚佳。近年来,由于市场国际化、消费者消费习性多元化,致使该公司在既有产业的市场竞争上节节败退。加之现存经营包袱颇重,日益增加经营上的压力。所以该公司除积极地进行总体经营体质改善,以提高市场竞争力外,更积极寻求企业经营多角化,为企业体寻找新契机。

在众多多角化计划中,几经节选之后,将"土地有效开发利用"列为优先计划。可是土地有效开发的途径很多,诸如:土地出售、兴建大楼出售、发展游乐产业、兴建大型购物中心等。

该公司在某大都会区附近拥有大量土地,现在该公司最高经营层决定在该土地上建造"大型购物中心":一则配合未来消费者购买习性多元化;二则该营业行为可产生可观现金流量,增加该公司营运周转能力;三则继续保持土地所有权,以得土地增值之利。在下最后经营决定之前,该公司决定进行一次"大型购物中心之市场调查",以帮助最高决策当局作最后决策。

请你分析:大型购物中心的市场调查目标重点在哪些方面?

3. 制定调研方案

调查方案是确立和开展调查项目的一个框架和蓝图,如图1-4所示。

4. 配备和培训调查人员

在市场调查中,调查人员本身的素质、条件、责任心等都在很大程度上制约着市场调查作业的质量,影响着市场调查结果的准确性和可靠性。为了让调查人员拥有相应的知识和技能,必须对他们进行常规的培训。

5. 实施调查

访问人员在调查方案的指导下,按照要求开展现场调查活动,搜集本调查项目的原始资料。

6. 整理、汇总和分析调研资料

实地调查活动结束后,调查人员需要先将搜集的原始资料进行核实、归类、汇总,使其系统化、条理化,即整理数据。然后在这个基础上对整理的资料做进一步的思维加工,

通过分析推论得出研究结论。

7．撰写调研报告

撰写调查报告是整个调查活动的最后一个阶段，也是十分重要的一个阶段。调查数据经过统计分析之后，只是为得出有关结论提供了基本依据，只有将调查研究成果用文字形

确定调研项目内容	•调研内容是收集资料的依据，是为实现调研目标服务的，可根据市场调研的目的确定具体的调研内容。如调研消费者行为时，可按消费者购买、使用、使用后的评价三个方面列出调研的具体内容项目。调研内容的确定要全面、具体、条理清晰、简练，避免面面俱到、内容过多、过于烦琐，避免把与调研目的无关的内容列入其中。
选择调研方法	•根据调研目标、数据现有来源和获取数据的成本，选择合适的调研方法。市场调研中，常用的资料收集方法有调研法、观察法和实验法。这几种调研方法各有其优缺点，适用于不同的调研场合，企业可根据实际调研项目的要求来选择。
选择调查对象	•市场调研的对象一般为消费者、零售商、批发商。在以消费者为调研对象时，要注意到有时某一产品的购买者和使用者不一致，也应注意到一些产品的消费对象主要针对某一特定消费群体或侧重于某一消费群体，这时调研对象应注意选择产品的主要消费群体。
制定抽样方案	•调研样本要在调研对象中抽取，由于调研对象分布范围较广，应制定一个抽样方案，以保证抽取的样本能反映总体情况。样本的抽取数量可根据市场调研的准确度要求确定，市场调研结果准确度要求越高，抽取样本数量应越多，但调研费用也越高，一般可根据市场调研结果的用途情况确定适宜的样本数量。
设计问卷	•调查问卷是市场调研的基本工具，调查问卷的设计质量直接影响到市场调研的质量。
安排调查日程	•在调查过程中，要对每个阶段需要完成的任务做具体规定和要求，这样有利于把握调查时间，也有利于降低调查成本，因此，必须要对调研有清晰的时间规划，明确调研的日程安排。
进行经费预算	•经费预算包括：①调研方案设计、策划费用；②抽样设计、实施费用；③问卷设计费、印刷装订费；④调研实施费用（包括调查费、差旅费、邮寄费、调查人员劳务费、礼品费以及其他相关费用）；⑤数据录入、审核费；⑥数据统计费；⑦报告撰写费；⑧办公用费（如会议费、专家咨询费等）；⑨其他相关费用。

图 1-4　调研方案框架图

式表达出来，才能使调查发挥有效作用，因此调查报告是调查结果的集中表现。

练一练 1-4

必达公司接到一个化妆品公司的委托，要进行一项关于新产品投入市场营销效果评估的调查项目，请问本次调研活动应该如何开展？请写出你的工作流程。

实训与练习

一、单选题

1. 企业外部最重要的市场调查组织机构是（　　）。
   A．咨询顾问公司　　　　　　　　B．政府部门设立的调查机构
   C．广告公司　　　　　　　　　　D．专业市场调查公司
2. （　　）是统计分析的前提。
   A．调查备份　　　B．统计分析　　　C．统计报告　　　D．数据整理
3. 参与多部门沟通及合作，辅助项目管控是（　　）岗位人员的工作职责。
   A．管理人员　　　B．研究人员　　　C．督导　　　　　D．资料员
4. 下列不属于实施督导的具体工作的是（　　）。
   A．招募调查人员　　　　　　　　B．管理和协调调查人员的工作
   C．培训访问员　　　　　　　　　D．入户调查
5. （　　）是整个调查活动的最后一个阶段。
   A．明确调查目标　　B．实施调查　　C．制定调研方案　　D．撰写调研报告

二、简答题

1. 市场调研组织机构有哪些？
2. 市场调查研究人员的岗位工作职责是什么？
3. 请列举市场调查人员的工作流程。

三、实训题

1. 业务能力。

看完小林给自己的公司资料，广峰终于对这一份工作有了清晰的认识，为了更快地适应工作岗位，更好地开展工作，他决定把自己的工作范围、职责和工作要求以大纲的形式列出来。请一起来完成表1-4。

表1-4 广峰的岗位职责、范围及工作要求

职　位	岗位职责和范围	工　作　要　求
见习调查督导		

2．随着市场竞争的加剧，越来越多的企业认识到只有严密地通过市场调查和分析才能做到知己知彼，百战不殆。市场调查行业的发展前景非常乐观，进入该行业的广峰也把它作为自己终身发展的目标，请你根据对调查行业的理解，用图表的方式帮助广峰设计他的职业发展路径。

3．必达公司对化妆品公司新产品投入市场营销效果评估的调查已经开展到指定调研方案阶段，请问这个阶段的主要工作任务是什么？

_____

这个阶段工作完成的先后顺序应该如何安排？

_____

4．闻名世界的日本卡西欧公司，自成立起便一直以产品的新颖、优良取胜，其新、优主要得力于市场调查。卡西欧公司的市场调查主要是销售调查卡，其卡只有明信片一般大小，但考虑周密，设计细致，调查栏目中各类内容应有尽有。栏目包括对购买者的调查，其中包括性别、年龄、职业，分类十分细致；对使用者的调查，使用者是购买者本人、家庭成员或其他人，每一类人员中又分年龄、性别；购买方法的调查，是个人购买、团体购买，还是赠送。调查栏目还包括顾客是如何知道该产品的，为什么选中该产品，以及使用后的感受，等等。另外，还对机器的性能、购买者所拥有的乐器、学习乐器的方法和时间、所喜爱的音乐、希望有哪些功能等方面设计了详尽的调查栏目。如此，为企业提高产品质量、改进经营方式、开拓新的市场提供了可靠依据。

问题：（1）请问完成这样的市场调查需要哪些人员的参与？

（2）请描述卡西欧公司的调研目标。

综合实训

1988年7月，一家市场调查公司在广州成立，这是我国第一家有偿服务的专业市场研究公司。自20世纪80年代至今，近30年的发展历程虽不算长，但该行业已经经历了从官办市场调查与预测、信息服务咨询到管理咨询的几个阶段。如今市场调查行业已经成为一个朝阳行业，诞生了很多专业的市场调查公司，粗略统计，有大概上千家的市场调查公司。

任务：请分组讨论如何结合目前市场环境成立一家市场调查公司。

设计要求：

（1）过程要求　学生根据任务开展组间交流，教师对各小组的初稿进行点评，修改初稿形成定稿。

（2）成果要求　编写该企业的简介，画出组织架构图；描述各部门岗位职责和工作内容；根据工作流程绘制各部门工作关系图。

（3）其他要求　利用互联网查找相关资料，顺利进行团队合作，在交谈讨论时能围绕主题清晰表达自己的观点，会倾听他人，能熟练使用计算机办公软件，面对困难能找出合理的解决方法。

拓展阅读

一家墨西哥饭店的市场调查

Juan Carlos是一家墨西哥饭店的老板，他在一个中小型社区成功地经营着这家墨西哥饭店，直到六个月前。他注意到平均每周顾客数量开始小幅下降，相应的利润也遭受到波及。他很重视这件事，曾花费了大量时间在高峰时间到饭店观察他的雇员是否能有效满足主顾的需要，但收效并不明显。

于是，Juan Carlos请当地大学教授Gilmore进行市场调研，以帮他解决利润下降的问题。Gilmore教授承诺下个星期领着一组学生来，开展这项调研工作。Carlos向学生们讲述了饭店的历史和这些时期的所有财务指标。学生们向Juan Carlos问了很多有关当地饭店、行业趋势的问题，以及任何可能存在的周期性变化。大多数情况下，Carlos都能向小组的提问传递信息。不过，有一件事他没有做，就是调查他的顾客以弄清楚他的饭店和菜肴对消费者有哪种吸引力。基于此，小组确定了下列目标用来指导针对饭店的调研。

（1）在空气、服务、位置、饭菜质量和数量以及饭菜价格方面确定Juan Carcos的墨西哥旅馆最有吸引力的特色。

（2）评估顾客在空气、服务、位置、饭菜质量和数量以及饭菜价格方面满意度的重要性。

（3）确定在空气、服务、位置、饭菜质量和数量以及饭菜价格方面选择墨西哥饭店时考虑的因素。

（4）确定顾客对于将来在这里就餐的意识和最有可能的反应。

（5）根据地区和顾客人口统计量评估顾客在人口统计和地理方面的特征。

（6）推导结果的战略性含义。

小组在这些研究领域选择了一种两步取样法。第一步对一组饭店员工的取样。在这一步收集的信息会在准备设计用于第二步的问卷时对小组有帮助，第二步应用问卷调查对一组随机挑选的饭店顾客进行了调查。

这个样本包括了在两个不同的星期天的下午5点到7点随机挑选的顾客。总共收到了91份有效答卷。小组首先从总体上对数据进行了分析，接着使用SPSS对结果进行了交叉制表处理，以便分析与具体的人口统计和个人品质相关的具体问题。使用概率、交叉表和百分率对数据进行了系统分析，而且确定了基于人口统计和个人品质差异的调查对象差异。基于收集的这些信息，绘制了表1-5～表1-7。

表1-5　消费者对Juan Carlos墨西哥饭店的评价

评分	百分率（%）
第一	77
第二	8
第三	5
第四	4

表1-6　消费者对Juan Carlos墨西哥饭店进行改善的建议

改善项目	百分率（%）
停车场	34.5
饭菜	17.2
空气	13.8
儿童食品	10.3
位置	6.9
墨西哥音乐	17.2

表1-7　不同年龄段消费者的满意度

年龄（岁）	很好	好	一般
小于20	5	2	1
21～30	22	7	1
31～40	10	2	2
41～50	14	5	2
51及以上	14	2	2

从上面的案例中，我们比较清楚地了解了市场抽样调查的具体程序，以及抽样调查的特点。

调查小组首先确定了此项调查的总体对象，即对饭店员工和顾客进行调查，同时为了更好地进行饭店市场调查，调查小组列出六条目标作为市场调查的指导目标。

接着，调查小组设计了样本范围，采用两步取样法对饭店员工和顾客进行抽样。同时，在抽样时，调查小组严格坚持抽取样本的客观性，按照随机的原则；这充分体现了抽样调查抽取样本的客观性的特点。

收集样本资料后,小组首先从总体上对数据进行了分析,接着使用 SPSS 对结果进行了交叉制表处理以便分析与具体的人口统计和个人品质相关的具体问题。使用概率、交叉表和百分率对数据进行了系统分析。

最后,用样本指标推断总体指标,制定了消费者如何评价 Juan Carlos 墨西哥饭店,对 Juan Carlos 墨西哥饭店进行改善的建议以及不同年龄段消费者的满意度三个有价值的表格,进而给 Juan Carlos 墨西哥饭店的成功经营带来了有效的决策参考。

任务 2 招聘调查人员

技能目标	知识目标	素质目标	建议课时
能根据各岗位职责要求和所需素质拟定招聘广告 能选择符合要求的市场调查从业人员	掌握市场调查人员所具备的素质 掌握人员招聘的流程	培养职业素养 培养认真细致的工作态度	2

任务情境

为了让"菜鸟"广峰迅速进入工作状态,部门主管要求他协助招聘一批访问员,这批访问员主要负责某公司新款洗发水使用效果的访问。主管希望广峰全面了解招聘流程,要求他协助人力资源部制定招聘人员的基本条件并书写一则招聘启事。但是市场调查人员需要有什么素质和能力,一次招聘活动是如何开展的,对于初出茅庐的广峰来说都不了解。为了完成好自己的第一项工作任务,广峰找到了已经在市场调研公司人力资源部工作了多年的前辈……

市场调查是市场营销的出发点,是提高市场营销效果的一种管理方法,它并非一项简单的工作,如果选择的调研人员不具备该有的素质,将会对整体营销决策产生影响。因此,加强市场调查人员的组织管理,招聘合格的市场调查人员是市场调查公司的一项重要工作。

一、认识调查人员的素质要求

在市场调查中,调查人员本身的素质、观念、条件、责任心等在很大程度上制约着市场调查作业的质量,影响着市场调查结果的准确性和客观性。作为一个优秀的调查人员,应具备相应的知识、能力和技能。

市场调查人员的素质主要包括三方面的内容:一是工作人员的思想修养和工作作风;二是工作人员的文化程度、专业知识水平和工作能力;三是身体条件和状况。可以归纳为思想品德、业务和身体三大方面,如表 1-8 所示。

表 1-8 调查人员所需素质

调查人员所需素质	思想品德素质	政治素质	熟悉国家方针、政策、法律法规，具有法律意识，遵纪守法
		道德修养	有较高的职业道德水平，有实事求是的工作态度、踏实的工作作风、吃苦耐劳的工作精神
		敬业精神	有强烈的社会责任感和事业心，工作严谨、认真细致，待人谦虚谨慎，平易近人
		创新意识	有敏锐的观察力，对信息有较强的敏感性，有分析问题的能力，具有创新精神和勇担风险的胆略
	业务素质	理论知识	有较广博的理论知识，广泛的兴趣，掌握市场调查专业知识，有 T 形的知识结构
		业务能力	利用各种情报资料的能力；对调查环境有较强的适应能力；分析、鉴别、综合信息资料的能力；较强的计算机使用、语言和文字表达能力
	身体素质	体力	身体健康状况良好
		性格	性格乐观开朗，不怕挫折

总之，一个合格的市场调查人员应是勤学好问、有思想、有知识并具有创造性的，他们必须善于倾听、善于思考、善于提出问题、分析问题和解决问题。

但人的素质和才能是有差异的，造成这种差异的原因既有先天因素，也有后天因素。部分先天不足是可以通过后来的教育、培训来弥补的，是可以扭转的，要达到调查工作需要的理想标准，就要不断地通过各种途径，利用各种方法提高素质。

在实际调查中，调查任务是通过组建一支良好的调查队伍来完成的。因此，除对调查人员基本思想、品德要求外，不可能要求所有调查人员同时具备这些素质，而只能对调查队伍的整体结构加以考虑，包括职能结构、知识结构、年龄结构，甚至包括性别结构等，通过人员的有机组合，取长补短，提高调查效率。

练一练 2-1

必达公司人力资源部接到一项关于某公司新款洗发水使用效果的访问员招聘任务，请你帮助广峰描述一位优秀的访问人员所需的特征和基本条件（从品德、知识、能力、个人特征等方面开展描述）。

二、掌握招聘工作流程

为使公司员工招聘管理规范化、程序化、制度化，保证公司合理的人才结构和人才储备，实现人力资源的优化配置，市场调研公司内部一般会制定相应的招聘工作管理制度，而招聘工作也就按照制度规定的流程开展。

大多数市场调研公司招聘人员有四大阶段的基本工作流程：确定人员需求阶段—制定招聘计划阶段—人员甄选阶段—招聘评估阶段。最基本的工作流程如图1-5所示。

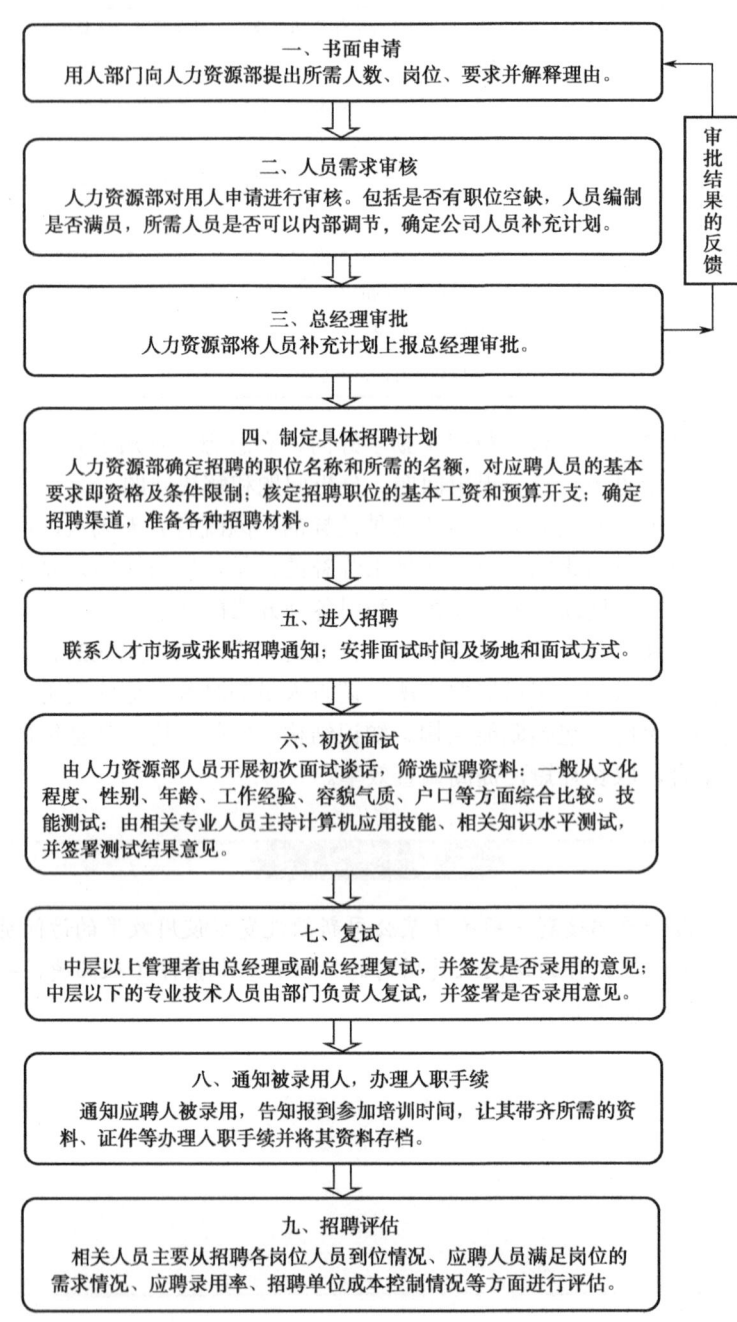

```
┌─────────────────────────────────────┐
│          一、书面申请                │
│  用人部门向人力资源部提出所需人数、   │
│  岗位、要求并解释理由。              │
└─────────────────────────────────────┘
                 ↓
┌─────────────────────────────────────┐
│          二、人员需求审核            │
│  人力资源部对用人申请进行审核。包括  │
│  是否有职位空缺，人员编制是否满员，  │
│  所需人员是否可以内部调节，确定公司  │
│  人员补充计划。                      │
└─────────────────────────────────────┘         审
                 ↓                               批
┌─────────────────────────────────────┐         结
│          三、总经理审批              │         果
│  人力资源部将人员补充计划上报总经    │         的
│  理审批。                            │         反
└─────────────────────────────────────┘         馈
                 ↓
┌─────────────────────────────────────┐
│          四、制定具体招聘计划        │
│  人力资源部确定招聘的职位名称和所    │
│  需的名额，对应聘人员的基本要求即    │
│  资格及条件限制；核定招聘职位的基    │
│  本工资和预算开支；确定招聘渠道，    │
│  准备各种招聘材料。                  │
└─────────────────────────────────────┘
                 ↓
┌─────────────────────────────────────┐
│          五、进入招聘                │
│  联系人才市场或张贴招聘通知；安排    │
│  面试时间及场地和面试方式。          │
└─────────────────────────────────────┘
                 ↓
┌─────────────────────────────────────┐
│          六、初次面试                │
│  由人力资源部人员开展初次面试谈话，  │
│  筛选应聘资料：一般从文化程度、性    │
│  别、年龄、工作经验、容貌气质、户    │
│  口等方面综合比较。技能测试：由相    │
│  关专业人员主持计算机应用技能、相    │
│  关知识水平测试，并签署测试结果意见。│
└─────────────────────────────────────┘
                 ↓
┌─────────────────────────────────────┐
│          七、复试                    │
│  中层以上管理者由总经理或副总经理    │
│  复试，并签发是否录用的意见；中层    │
│  以下的专业技术人员由部门负责人复    │
│  试，并签署是否录用意见。            │
└─────────────────────────────────────┘
                 ↓
┌─────────────────────────────────────┐
│    八、通知被录用人，办理入职手续    │
│  通知应聘人被录用，告知报到参加培    │
│  训时间，让其带齐所需的资料、证件    │
│  等办理入职手续并将其资料存档。      │
└─────────────────────────────────────┘
                 ↓
┌─────────────────────────────────────┐
│          九、招聘评估                │
│  相关人员主要从招聘各岗位人员到位    │
│  情况、应聘人员满足岗位的需求情况、  │
│  应聘录用率、招聘单位成本控制情况    │
│  等方面进行评估。                    │
└─────────────────────────────────────┘
```

图1-5 市场调研公司招聘流程

从图1-5可知，市场调查公司招聘的每个阶段均有不同的工作任务，每个阶段的主要任务如下。

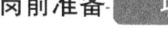

1. 确定人员需求

（1）当部门需增补人员时，应向人力资源部申请领取《人员增补申请单》，并认真填写包括增补原由、增补岗位任职资格条件、增补人员工作内容等，任职资格必须参照《岗位描述》来写。

（2）填好后的《人员增补申请单》必须经用人部门主管的签批后上报人力资源部。

（3）人力资源部接到部门《人员增补申请单》后，核查各部门人力资源配置情况，检查公司现有人才储备情况，决定是否从内部调动解决人员需求。

（4）若内部调动不能满足岗位空缺需求，人力资源部将把公司总的人员补充计划上报总经理，总经理批准后人力资源部进行外部招聘。

练一练 2-2

必达公司调查部因完成某公司新款洗发水使用效果的调查需要，申请招聘25位访问员，人员到岗时间为4月21日，现要求广峰填写《人员增补申请单》，请你帮助广峰填制表1-9。

表1-9 人员增补申请单

部　　门		岗位名称	
岗位性质		直接主管	
主要工作职责		岗位基本要求	
需求人数：　　　人		到岗时间：	
增补原因：			
特殊要求或特批申请：			
批　准　签　字			
用人部门负责人： 人事行政部：		总经理特批签字：	

2. 确定招聘计划

（1）招聘计划要依据《岗位描述》确定招聘各岗位的基本资格条件和工作要求。

（2）根据招聘人员的资格条件、工作要求和招聘数量，结合人才市场情况，确定选择相应的招聘渠道。

① 大规模招聘多岗位时可通过招聘广告和大型的人才交流会招聘。

② 招聘人员不多且岗位要求不高时，可通过内部发布招聘信息或参加一般的人才交流会。

③ 招聘高级人才时，可通过网上招聘或通过猎头公司推荐。

（3）人力资源部根据招聘需求，准备以下材料：

① 招聘广告。招聘广告包括本企业的基本情况、招聘岗位、应聘人员的基本条件、报名方式、报名时间、地点、报名时需携带的证件、材料以及其他注意事项。

② 公司宣传资料。

③《应聘人员登记表》《员工应聘表》《复试、笔试通知单》《面试评价表》《致谢函》、面试准备的问题及笔试试卷等。

小资料

零点咨询集团的项目督导的招聘广告

零点研究咨询集团于1992年成立，是在我国经济市场化进程中产生并不断成长的著名专业研究咨询机构。经过不断的结构调整，目前零点拥有丰富的业务体系与分支机构，业务包括专业调研、策略咨询、社会与文化研究、互动营销、公共呼叫、跨国投资、创业服务、互联网交互与洞察等。零点研究咨询集团已经从一家策略性研究咨询服务的集团公司转型为一家提供互联网化的交互数据服务集团公司。

招聘岗位：项目督导　　　　招聘人数：5人　　　　职位月薪：面议

工作地点：北京市朝阳区酒仙桥中路24号院1号楼878东区4、6、7、8层

职位描述：

1. 项目的综合管理（包括制作预算、项目计划、项目培训、进度控制、质量控制、劳务费结算、资料归档等）。
2. 独立胜任一个以上的项目执行。
3. 公司内外部的主动、及时的沟通。
4. 对兼职人员的招聘、培训及管理。

任职要求：

1. 大专以上学历，具有定量、定性、神秘客调研项目操作1～3年以上经验。
2. 具有全国性项目操作管控经验与能力。
3. 具有代理公司控制管理经验。
4. 内部协调与主动沟通意识强。
5. 对项目品质和项目进度关注。
6. 有责任心、踏实、能吃苦、有敬业精神、适应性强。

7. 能够承受一定的工作压力。

应聘方式：有意者请于 2016 年 12 月 15 日前点击 www.horizonrcg.com/q.php?qname=1，进行在线申请；或将简历（含照片）以正文及附件的方式发至邮箱（88888888@horizonrcg.com）。

练一练 2-3

为完成某公司新款洗发水使用效果的调查，必达公司决定招聘访问员，请问：可以通过哪些途径开展招聘？

3. 人员甄选阶段

（1）人力资源部门根据总经理或公司办公室审批的招聘计划，可根据需求选择不同的渠道发布招聘信息（联系人才市场或张贴招聘通知等）。招聘信息反馈后，由人力资源部门负责，对应聘者进行初步筛选，获取候选人名单，安排初次面试时间及地点。

（2）收集应聘资料，进行初试。

① 进行初试时，招聘人员须严格按招聘标准和要求把好第一关，筛选应聘资料进行初试时，一般从文化程度、性别、年龄、工作经验、容貌气质、户口等方面综合比较。

② 符合基本条件者可参加复试，不符合者登记完基本资料后直接淘汰。

（3）初试程序：

① 一般由人力资源部主管或工作人员进行初次面试。应聘者携面试通知，工作人员整理好应聘者资料后，引领参加其到面试地点按顺序进行面试。

② 某些特殊岗位专业人员的面试由相应部门经理进行面试。按以下程序组织：人力资源部收集整理好应聘者的资料交给相应部门经理；部门经理进行初步筛选后将通过者名单交给人力资源部。

③ 应聘者应向人力资源部门递交的相关个人资料，包括居民身份证复印件、户口本复印件、学历证明复印件、本人照片、求职应聘表、个人简历及其他能证明身份和能力的证书等。

小·资料

求职应聘表

应聘岗位：

基本情况					
姓　名		性　别		民　族	
出生年月		籍　贯		健康状况	照片
身高（cm）		体重（kg）		政治面貌	
外语（语种）		等　级		取得时间	
计算机等级		专业技术职称			
户口所在地				身份证号码	
学历及学位		毕业时间		学校及专业	
通信地址				邮编	
联系电话				电子信箱	
期望收入				最低期望收入	

教育经历				
起止年月	毕业院校	所学专业	学历/学位	培养方式

工作经历			
起止年月	主要经历	成果或奖项	证明人

专业技能及特长（资格认证等）				
系列	职称	专业	职称等级	授予单位	评定时间

(续表)

奖惩情况					
时　间	内容	个人/集体	颁发单位	具体原因

家庭情况及社会关系（直系亲属必填）			
姓　名	与本人关系	出生年月	工作单位	职务/岗位

诚信承诺
声明：1. 本人承诺保证所填写资料真实，并自愿承担因隐瞒事实而带来的包括解聘等一切后果。 　　　2. 本人身份证、毕业证、职称证书等有效证件和职业技能等级证书、获奖证书等均为原件扫描（复印）件。 　　　　　　　　　　　　　　　　　　　　　　　本人签名： 　　　　　　　　　　　　　　　　　　　　　　　日　　期：

（本表所填信息供招聘参考用，请如实填写。）

（4）复试相关规定：

① 只有初试合格的应聘者才有资格参加复试。

② 复试由人力资源部通知，参加复试的应聘者到达面试指定地点后由工作人员引领，按顺序进行面试。

③ 竞聘专业人员或中层以上岗位的应聘者一般由总经理复试，一般岗位的应聘者由相关部门负责人复试。

小资料

面试评估表

应聘者：	面试人：
应聘职位：	时间：

初试

综合评价（如：沟通能力、学习能力、创造性、持久性等）	

（续表）

受教育情况（学历、专业）	
工作经验（专业背景及专长）	
服务至上理念	差　1　2　3　4　5　优
团队协作精神	差　1　2　3　4　5　优
沟通及语言表达能力	差　1　2　3　4　5　优
诚实、开放、激情	差　1　2　3　4　5　优
敏于思而慎于行（分析和解决问题的能力）	差　1　2　3　4　5　优
对行业的兴趣	
对工作的兴趣	
外语水平	计算机水平
个性气质类型	（ ）外向（ ）偏外向（ ）中性（ ）偏内向（ ）内向
应聘的动机	（ ）应届毕业（ ）寻求发展（ ）提高收入（ ）人际关系（ ）其他，需说明：
优势	
不足	
目前待遇（工资、职位）	期望待遇（工资、职位）
可到岗时间	
决定	（进一步面试）　（不录用）　（录用）　（存档）

面试人签字：　　　　　　　　日期：

复试

日期：	
面试人：	
综合印象及决定	

签字：＿＿＿＿＿＿

（录用）　　（不录用）　　（存档）
（候补）　　（暂缓录用）

此表填写后请交人事行政部。

（5）员工录用。

① 复试结束后，由各级总经理和人力资源部经理共同确定录取人员名单。

② 工作人员对最后确定的录用人员名单发放《员工录取报到通知》，通知上需注明：被录取者姓名、员工报到时间、办理录用手续需准备的资料等相关事宜。

③ 特殊岗位员工录用后须办理担保手续，签订《担保书》，提供担保人身份证复印件、户口本复印件、房产证复印件。

④ 人力资源部要为每一位新录用的员工建立员工档案，新录员工办理录用手续时需补交齐个人资料（身份证复印件、学历证复印件、照片等）。

练一练 2-4

假设必达公司人力资源部已经完成本次招聘任务，决定录用一批访问员，需要他们携带相关资料（身份证、体检表、学历学位证书、红底一寸证件照 2 张）于 2016 年 12 月 25 日到人力资源部报到，现在请你帮忙拟定一份员工录用报到通知书。

小资料

员工录用报到通知书

_____先生（小姐）：

您应聘本公司_____一职，经复试，决定录用，请于____年____月____日（星期___）上午____时，携带下列物品文件及详填函附之表格，向本公司人事部报到。

居民身份证；

个人资料卡；

体检表；

保证书；

红底一寸证件照　　张

注意事项：

1. 按本公司之规定新进员工必须先行试用___个月，试用期间暂支月薪____；

2. 报到后，本公司将在很愉快的气氛中，为您做职前介绍，包括本公司人事制度、福利、服务守则及其他注意事项，使您在本公司工作期间，薪资满意，心情愉快，如果您有疑虑或困难，请与本部联系。

人力资源部 启
年　月　日

小资料

员工登记表

录用部门及职务			报到日期		照片
姓　名		性　别	民族	政治面貌	
身份证号			婚否	有无子女	
家庭住址			邮编	家庭电话	
户籍地址			邮编	手　机	
人事档案存放地			E-mail		
职　称			紧急联系人和联系方式		

教育经历	起止年月	学　校　名　称	专　业	学　历	受过何种奖励

工作经历	起止年月	工　作　单　位	职　务	工作内容	月薪	离职原因

家庭成员	姓名	与本人关系	工　作　单　位	职　务	联系方式

本人承诺：以上一切信息均属实，若有因信息不属实而造成的各项损失，由本人自行承担。

承诺人签字：

日期：

该员工已于___年__月__日由人事行政部送至_____部门。部门负责人：_____

4．招聘评估

（1）招聘工作评估小组由各级主管领导、人力资源部主管、助理、招聘工作人员及需补充人员的部门领导组成。

（2）招聘评估主要从招聘各岗位人员到位情况、应聘人员满足岗位的需求情况、应聘录用率、招聘单位成本控制情况等方面进行评估。

实训与练习

一、单选题

1. 以下不属于市场调查人员的素质是（　　）。
   A．思想品德素质　　　B．政治素质　　　C．敬业精神　　　D．审美能力
2. 处理应聘信息属于招聘程序的（　　）。
   A．确定人员需求阶段　　　　　　　　　B．制定招聘计划阶段
   C．人员甄选阶段　　　　　　　　　　　D．招聘评估阶段
3. 下述程序中，正确的是（　　）。
   A．用人部门书面申请→总经理审批→人员需求审核→制定具体招聘计划→进入招聘→初次面试→复试→通知被录用人，办理入职手续→招聘评估
   B．用人部门书面申请→人员需求审核→总经理审批→制定具体招聘计划→进入招聘→初次面试→复试→通知被录用人，办理入职手续→招聘评估
   C．用人部门书面申请→人员需求审核→制定具体招聘计划→总经理审批→进入招聘→初次面试→复试→通知被录用人，办理入职手续→招聘评估
   D．用人部门书面申请→人员需求审核→制定具体招聘计划→进入招聘→初次面试→复试→招聘评估→通知被录用人，办理入职手续→总经理审批
4. 下列工作是由用人单位来完成的是（　　）。
   A．制定招聘计划　　　　　　　　　　　B．填制人员增补申请单
   C．将应聘结果通知应聘者　　　　　　　D．初试

二、实训题

1. 业务能力。

听完前辈的介绍，广峰终于知道了应该如何招聘一个合格的市场调查人员，为了帮助完成本次访问人员的招聘活动，广峰决定主动帮助人力资源部门拟定本次招聘活动的招聘广告。同学们，请你们也一起来尝试书写一份完整的招聘广告吧！

2. 如果你有机会作为考官参与初试，你会提出哪些问题去考查应聘者的基本情况？请根据考查的主要内容帮忙拟定如表 1-10 所示的问题提纲。

表 1-10　根据考查内容拟定问题

考查的内容	问　　题
求职动机	
应聘者与工作的匹配性	

(续表)

考查的内容	问 题
专业知识与特长	
工作经验	
工作态度与工作技巧	
事业心与进取心	
言语表达能力	
团队精神及合作能力	
适应能力	
学习能力	
发展潜力	
企业文化的认同性	

3. 如现在必达公司需要开展一次校园招聘活动，请举例说明在面试之前你要进行哪些准备活动。

_____

_____

_____

4. 请分析以下几家世界500强公司的特殊面试，这些面试主要考查应聘者的哪些素质和能力，并判断这些方法是否适合使用在市场调研人员的招聘中。

（1）日产公司——请你吃饭

日产公司认为，那些吃饭迅速快捷的人，一方面说明其肠胃功能好，身强力壮，另一方面他们往往干事风风火火，富有魄力，而这正是公司所需要的。因此，对每位来应聘的员工，日产公司都要进行一项专门的"用餐速度"考试——招待应聘者一顿难以下咽的饭菜，一般主考官会"好心"地叮嘱你慢慢吃，吃好后再到办公室接受面试，那些慢腾腾吃完饭者得到的都是离开通知单。

分析和判断：_____

（2）壳牌石油——开鸡尾酒会

壳牌公司组织应聘者参加一个鸡尾酒会，公司高级员工都来参加，酒会上，由这些应聘者与公司员工自由交谈，酒会后，由公司高级员工根据自己的观察和判断，推荐合适的应聘者参加下一轮面试。一般那些现场表现抢眼、气度不凡、有组织能力者得到下一轮面试机会。

分析和判断：_____

（3）假日酒店——你会打篮球吗

假日酒店认为，那些喜爱打篮球的人，性格外向，身体健康，而且充满活力，富于激情，假日酒店作为以服务至上的公司，员工要有亲和力、饱满的干劲，朝气蓬勃，一个兴趣缺乏、死气沉沉的员工既是对公司的不负责，也是对客人的不尊重。

分析和判断：_____

（4）美电报电话公司——整理文件筐

先给应聘者一个文件筐，要求应聘者将所有杂乱无章的文件存放于文件筐中，规定在

10分钟内完成，一般情况下不可能完成，公司只是借此观察员工是否具有应变处理能力，是否分得清轻重缓急，以及在办理具体事务时是否条理分明，那些临危不乱、作风干练者自然能获高分。

分析和判断：_____

（5）统一公司——先去扫厕所

统一公司要求员工有吃苦精神以及脚踏实地的作风，凡来公司应聘者公司会先给你一个拖把叫你去扫厕所，不接受此项工作或只把表面洗干净者均不予录用。他们认为一切利润都是从艰苦劳动中得来的，不敬业，就是隐藏在公司内部的"敌人"。

分析和判断：_____

综合实训

某咨询企业为了给企业的后续发展做好人力资源储备，现打算在大学校园开展一次招聘活动，希望为公司的各个部门补充后备人才。假设你是该企业人力资源部的工作人员，现和同事一起商量如何更好地完成这项工作任务。

请结合以上背景资料，制订本次的招聘活动计划。

设计要求：

（1）过程要求　学生根据背景资料开展小组讨论，形成招聘活动计划初稿；组间交流，教师对各小组设计初稿进行点评，修改初稿形成定稿。

（2）成果要求　提交招聘活动计划或方案，并制作PPT阐述工作过程。

（3）其他要求　能利用互联网查找相关资料，顺利进行团队合作，在交谈讨论时能围绕主题清晰表达自己的观点，会倾听他人，能熟练使用计算机办公软件，面对困难能找出合理的解决方法。

拓展阅读（具体内容请扫描右侧二维码）

任务3　培训调查人员

技能目标	知识目标	素质目标	建议课时
能根据实际情况确定培训内容、选择合适的培训途径和方法　能组织开展一次培训活动	了解市场调查人员培训途径　掌握市场调查人员培训的内容	培养学生的团队合作精神、知识运用能力	2

任务情境

必达公司人力资源部和调查部通过招聘已经录用了一批访问员，为了让新员工能更好地开展工作，调查部的主管希望广峰为这批刚到岗的员工开展一次为期三天的培训，要求他先制定出本次的培训计划，再和其他同事一起开展培训活动。这是广峰第一次接到要求自己独立完成的任务，他非常重视该项工作的完成，立刻着手准备相关的培训资料……

员工是当代市场调研企业重要的战略资源，有效培养、运用员工是企业在未来激烈市场竞争中生存和发展的关键要素。而通过培训可以对市场调研人员进行有效的控制和指导，使其成为本企业发展的重要推动力。

一、确定市场调查人员的培训内容

市场调查人员的重要作用以及对调查人员的客观要求，都提出了对人员进行培训的问题。培训的内容根据调查目的和受训人员的具体情况而有所不同。通常包括表1-11三个项目的培训。

表1-11 市场调查人员培训项目及内容

培训项目	培训内容
思想道德方面的教育	组织调查人员学习市场经济的一般理论，国家有关政策、法规，充分认识市场调查的重要意义，使他们有强烈的事业心和责任感，端正工作态度和工作作风，激发调查的积极性
性格修养方面的培养	对调查人员在热情、坦率、谦虚、礼貌等方面进行培训
调查业务方面的训练	不仅需要讲授市场调查原理、统计学、市场学、心理学等知识，还需要加强问卷设计、提问技巧、信息处理技术、分析技术及报告写作技巧等技能方面的训练，以及有关规章制度的教育

练一练 3-1

受训人员的具体情况不同而选择不同的重点培训内容，请问表1-12中的人员在培训时的侧重点是什么？

表1-12 不同类型人员的培训内容侧重点

人员类型	培训内容侧重点
大学非经济类专业应届毕业生	
在市场调研行业有三年工作经验的人	
从未从事该行业的社会人员	

二、选择市场调查人员的培训途径

根据不同调研企业的情况,市场调查人员接受培训的基本途径有以下两条。

1. 业余培训

业余培训是提高市场调查人员素质的有效途径,是调动调查人员学习积极性的重要方法,也是目前操作实施人员培训的主要途径。它具有投资少、见效快的特点,采用这种方法不需要占用市场调查人员的工作时间,不影响企业正常业务的开展。

2. 脱产培训

脱产培训则是一种比较系统的训练方法,它可以使调查人员集中精力和时间进行学习。脱产培训可以采取两种方式:一种是举办各种类型的调查人员培训班;另一种是根据调查人员的工作特点和本部门的需要,送他们到各类经济管理院校相应专业,系统学习一些专业基础知识、调查业务知识、现代调查工具的使用知识等。通过该途径的培训能使调查人员具备较扎实的基础,更全面的知识体系,但投资较大,也会较大程度地对企业的经营带来影响。

练一练 3-2

请根据以下几种市场调研企业的情况分别帮助它们选用合适的培训途径。
(1)刚成立不到 2 年的市场调研企业对一线工作人员开展常规培训。
培训途径:_____
(2)一个中小型的企业对统计部的所有员工开展业务培训。
培训途径:_____
(3)实力雄厚、拥有 500 个职员的大企业要对各部门的后备主管进行培训。
培训途径:_____

三、选用市场调查人员培训的方法

目前,企业在对市场调查人员开展培训时,可根据培训目的和受训人员情况选用不同的培训方法。下面着重介绍对访问员培训时采用的几种主要培训方法。

1. 课堂讲授的方法

这是目前访问员业务开展前培训中采用的主要方法之一,就是请有关专家、调查方案的设计者,对调查课题的意义、目的、要求、内容、方法及调查工作的具体安排等进行讲解。

在必要的情况下,还可讲授调查的基本知识,介绍相关背景材料等。采用这种培训方法,应控制培训的时间,突出重点,针对性强,讲求实效。

2. 以会替训的方法

由主管市场调查的部门召集会议,一般包括三种形式的会议:

（1）研讨会。需要对调查的主题进行研究，从拟定调查题目到调查的设计，资料的搜集、整理和分析调查的组织等各项内容逐一研究确定，让与会者对工作有更清晰的认识。

（2）经验交流会。与会者可以互相介绍各自的调查经验，如先进的调查方法、手段和成功的调查案例等，以集思广益，博采众长，共同提高。

（3）早会。每天开展工作前，本次调研的团队成员集中在一起做昨日的工作总结和本日的计划，由带队的主管进行点评和指导，参与的成员通过讨论提高解决实际问题的能力。

采取以会替训方法，一般要求参会者有一定的知识水平和业务水平，才能起到通过交流相互促进的效果。

3. 传帮带的方法

这是一种传统的培训方法，它是由有一定理论和实践经验的人员对新接触调查工作的人员进行传、帮、带，使新手能尽快熟悉调查业务，得到锻炼和提高。这种方法能否取得成效，取决于带者是否无保留地传授，学者是否虚心求教。使用该方法需要特别注意选择有丰富工作经验并愿为人师的老员工为导师，以老带新让新员工的工作技能得以提高。

4. 模拟实训的方法

由培训者人为地制造一种调查环境，由培训者和受训者或受训者分组，分别饰演调查者和被调查者，进行模拟调查，练习某一具体的调查过程。

模拟时，要将在实际调查中可能遇到的各种问题和困难表现出来，让受训者作出判断、解答和处理，以增加受训者的经验。采用这种方法，应事先做好充分准备，模拟时才能真实地反映调查过程中可能出现的情况。

5. 真实现场锻炼的方法

在培训者的策划下，让受训者到自然的调查环境中去实践和锻炼，这样能将理论和实践有机地结合，在实践中发现各种问题，在实践中培养处理问题的能力。采用这种方法，应注意掌握实习的时间和次数，并对实习中出现的问题和经验进行及时总结。

练一练 3-3

张某是公司一个资深的访问员，自进入公司以来，工作效率和成果都令人满意，但在他最近参加的一次调查项目的工作过程中，主管发现他的访问成功率偏低，甚至接到针对他的顾客投诉，经与其谈心后发现导致张某业绩下降的原因主要有两个：一是知识结构老化，使用的访问技巧不再吸引受访者；二是他与新来的督导产生了矛盾，工作积极性受到打击。现在需要对张某进行再培训，帮助他恢复工作效率，请分组讨论需要使用哪些培训方法才能取得更好的效果。

四、开展市场调查访问员培训的注意事项

1. 基础性培训与专业技能性培训分开

所谓基础性培训，是指对访问员进行诸如自我介绍、入户方式、应变能力、工作态度、安全意识、报酬计算标准、奖惩条例、作业流程以及纪律与职业道德等内容的一般培训。

所谓专业技能性培训，是指针对某一份具体问卷所涉及的诸如如何甄选被访对象、如何统一理解或向被访者解释某些专业概念与名词、如何提出问题、如何做好笔录、如何追问以及如何自查问卷等技术性问题的技巧培训。

由于上述两类培训内容不同、所要解决的问题也不同，因此，通常必须分开进行，并由不同的培训教师分别进行。通常的做法是：基础性培训重点针对首次应聘的访问员，并由事务所的管理人员（如督导）来承担；对于已多次参与过调查任务的老访问员，则只需就新的规定作扼要的说明，而将培训重点放在专业技能性培训上，以提高培训工作的效率，并避免访问员对培训工作产生厌倦情绪。

2. 专业技能性培训应列为重点内容

一般除非是针对同一产品的同一份问卷的重复调查，否则任何专业问卷都会因为访问员对某产品认识层次的差异，或对某些特殊问题不同的理解而出现调查误差，故应把本次调研所需的专业技能视为必须培训的内容。专业培训最好由来自厂商的技术专家与本次调研项目的方案设计者共同完成，这样才能最大限度地保证培训效果的准确性与高效性。

3. 真实现场锻炼确保访问员培训效果

真实现场锻炼的具体做法是：在课堂讲授培训结束后，先拿出少量问卷，将调查任务分派给每个访问员，让他们按正式要求去试访几份。与此同时，培训专家以旁观陪同者的身份，对每一个访问员的入户进行一次陪访，实地观察访问员在实际工作中是否存在问题。在真实现场锻炼结束后，培训专家再对访问员进行一次集中总结，纠正试访中存在的问题，并及时淘汰部分难以胜任工作的访问员。这样，整个培训工作的效果就能得到基本保障。

小资料

尼尔森市场研究公司的新员工培训

AC 尼尔森，荷兰 VNU 集团下属公司，是领导全球的市场研究公司，为全球超过 100 个国家提供市场动态、消费者行为、传统和新兴媒体监测及分析。客户依靠 AC 尼尔森的市场研究、专有产品、分析工具及专业服务，以了解竞争环境、发掘新的机遇和提升他们市场及销售行动的成效和利润。

AC 尼尔森是全球领先的市场研究、资讯和分析服务的提供者，服务对象包括消费产品和服务行业，以及政府和社会机构。在全球 100 多个国家里有超过 9 000 个客户依靠 AC 尼尔森认真负责的专业人士来测量竞争激烈的市场的动态，来理解消费者的态度和行为，以及形成能促进销售和增加利润的高级分析性洞识。

AC 尼尔森总部位于美国纽约,并在伊利诺伊州的商堡(Schaumburg)、比利时的瓦韦尔(Wavre)、中国的香港、澳大利亚的悉尼、阿根廷的布宜诺斯艾利斯以及塞浦路斯的尼科西亚建立了区域业务中心。

尼尔森会对刚入职员工按工作不同而进行不同的培训,培训内容主要包括以下几个方面:

1. 尼尔森进阶培训之零售研究数据的价格分析。
2. 尼尔森零售研究培训。
3. 尼尔森的市场分析培训。
4. 顾客满意度培训。

注:培训内容一般包括基础数据类型及应用、商业问题与分析思路和案例分享。

其中,应届毕业生培训包括:

第一阶段——集中培训

这一阶段的目的是帮助新进毕业生学习关于公司的基本信息,了解公司的结构和业务,以及学会工作必需的基本知识和技巧。

第二阶段——工作实践/技术培训

此阶段的目的是让新进毕业生有机会学习并练习日常工作中需要用到的所有基本技术知识和技巧,并将所有的内容运用在实际项目中。

第三阶段——毕业测试

这一阶段也是最后阶段,是为了保证所有前期的投入最终的确让所有的毕业生在技巧和能力方面有所提升,同时这也将成为应届毕业生在尼尔森的一个职业里程碑,标志着已经成为一名合格的公司员工。

实训与练习

一、单选题

1. 使用传帮带的培训方法选择理想的培训师时,须考虑的因素不包括(　　)。
   A. 培训师的性别　　　　　　　B. 培训师的经验
   C. 培训师的学历　　　　　　　D. 培训师的意愿
2. 以下不属于业余培训的优点的是(　　)。
   A. 投资少　　B. 见效快　　C. 系统性强　　D. 不影响企业正常工作
3. 以下不属于对市场调查人员的业务能力开展的培训内容是(　　)。
   A. 统计学知识　　　　　　　　B. 提问技巧
   C. 写作技巧　　　　　　　　　D. 国家政策方针
4. 最能真实地反映访问者存在问题从而培养其解决实际问题能力的培训方法是(　　)。
   A. 模拟实训　　　　　　　　　B. 真实现场锻炼
   C. 以会替训　　　　　　　　　D. 传帮带

5. 以下说法正确的是（　　　）。
   A．脱产培训比业余培训更节省费用
   B．基础性培训比专业技能性培训更重要
   C．使用课堂讲授方法的培训时间一般都比较长
   D．调查人员热情、坦率、谦虚、礼貌等方面的个人特质培养也需列入培训的内容

二、简答题

1．请对比业余培训和脱产培训的优缺点。
2．简述真实现场锻炼培训方法的使用过程。
3．简述市场调查员培训的主要内容。

三、实训题

1．业务能力。

广峰已经从主管处了解到，本次的培训对象主要是从当地一所大学的市场营销专业招聘的，他们需要协助公司开展某公司新款洗发水使用效果的访问工作，培训时间为3天，请大家帮广峰设计表1-13中每天的培训内容和选用的培训方法，并说明设计的目的和意图。

表1-13　调查员培训内容及方法

时　间	培训内容安排	培训方法	目的和意图
第一天			
第二天			
第三天			

2．某公司是一个年轻的市场调查公司，随着业务量的增加和范围的不断扩大，公司的工作效率越来越低下，究其原因是员工的总体学历偏低，随着公司业务的扩张，原有员工的专业能力不足以应对越来越复杂的工作，公司想要通过开展培训解决这个问题，请你帮忙设定主要的培训内容。

综合实训

某广告公司为提升企业的竞争力，打算针对市场调研部的人员开展一系列的专业系统培训，并邀请专业院校的教师参与培训，但在培训过程中不能大范围地影响市场调研部门的正常运作，培训时间不能超过一个月。公司希望通过培训使每个学员能运用所学习的专业知识来进行各种调研活动，给企业提供更精确和更具有参考价值的调研报告，帮助企业更好地完成各项工作。

请结合案例内容，设计一份关于本次培训活动的计划方案。

设计要求：

1. 过程要求　小组讨论形成方案初稿；组间交流，教师对各小组设计的初稿进行点评，修改初稿形成定稿。

2. 成果要求　提交培训计划方案（包括目的、时间、地点、对象、方式、日程安排、预算等），并制作PPT阐述工作过程。

3. 其他要求　能利用互联网查找相关资料，顺利进行团队合作，在交谈讨论时能围绕主题清晰表达自己的观点，会倾听他人，能熟练使用计算机办公软件，面对困难能找出合理的解决方法。

拓展阅读

昆明远睿咨询管理有限公司访问员基础培训话术

对各种拒访情况的处理及对特殊事件的处理，灵活运用预约，善于等待，能够充分理解被访者，不与被访者发生冲突。

1. 你到底是干什么的？——我是力天信息咨询公司的调查员，这个研究是关于××的，委托我们进行这项研究的客户希望了解到市民对××是怎么想的，这样他们能更好地按照大家的想法来做好工作（注意，你应尽量使用"研究""访问"的字眼，而少使用"调查"。因为某些市民会把"调查"与侦查、秘密调查等联系在一起，因而会引起他们不必要的顾虑，使你的访问成功率大大降低）。

2. 力天信息咨询公司是怎么回事？——这是一个专门做调查研究的公司，我们做过很多类似的研究项目，每年都有上万人接受我们的访问。

3. 我怎么知道你是这家公司派出来的？——这是我的调查员证（出示调查员证），上面有公司的电话，您可以给打电话确认（如果您有更多有关公司的问题，都可以给公司打电话）。

4. 你为什么找到我家？——是这样的，公司用一种科学的抽样方法随机抽取了几百户人家来访问。在这个区大约有X户人家被抽中，他们的意见在研究中就代表全市居民的意见。

5. 我没有什么看法，我的邻居（或我的先生/太太，或××人）就爱说这些，你找他吧？——谢谢，我相信他们的意见一定很有意思，但公司告诉我们，那些被抽中的人的意见才是最重要的，也只有您的看法在我们看来是最重要的。

6. 我对你说了些什么，你不会找我麻烦吧？——按照《统计法》的规定，我们要为访问对象所提供的意见及个人资料进行保密。事实上，我们最后会把你这样几百个人的意见统计起来，例如，看看西安人对这个问题有什么样的要求或看法。

7. 看起来，你的问题不少啊？——其实，这是因为我们把各种答案都已印在上面了，我们只需根据您的回答勾一下就可以了。而您只需要把自己真实的想法说出来就可以了。

不是考试，这不复杂且花费的时间也不像你想象得那么长。

8. 你是大学生，你怎么干这个了？——因为，研究访问是一种科学的工作，它跟我学的专业很接近，所以实际上是我们运用专业知识的一个机会。通过跟您这样的市民所进行的访问，我们能增长自己的见识，了解社会。

9. 你知道，我很忙的，我没有那么多时间跟你谈完——很抱歉需要占用您的一些时间，但我想不会太长，而且回答起来也不太难。而您的意见对我们又是那么重要，所以我想最好我们现在就进入正题。

10. 我没有文化，我也看不懂你的卷子？——这你不用担心，我会把问题读给您听，您听完后再发表意见，我会把您的意见记下来的。

11. 调查，哼，调查有什么用？——也许您的意见是对的，而且看来您还是有自己的看法的。如果大家都把自己的看法说出来，这样的调查结果也许就会越来越有用了。

12. 我现在没空，过几天再说吧——我很抱歉打扰了你，我想我们的访问只需要占用您一点时间，而且公司要求我们必须在今天完成这个访问。事实上，我的同学今天都要在全市各个区同时完成访问。其实，我们的问题很简单，比如（转入问卷。如果他的确手上在忙一件重要的工作，那么问他半个小时后或更长一点时间再来访问可不可以？）注意避免使用"过一会儿""过几分钟"等语义指向不明确的词语，而应确定具体的时间。

13. 你是一个人来的吗？——不，我们有几个同学同时在这个小区进行访问，访问结束后我们就在小区门口（或是该区一个明显的建筑物）集合后一起回去。

项目二

调查方案的设计

任务 4　确定调查目的和内容

技 能 目 标	知 识 目 标	素 质 目 标	建 议 课 时
能根据企业的实际要求确定调查目标 能根据企业的实际要求合理设计调查目标与内容	掌握确定调查目的和内容的程序	培养学生严密的逻辑思维习惯和科学态度、整理分析资料的能力以及发现和解决问题的能力	4

任务情境

在入职后半个月的时间里，广峰基本弄清了自己的工作性质和角色定位。

一天早上上班不久，公司陈总把李立和广峰一起叫到了他的办公室，缓缓地说道："明轩公司是华南地区的一家知名儿童用品生产企业，创建于1996年。该企业主打产品儿童保健鞋的重点销售区域是两广和江浙地区市场，销售对象主要是5~15岁的青少年家长。在2014年以前，明轩公司很少做广告宣传，但2015年的年度广告投入量达到500万元，主要投放在电视广告、卖场的POP广告、印刷品广告及街道灯箱广告等上。为了有针对性地开展2016年度的产品宣传推介工作，促进产品品牌形象的传播和产品销售量的进一步提高，明轩公司委托我公司开展市场调查，以供决策层参考。我想这个调查项目就由李立做项目组长，牵头去完成这项工作，在一个月之内挖掘出明轩公司的调研需求，并确定调查目标。广峰已经来了一段时间，应该对公司环境、工作性质都基本熟悉了，你就加入这个项目，协助李立开展工作。"

从陈总的办公室出来后，李立和广峰就忙碌了起来——他们要如何开展这项工作呢？

企业营销活动的核心是发现和有效满足市场需求，管理者在做出某项营销决策但同时又没有充分信息时，就必须借助市场调查获取必要的市场信息。市场调查就是系统地识别、收集、分析、分配和使用信息，市场调查活动开始于调查方案的设计，市场调查方案是对整个调查工作中各个方面和全部过程的总体设计与计划，是后续市场调查活动实施的依据。在市场调查方案书中，应对调查目的、内容、对象、方法、日程、预算等众多方面的工作进行详细而周到的谋划。

进行市场调查，首先要明确市场调查的目的。市场调查的目的是发现营销问题并提出有效对策，它决定了调查的主题、内容和方式等。所以在市场调查方案设计中，应先明确调查的目的，然后才能进行调查方案设计的其他内容。

按照企业的需求不同，市场调查的目的也不同。企业在实施经营战略时，必须调查宏观市场环境的发展变化趋势，尤其要调查所处行业未来的发展状况；企业在制定市场营销策略时，要调查市场需求状况、市场竞争状况、消费者购买行为和营销要素情况；当企业在经营中遇到了问题时，应针对存在的问题和产生的原因进行市场调查。例如，某医疗器械企业在经营过程中发现，近期的销售业绩呈现下降的情形，此时开展市场调查的目的就是"发现引起企业销售业绩下降的原因"。

调查目的不同，其调查内容也是不同的，如表2-1所示。

表2-1 关于浙江国立大厦购物中心的调研

调研目的	可行性调研	经营性调研
调研内容	人口规模、购买力状况	居民的收入水平
	城市总体发展规划	消费结构、消费心理及特点
	商业网点的现状	企事业单位等集团的购买力情况
	交通条件及发展规划	周围居民的有关消费情况

一、确定市场调查的目的

调查目的，也称调查任务，就是企业市场调查所要达到的具体目标。确定调查目的，就是明确在调查中要解决哪些问题，通过调查要取得哪些资料。

在实践中，调查目的的提炼可围绕三点，如图2-1所示。

因此，明确市场调查目的一般需要做以下工作。

1. 访问企业决策层

访问企业决策层的目的是明确企业本次调查的需求。调研小组对企业决策者进行访问要选择恰当时机和方式，与决策层对问题进行初步讨论。主要有以下3个方面。

（1）导致企业必须采取行动、进行决策转变的事件是什么？

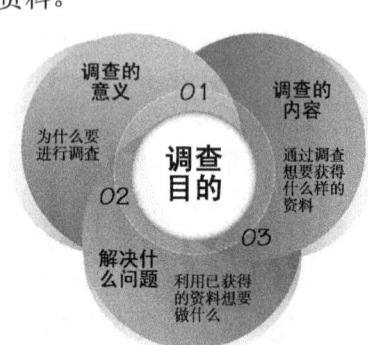

图2-1 调查目的的提炼

（2）企业决策者希望的市场情况是什么？

（3）针对企业所遇到的问题，分析最可能的影响因素，以及决策者可以选择的不同措施。

练一练 4-1

你认为广峰他们应该和谁沟通讨论这些问题？为什么？

2. 拜访行业专家

市场调查需要的信息资料很多，而市场又是一个庞大的信息系统，为了信息收集的针对性，在确定调查目的的时候，需要调查人员拜访行业专家进行探讨，并收集专家意见，获取相关信息。

在进行专家访谈时，调研人员要善于甄别专家，选择合适的人选，寻找有效的接触渠道，要先列出访谈提纲，给专家提供必要的背景资料以及合理的报酬与要求，并且要有选择地吸取其经验。

3. 收集消费者行为资料

消费者行为是市场调研问题环境内容的一个重要组成部分，大多数营销决策中的问题都会回到预测消费者对于营销者具体行为的反映上，预测消费者行为应该通过多个因素来考量。

> **练一练 4-2**
>
> 请根据你所学知识来列举消费者行为分析需要考量的一些因素。

4. 收集企业资料

企业资料的收集可采用企业访谈的形式。一般访谈的内容包括企业本身的条件，如企业的战略、企业文化、企业的环境条件和企业的营销手段等几方面。

表 2-2 所示是某商场在建成初期进行招商市场调查时调查人员对企业进行访谈使用的访谈表。

表 2-2 某商场调查访谈表

调查人：　　　　　　　调查时间：

访谈项目	内　容	被访谈人	职　务
第一部分：企业战略			
一、企业的定位			
二、企业的发展期望			
三、实施战略步骤的想法			
四、对企业组织结构的想法			
五、盈利目标			
六、开业时间的确定			
第二部分：企业文化			
一、建立企业的初衷			
二、企业特色的构想			
三、企业名称的来源			

(续表)

访谈项目	内　容	被访谈人	职　务
第三部分：招商运营			
一、招商的意向品牌			
二、租金标准的设想			
三、收费模式及时间			
四、租期的时限			
五、服务模式			
六、基建工程完工时间：可进行现场空间设计			
七、招商手册设计中有哪些需要特别注意的事项			
第四部分：项目建议			
一、项目开展中需要特别注意的事项			
二、项目进程中需要哪些特别的反馈机制			
三、项目单项结束验收的建议			

（1）企业的本身条件。

了解企业销售、市场份额、盈利性、技术有关的历史资料及未来趋势预测，能够帮助调研人员理解潜在的营销调研问题，例如某个公司的销售下降，但整个行业的销售在上升，这和整个行业销售同时下降是完全不同的问题。除此之外，还要了解企业可利用资源和调查面临的限制条件及企业的目标等。

（2）企业的环境条件。

调查人员需要了解企业所处的法制环境，包括公共政策、法律、政府代理机构。重要的法律领域包括专利、商标、特许使用权、交易合同、税收、关税等，法律对营销的每一个组成部分都有影响。

调查人员还需要了解企业所处的经济环境，包括购买力、收入总额、可支配收入、储蓄及总的经济形势。

（3）企业的营销手段。

企业营销手段主要从四方面进行，如表2-3所示。

表2-3　企业营销手段

4P	营销手段
产品	产品包装、品牌忠诚度、品牌价值、产品生命周期、新产品市场前景、产品售后服务等
渠道	分销渠道的结构和覆盖范围、经销商分布与关系处理等
价格	促销手段的效果、促销方式、费用等
促销	定价是否合理、顾客对价格变化的反应等

5. 收集竞争对手资料

要确定调查目的，调查人员还需要对企业竞争对手做一般性的调查，如不同企业的市场占有率、经营特征、竞争方式、同行业竞争结构和变化趋势等。针对某一竞争对手要了解其业务范围、资金状况、经营规模、人员构成、组织结构、产品品牌、价格、性能、渠道等。

例如，某超市在研究竞争对手的时候先综合来看该地区其他超市在商圈、门店大小、位置、门店布局、商品结构及定位、价格策略、POS 收款机性能、在消费者中的口碑等方面的综合性的优劣势，以及竞争对手的商品定位资料：目标顾客、商品结构设计、对手商品特点等，看看利在哪里、弊在哪里。还通过研究竞争对手的海报、卖场内促销活动的安排、商品定价的规律，了解竞争对手的价格策略及促销活动的组织规律等。除此之外，还要看竞争对手的服务质量、企业文化等。

在调查中经常忽略一点：供应商对竞争对手的评价信息。如果供应商对我们的竞争对手很认同，给予较多的促销支持和新品推广的话，那么一定是我们在处理供应商的关系方面存在某些问题了，此时我们需要去做一些冷静的分析，以求获得供应商的支持和配合。

具体而言，进行竞争对手资料收集的关键点有：厂方促销、顾客流向、人员结构、员工收入、营业时间、优势与劣势、时段销售、价格、客流量、客单价、收款机等硬件设施、商品定位及结构、邮报促销、主题营销活动的设计与组织、服务质量、氛围、销售额、购物动机、商品陈列、规模、外部环境、特色等。

6. 整理资料

在收集资料时，首先，要根据内容选择出其具有代表性的专业渠道和辅助渠道，行业专家、行业卖场、经销商、行业展会等渠道为专业性渠道，是资料收集的重点；报纸、书店、网络、电话簿、电视等渠道为辅助性渠道，构成专业性的补充渠道，通过辅助性渠道的选择，有利于促进对专业性渠道采集信息的充实和论证。其次，行业的领悟性要求调研者在信息收集过程中要善于采用观、记、问、领会等调研手法。在收集信息的同时分析市场，透过表面的市场现象捕捉真实的市场资料。调研人员在收集整理资料时，通过网络、报纸、杂志等媒体收集、查阅的二手资料，从另一角度去认识企业可能面临的问题。收集完资料后，根据需要，剔除与调查无关的资料及不完整资料。收集二手资料的常用方式如图 2-2 所示。

01 从信息系统中找出公司的销售生产记录

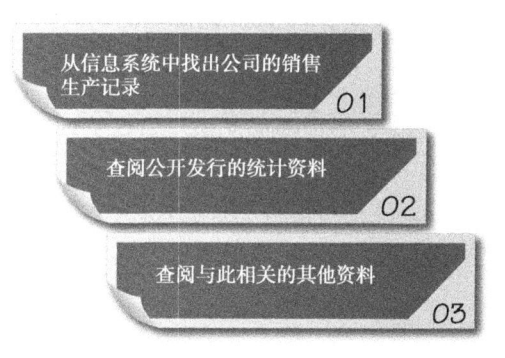

02 查阅公开发行的统计资料

03 查阅与此相关的其他资料

图 2-2 收集二手资料的常用方式

练一练 4-3

你在收集资料的过程中，能想到哪些途径、方法？

7. 确定调查目的

研究问题也就是调查的目的，它能提供足够信息帮助解决管理决策问题，并且能为下一步的调研指明方向。

在确定调查目的时通常会犯两种错误，走两个极端：一个极端是目标定得太大、太抽象，很难为下一步指明方向，例如，为某品牌制定一个营销战略，改善产品竞争地位；改善品牌形象等；另一个极端是目标定得太具体、太窄小，这会限制今后要采取的决策行动。例如为应对竞争对手的降价行为，把目的定为降低价格，幅度与竞争对手相当或保持价格，但大幅增加广告等。

调查人员要根据决策者所面临的问题"需要做什么？"来确定调查目的，明确"需要什么信息和如何获得这些信息？"，也就是要把决策问题转化为研究问题。表2-4列出了一些把决策问题转化为研究问题的例子。

表 2-4　决策问题转化成研究问题

决策问题	研究问题
为某个新产品制定一个推广计划	评价不同推广计划的效果
在报纸上为不同的题目分配空间	调查与衡量读者对这些题目的兴趣
手机厂商制定增值服务	研究目标细分市场如何评价几种服务的价值
谁是我们的消费者	当前产品的使用者，消费者关心的产品属性、品牌属性等
是否继续推广这一广告	当前广告效果的评估，受众喜不喜欢，对广告的记忆与理解等

通过以上步骤，确定调查的目的，然后通过调查目的来明确调查的内容。

练一练 4-4

学到这里，你能为明轩公司确定本次调查的目的吗？

二、明确市场调查的内容

调查内容是收集资料的依据,是为实现调查目标服务的,可根据市场调查的目的确定具体的调查内容。如调查消费者行为时,可按消费者购买、使用、使用后评价三个方面列出调查的具体内容项目。调查内容的确定要全面、具体,条理清晰、简练,但又要避免面面俱到,内容过多,过于烦琐,避免把与调查目的无关的内容列入其中。

调查的具体内容要依据我们所要解决的调查问题和目的所必需的信息资料来确定。

例如,某商场希望招揽人气,市场调查的目的是找出影响顾客来本商场的主要因素。根据这一目的,明确此次市场调查的具体内容为:①了解顾客选择百货商场的主要标准;②了解顾客对本商场及其主要竞争者的评价;③了解光顾本商场顾客的人口特征和心理特征,以及与主要竞争者顾客的差别;④根据对商场的评估结果和顾客特征,预测客流量和顾客偏好;⑤制定增加商场客流量的有效措施。

市场调查的内容一般包括以下几个方面。

1. 消费者信息调查（见表2-5）

表2-5 消费者信息调查内容

消费者个人特征信息	性别、年龄、文化程度、职业和收入等
消费者需求状况信息	价格定位、购买行为（购买能力、购买习惯、支付方式和送货方式等）、服务需要（服务要求、服务方式和服务内容等）、需求量（现实需求和潜在需求量）等

案例4-1

1990年,中国台湾某大纸业公司要进行市场拓展,为获得消费者使用卫生纸资料,曾在台北市和台南市举办卫生纸消费者市场调查,通过调查了解到95%的家庭使用平板卫生纸,只有5%的家庭使用圆筒卫生纸,台北市较欢迎450克装的卫生纸,台南市则是300克装;杂货店是购买卫生纸最主要的渠道;家庭主妇是卫生纸的主要购买者;通常每次购买一包,大约每两星期购买一包;每人每天卫生纸的消耗量,台北市为6.97克,台南市为4.91克;台北市的消费者较重视卫生纸的品质,台南市的消费者则以习惯来决定购买的品牌;品牌转换是从低品质到高品质,此种情形在台北市更为显著;柔软、消毒完全、洁白是购买卫生纸时最主要考虑因素;台北市的消费者喜爱塑料包装,台南市则喜爱纸包装。根据市场调查得出的结论,该公司拟定整体行销策略,展开强有力的电视广告并配合有效实体分配作业,成为台湾地区卫生纸领导品牌,轰动一时。

2. 产品或服务信息的调查

产品或服务信息的调查包括产品或服务的供求状况、市场占有率、产品销售趋势、现有产品或服务的满意度与不足、客户对产品或服务需求的新变化等。

3. 目标市场信息的调查

通常表现为对购买力、市场容量和变化趋势方面的调查,包括产品或服务的市场容量、供求状况、企业开拓市场的能力、企业发展市场中存在的问题（如资金、渠道、产品更新

等方面)、竞争格局和竞争激烈程度等。

案例 4-2

美国李维斯公司以生产牛仔裤而闻名世界。20 世纪 40 年代末期的销售额仅为 800 万美元,但到 20 世纪 80 年代销售额达到 20 亿美元,40 年间增长了 250 倍。这主要得益于他们的分类市场调查。该公司设有专门负责市场调查的机构,调查时应用统计学、行为学、心理学、市场学等知识和手段,按不同国别、分析研究消费者的心理差异和需求差别,分析研究不同国别的经济情况的变化、环境的影响、市场竞争和时尚趋势等,并据此制订公司的服装生产和销售计划。例如,1974 年公司对联邦德国市场的调查表明,大多数顾客认为服装合身是首选条件,为此,李维斯公司随即派人在该国各大学和工厂进行服装合身测验。一种颜色的裤子就定出了 45 种尺寸,因而扩大了销售。李维斯公司根据美国市场调查,了解到美国青年喜欢合身、耐穿、价廉、时髦,为此将这四个要素作为产品的主要目标,因而该公司的产品在美国青年市场中长期占有较大的份额。近几年,李维斯公司通过市场调查,了解到许多美国女青年喜欢穿男裤,为此,公司经过精心设计,推出了适合妇女需要的牛仔裤和便装裤,使该公司的妇女服装的销售额不断增长。虽然美国及国际服装市场竞争激烈,但是李维斯公司靠分类市场调查提供的信息,确保了经营决策的正确性,使公司在市场竞争中处于不败之地。

4. 竞争对手信息的调查

竞争对手信息的调查主要调查企业的主要竞争对手及潜在的竞争对手的数量与实力,包括主要的竞争对手、竞争对手的市场份额、实力、竞争策略、营销战略的定位和手段、发展潜力等。

案例 4-3

2004 年 9 月,蒙牛公司为了找到对手伊利的弱点,委托新生代市场监测机构做了一个针对蒙牛和伊利的品牌形象调查。当时,伊利的"青春滋味,自我体会"广告已经家喻户晓,调查发现其品牌知名度高达 98%。而蒙牛酸酸乳原有的广告词"让自己更可口"以及"美味加倍"都使消费者觉得"很拗口""小孩子是不会理解的""太大众化了,适用于其他食品,没有突出乳酸饮料的特征"。"美味加倍?"什么才叫美味呢?到底是水果的味道还是牛奶的味道?感觉太夸大了。"

调查还发现,在消费者眼中,蒙牛意味着雄性、年长、有抱负、豁达、强壮,很男性化;而伊利则给人感觉女性化、阴柔、健康、阳光、时尚,同时有种由草原走向都市的气息。而对广州、北京、济南、成都、武汉、杭州的定性调研结果显示,通过"你为什么喜欢喝伊利优酸乳?""你喜欢伊利'青春滋味,自我体会'的广告词吗?"等问题发现,伊利的品牌形象存在着一定的误区。

5. 营销环境信息的调查

营销环境信息的调查主要调查企业所面对的营销环境情况,如表 2-6 所示。

表 2-6 营销环境信息调查内容

宏观环境	政治法律环境、经济环境、自然环境、人口环境、科技环境和文化环境等信息
微观环境	合作者、供应商、营销中介、竞争对手、分销渠道和社区公众等方面的信息

6. 广告效果调查

广告效果调查是指为了获取广告对接受者的营销而做的调查，主要调查内容有广告的销售效果（广告发布之后，商品销售量的变化情况）和广告本身的效果（广告对社会公众的关注程度）。

案例 4-4

为了将"超级女声"的收视率作为跟湖南卫视谈判时的杀手锏，蒙牛委托曾帮他们专门做过几十个城市市场调研的公司调查了 2004 年所有综艺栏目的收视率，并对山东卫视的《星光大道》、中央电视台的《同一首歌》和湖南卫视《超级女声》的收视率做了对比。调查发现，《超级女声》跟《同一首歌》的收视率已经与《星光大道》持平。

《超级女声》在 2004 年的收视率是 0.5%，这无论如何是算不上高的。重点是关注《超级女声》的观众群。蒙牛的市场总监孙隽在看了调查报告后发现，观众基本都是年轻人。事实上，湖南卫视所有的观众群普遍都比其他电视台观众的年龄低。蒙牛在湖南卫视推广酸酸乳这个产品是最合适的了，而且，《超级女声》这个节目只有推广酸酸乳这个产品才是最好的，换成早餐奶或是冰淇淋都没有那么合适。因为它们的受众惊人的一致：都是青春期的女孩子。

练一练 4-5

某公司市场调查的目的是"了解现行广告作品的知名度和顾客认同度"，根据这一目的请你设计本次市场调查的具体内容。

实训与练习

一、单选题

1. 调查目的，也称（　　），就是企业市场调查所要达到的具体目标。
   A. 调查内容　　B. 调查任务　　C. 调查方法　　D. 调查对象

2. 政治法律环境、经济环境、自然环境、人口环境、科技环境和文化环境等信息，我们把它们统称为（　　）。
   A. 宏观环境信息　　　　　　B. 微观环境信息
   C. 调查内容　　　　　　　　D. 调查目的

3. 市场调查活动开始于（　　）。
   A. 调查方案的设计　　　　　B. 消费者行为分析

C. 明确调查内容　　　　　　　　　D. 确定调查目的
4. 消费者购买能力、购买习惯、支付方式和送货方式等属于消费者的（　　）。
   A. 个人特征信息　　　　　　　　B. 服务需要
   C. 购买行为　　　　　　　　　　D. 调查目的
5. 营销组合中的4P不包括（　　）。
   A. 产品　　　　B. 渠道　　　　C. 沟通　　　　D. 促销

二、简答题

1. 市场调查的内容一般包括哪些？
2. 收集二手资料的常用方式有哪些？
3. 明确市场调查目的一般需要做哪些工作？

三、实训题

1. 广峰知道自己是个新手，在如何确定市场调查目的的能力上需要多学多练。于是，他制作了一个练习来锻炼自己——把表格中的决策问题转化成研究问题。请试着填写表2-7。

表2-7　把决策问题转化为研究问题

决 策 问 题	研 究 问 题
为新产品设计包装	
增加商店的客流量	
通过开设新店进行市场渗透	
是否应引入新产品	
是否改变现有广告宣传	
是否提高某一品牌的价格	

2. 广峰在把决策问题转化为研究问题后，便着手设计明轩公司此次的调查目的和调查内容。

明轩公司此次市场调查的目的是：

明轩公司此次市场调查的具体内容是：

3. 某家公司制造产品多年，过去一直受政策保护，经营十分顺利，收益率尚佳。近年来，由于市场国际化、消费者消费方式变得多元化，致使该公司在既有产业的市场竞争上节节败退。加之现存经营包袱颇重，亦增经营压力。所以，该公司除积极地改善总体经营体制，以提高市场竞争之外，更积极寻求企业经营多角化，为企业寻找新契机。

在众多多角化计划中，几经讨论之后，将"土地有效开发利用"列为优先计划。可是土地有效开发的途径很多，诸如：土地出售、兴建大楼出售、发展游乐产业、兴建大型购物中心等。

该公司在某大都会区附近拥有的大量土地已列入都市计划，现在该公司最高经营层决定在该土地上建造"大型购物中心"：一则配合未来消费者购买习性多元化；二则营业行为可产生可观现金流量，以增加该公司营运周转能力；三则继续保持土地所有权，以获土地增值之利，在下最后经营决定之前，该公司决定进行一次"大型购物中心之市场调查"，以帮助最高决策者作参考。

请你分析：大型购物中心的市场调查目地重点在哪些方面？

综合实训

广州某服饰公司是一家专门生产与经营休闲服饰的企业，该休闲服饰品牌在国内属于大众品牌，公司拥有先进的生产设备，自动化水平较高，生产的服装销往全国各地，并在一些城市及较大的商场设有专卖店或专柜，企业的经营业绩处于稳定期。公司新推出的男性休闲类服装，市场上同类品牌的服装较多，市场竞争力激烈，产品更新周期短，新产品上市快，但近几年随着人们生活水平的提高，生活习惯也在发生着改变，休闲服装的销售势头看涨。穿着休闲装的男士越来越多，且年龄分布趋于分散，职业特征不明显，对休闲服装款式、质地等的要求提高。面对国内休闲服装市场品牌众多，服装款式同质化现象严重、推广手段雷同的局面，公司决策层认为要取得产品开发与市场推广的成功，需要对目前的市场环境有一个清晰的认识，从现有市场中发现机会，做出正确的市场定位和市场策略。

请为项目背景中某服饰公司确定调查目标和调查内容。

设计要求：

（1）过程要求　学生分小组进行，通过对案例的分析确定本次调查的目的与内容。

（2）成果要求　小组制作PPT并阐述分析过程，说明你是如何确定出本次调查的目的和内容的。

（3）其他要求　能利用多种方式查找相关资料，小组团队合作顺利，在交谈讨论时能围绕主题清晰表达自己的观点，会倾听他人，记录交谈要点。能熟练使用计算机办公软件，面对困难能找出合理的解决方法。

拓展阅读

男人长胡子，因而要刮胡子；女人不长胡子，自然也就不必刮胡子。然而，美国的吉利公司却把"刮胡刀"推销给女人，居然大获成功。

吉利公司创建于1901年，其产品因使男人刮胡子变得方便、舒适、安全而大受欢迎。进入20世纪70年代，吉利公司的销售额已达20亿美元，成为世界著名的跨国公司。然而吉利公司的领导者并不以此满足，而是想方设法继续拓展市场，争取更多用户。就在1974年，公司提出了面向妇女的专用"刮毛刀"。这一决策看似荒谬，却是建立在坚实可靠的基础之上的。

吉利公司先用一年的时间进行了周密的市场调查，发现在美国30岁以上的妇女中，有65%的人为保持美好形象，要定期刮除腿毛和腋毛。这些妇女之中，除使用电动刮胡刀和脱毛剂之外，主要使用各种男用刮胡刀来满足此项需要，一年在这方面的花费高达7500万美元。相比之下，美国妇女一年花在眉笔和眼影上的钱仅有6300万美元，染发剂5500万美元。毫无疑问，这是一个极有潜力的市场。

根据市场调查的结果，吉利公司精心设计了新产品，它的刀头部分和男用刮胡刀并无两样,采用一次性使用的双层刀片,但是刀架则选用了色彩鲜艳的塑料,并将握柄改为弧形,以利于妇女使用,握柄上还印压了一朵雏菊图案。这样一来,新产品立即显示了女性的特点。

为了使雏菊刮毛刀迅速占领市场,吉利公司还拟定了几种不同的"定位观念"到消费者中征求意见。这些定位观念包括:突出刮毛刀的"双刀刮毛";突出其创造性的"完全适合女性需求";强调价格的"不到50美分";表明产品使用安全的"不伤玉腿";等等。

最后,公司根据多数妇女的意见,选择了"不伤玉腿"作为推销时突出的重点,刊登广告进行刻意宣传。雏菊刮毛刀一炮打响,迅速畅销全球。

这个案例说明,市场调查研究是经营决策的前提,只有充分认识市场,了解市场需求,对市场做出科学的分析判断,决策才具有针对性,从而拓展市场,使企业兴旺发达。

任务5 选择调查对象及方法

技 能 目 标	知 识 目 标	素 质 目 标	建 议 课 时
能依据调查背景选择确定市场调查的对象 能根据市场调研的目的选择合适的调查方法	掌握确定调查对象的程序 掌握常用调查方法的优缺点	培养学生组织分工与团队合作的能力、计算机软件应用能力、讨论与口头表达能力	4

任务情境

明轩公司主打产品明轩儿童保健鞋的重点销售区域是两广和江浙地区。客户群是5~15岁的青少年。现在,明轩公司要在这两个重点区域进行广告宣传,在进行广告宣传前,明轩公司把广告宣传前的市场调查工作交给了必达公司。必达公司委派了李立和广峰负责。

通过一周的工作,李立和广峰确定了本次市场调查的工作目的和具体内容。接下来,就是确定调查对象和方法了。广峰兴冲冲地对李立说:"组长,这不简单吗?产品客户群是5~15岁的青少年消费者,调查对象当然就是5~15岁的青少年了。"李立听后笑着对广峰说:"你再考虑一下,这样设置的调查对象是不是合适了?"

广峰愣了一下,李立接着说:"广峰,你还有一个任务就是在确定了调查对象以后,针对我们的调查目的和内容,确定本次调查需要采用怎样的调查方法。"

广峰拿着明轩公司的资料陷入了沉思中……

一、确定调查范围

调查范围,也称调查空间,是指企业开展市场调查的区域范围,即调查在什么地区进行,在多大的范围内进行。

调查地区范围应与企业产品销售范围相一致,当在某一城市做市场调查时,调查范围应为整个城市;但由于调查样本数量有限,调查范围不可能遍及城市的每一个地方,一般可根据城市的人口分布情况,主要考虑人口特征中收入、文化程度等因素,在城市中划定若干个小范围调查区域,划分原则是使各区域内的综合情况与城市的总体情况分布一致,将总样本按比例分配到各个区域,在各个区域内实施访问调查。这样可相对缩小调查范围,减少实地访问工作量,提高调查工作效率,减少费用。

练一练 5-1

根据你的理解,说一说什么叫调查范围。

二、确定调查对象

调查对象就是根据调查目的确定调查的范围及所要调查的总体。市场调查的对象由性质相同的各个调查单位组成。一般是人群或民众。可以是广泛的民众,也可以是具有某些特征的民众群体。

在市场调查的过程中,对于调查对象的选择是非常关键的。市场调查的目的不同,调查对象也不同,而且地域也可能不同。例如,要调查研究全国运输企业的运输周转量、成本、燃料消耗、劳动生产率情况,则全国所有运输企业就是调查对象。确定调查对象的关键在于科学地确定调查对象的定义,明确地规定接受调查的总体的范围与界限。只有这样,才能避免因界限不清而导致调查登记的重复或遗漏,保证调查资料的准确性。

调查对象的选择,直接关系到调查结果的合理性。如果市场调查的对象选择不够合理,那么这种调查的最终结果的合理性就值得怀疑。如果能够合理地选择调查对象,那么调查的最终结果的可信度就会比较高。最终通过调查的结果来分析的市场,也是比较准确的,这对企业准确地判断市场有着非常大的帮助。

练一练 5-2

轿车经销商 A 在 C 市从事轿车经销多年,有一定的经营实力,商誉较好,知名度高。但近两年,C 市又新成立了几家轿车经销商,这对经销商 A 的经营造成了一定的冲击,轿车销售量有所下降。为了应对市场竞争,经销商 A 要求市场调查部门组织一次关于 C 市居民轿车需求与用户反馈为主题的市场调查,以便调整公司市场营销策略。

请你确定本次调查的调查对象和调查范围。

市场调查的对象如图 2-3 所示，一般为消费者、零售商、批发商，零售商和批发商为经销调查产品的商家，消费者一般为使用该产品的消费群体。在以消费者为调查对象时，要注意到有时某一产品的购买者和使用者不一致，如对婴儿食品的调查，其调查对象应为孩子的母亲。此外还应注意到一些产品的消费对象主要针对某一特定消费群体或侧重于某一消费群体，这时调查对象应注意选择产品的主要消费群体，如对于化妆品，调查对象主要选择女性；对于酒类产品，其调查对象主要为男性。

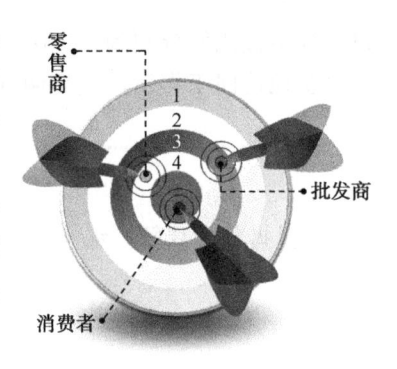

图 2-3 市场调查的对象

市场调查对象的选择首先应该注意多元化，多元化是市场调查对象选择过程中的一个很重要的原则。如果调查的对象是某一类群体，那么就应该对这类群体的人尽可能地分类，比如说可以按照性别来分类，也可以按照年龄段来分类，或者可以按照他们的教育水平分类，然后在每一类当中选择合适数量的对象。

练一练 5-3

××服装公司服装销售渠道是本地及国内其他城市的商场专柜、专卖店，消费者为成年的男性，竞争对手为国内同类的生产厂家。市场调查项目组成员经过讨论确定广东省的广州、深圳、中山三所城市，省外海口、福州、上海、杭州、成都五所城市作为调研地，并且以这些城市的商业中心为焦点，同时考虑一些中、高档生活小区。

请问：要调查该服装公司的产品销售情况，你认为项目组确定的调查对象是什么？

三、调查样本的抽取

样本要在调查对象中抽取，由于调查对象分布范围较广，应制定一个抽样方案，以保证抽取的样本能反映总体情况。样本的抽取数量可根据市场调查的准确程度的要求确定，市场调查结果准确度要求越高，抽取样本数量应越多，但调查费用也相应提高，可根据市场调查结果的用途情况确定适宜的样本数量。一般来说，市场潜力等涉及量比较严格的调查所需样本量较大，而产品测试、产品定价、广告效果等彼此差异不是特别大或对量的要求不严格的调查所需样本量较小些。样本量的大小涉及调研中所要包括的人数或单元数。确定样本量的大小是比较复杂的问题，既要有定性的考虑也要有定量的考虑。

1. 样本大小

从定性的方面考虑样本量的大小，其考虑因素有：决策的重要性、调研的性质、变量个数、数据分析的性质、同类研究中所用的样本量、资源限制等。具体体现如下：

（1）更重要的决策，需要更多的信息和更准确的信息，这就需要较大的样本；
（2）探索性研究，样本量一般较小；
（3）结论性研究如描述性的调查，就需要较大的样本；
（4）需要收集有关变量的数据，样本量就要大一些，以减少抽样误差的累积效应；
（5）需要采用多元统计方法对数据进行复杂的高级分析，样本量就应当较大；
（6）需要特别详细的分析，如做许多分类等，也需要大样本。

实际市场调查中，在一个中等以上规模城市进行市场调查的样本数量，按调查项目的要求不同，可选择 200～1000 个样本，样本的抽取可采用统计学中的抽样方法，解决总体人数很多的调查问题。具体抽样时，要注意对抽取样本的人口特征因素的控制，以保证抽取样本的人口特征分布与调查对象总体的人口特征分布相一致。

2．样本大小的确定

具体确定样本量的大小不一定取决于调查总体的多少，而取决于以下三个因素，如图 2-4 所示。

（1）研究对象的变动程度。
（2）所要求或允许的误差大小。
（3）要求推断的置信程度。

也就是说，当所研究的现象越复杂，差异越大时，样本量要求越大；当要求的精度越高，可推断性要求越高时，样本量越大。因此，如果不同城市分别进行推断时，"大城市多抽，小城市少抽"这种说法原则上是不对的。在大城市抽样太大是浪费，在小城市抽样太少不具推断价值。

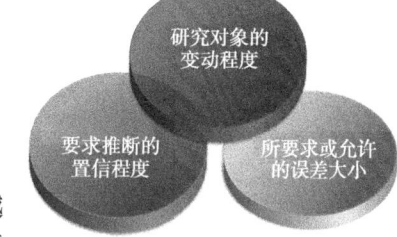

图 2-4　确定样本量的三个因素

3．常用的抽样方法

（1）简单随机抽样：包括直接抽选法、抽签法、随机数字表法。
（2）分层抽样：也叫类型抽样或分类抽样，先将总体中所有的单位按照某个标志分成若干类（组），然后在各个类中分别随机抽取样本。
（3）等距抽样：先将抽样总体单位按照一定顺序排序，根据总体单位数和样本单位数计算出抽选间隔（抽选距离），然后按照一定的间隔抽选样本单位。由于抽选间隔相等，所以也叫等距抽样。
（4）整群抽样：先将总体分为若干群或组，然后一群一群地抽选，每一群中包含若干个样本单位。

练一练 5-4

某公司在广州一高校进行手机市场调查。因为手机在高校具有普遍性，因此，全体在校学生都是调查对象，但因为家庭经济背景的差异，学生们的月生活支出还是存在较大的差距，导致消费购买习惯的差异性，因此他（她）们在选择手机的品牌、档次、价格上都会有所不同。为了准确、快速地得出调查结果，此次调查决定分层随机抽样法：按其住宿条件的不同分为两层（住宿条件基本上能反映各学生的家庭经济条件）——公寓学生与普通宿舍学生，然后再进行随机抽样。此外，分布在校内外的各经销商、专卖店也是本次调查的对象，因其规模、档次的差异性，决定采用整群抽样法。

请你填写下列数据并说明理由。

样本数据如下：

消费者（学生）：300名，其中，住公寓的学生_____名，住普通宿舍的_____名。

经销商：10家

其中，校外_____家　综合商场_____家　专卖店_____家

校内_____家　综合商场_____家　专卖店_____家

在确定抽样方法和样本量的时候，既要考虑调查目的、调查性质、精度要求（抽样误差）等，又要考虑实际操作的可实施性、非抽样误差的控制、经费预算等。专业调查公司在这方面会根据公司的具体情况及调查性质进行综合权衡，选择一个最优的样本量。

四、选择调查方法

在调查中，必须采用恰当的调查方法和方式收集资料。市场调查的方法主要有两种类型：普遍调查和非普遍调查。

普遍调查简称普查，是在一定的范围内，对所有的对象逐一进行调查的方法。采用这种调查方法得到的资料较准确、真实、可靠。如果调查的范围过广，一般不采用这种方法，因为难度极大，花费大量的人力、精力、财力。

非普遍调查是在一定的范围内，选择部分对象进行调查，这是一种通过个别看一般，通过部分看整体的调查方法。包括重点调查、典型调查和抽样调查三种常用的方法。它们所选择的对象不同，分别以重点样本、有代表性的典型样本和抽取部分样本为对象，而且这三种调查方法各有长处和不足。采用重点调查和典型调查的方法，能够对调查对象有深入、细致的了解，也可能在较短的时间内，得到较多的资料。但调查对象的确定又常常带有一定的主观性，导致调查结果的片面性。相比之下，抽样调查的科学性和实用性则更强一些，企业做市场调查时，采用调查法较为普遍。

不管使用的是重点调查、典型调查还是抽样调查，在实际使用时，企业可根据调研项目的要求来选择具体的方法。常用的有文案调查法、访问调查法、观察调查法、实验调查法、网络调查法等，如图2-5所示。这几种调查方法各有优缺点，适用于

1. 文案调查法
2. 访问调查法
3. 观察调查法
4. 实验调查法
5. 网络调查法

常用的调查方法

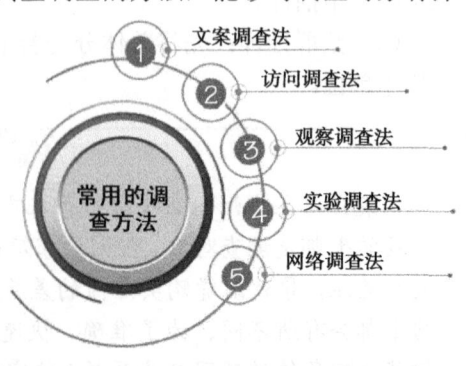

图2-5　常用的调查方法

不同的项目。

1. 文案调查法

文案调查法也叫文献调查法，企业在经营过程中常常需要了解市场行情、国民经济发展情况等信息，这些信息很难从消费者那里得到，文案调查法能很好地帮助企业获取这方面的信息，所谓文案调查法就是指通过寻找文献搜集有关市场信息的调查方法，它是一种间接的非介入式的市场调查方法。

2. 访问调查法

访问调查法是指调查人员通过询问的方式向被调查者了解、收集信息资料的调查方法。访问调查法是市场调查中应用最普遍的方法之一。访问时既可以通过口头语言访问，也可以采用书面访问。访问调查主要有面谈调查、电话调查、邮寄调查、留置调查四种形式。不论哪一种形式的访问，都可以向被调查者收集大量的第一手市场信息资料。

3. 观察调查法

观察法分为直接观察和实际痕迹测量两种方法。

所谓直接观察法，指调查者在调查现场有目的、有计划、有系统地对调查对象的行为、言辞、表情进行观察记录，以取得第一手资料。它最大的优点是总在自然条件下进行，所得材料真实生动；缺点为，因所观察的对象的特殊性而使观察结果流于片面。

实际痕迹测量是通过某一事件留下的实际痕迹来观察调查，一般用于对用户的流量、广告的效果等的调查。例如，企业在几种报纸、杂志上做广告时，在广告下面附有一张表格或条子，请读者阅后剪下，分别寄回企业有关部门，企业从回收的表格中可以了解在哪种报纸杂志上刊登广告最为有效，并为以后选择广告媒介和测定广告效果提供可靠资料。

4. 实验调查法

实验调查法是一种特殊的市场调查方法。它是根据市场调查的目的，把调查对象置于一定的条件下，进行实验对比来收集市场信息资料的调查方法。例如某酒厂的瓶酒销售量上不去，初步分析可能是瓶酒包装太陈旧，缺乏吸引力。该厂决定对瓶酒包装进行更新，即先对少量瓶酒由旧包装改为新包装，而后再拿到市场上试销，看看新包装的瓶酒销售量能否增加。如果试销结果销售量大增，那么企业就可以决策，对所有的瓶酒进行新包装。这种调查方法，就是实验调查法。实验调查法就是从影响调查问题的许多因素中选出一个或两个因素，将它们置于一定条件下进行小规模的实验，然后对实施结果做分析，帮助决策是否大规模推广。

5. 网络调查法

网络调查法是指在网络上发布调研信息，并在互联网上收集、记录、整理、分析和公布网民反馈信息的调查方法。它是传统调查方法在网络上的应用和发展。它通过互联网、计算机通信和数字交互式媒体，按照事先已知的被调查者的 E-mail 地址发出问卷收集信息。

练一练 5-5

轿车经销商 A 在 C 市从事轿车代理经销多年,有一定的经营实力,商誉较好,知名度高。但近两年,C 市新成立了几家轿车经销商,这对经销商 A 的经营造成了一定的冲击,轿车销售量有所下降。为了应对市场竞争,经销商 A 要求市场调查部门组织一次关于 C 市居民轿车需求与用户反馈为主题的市场调查,以便调整公司市场营销策略。

请你为轿车经销商 A 想想应该使用什么调查方法?样本量一般为多少?

实训与练习

一、单选题

1. 市场调查的对象不包括(　　)。
   A. 消费者　　　B. 零售商　　　C. 批发商　　　D. 调查员
2. 普查的特点是(　　)。
   A. 范围广　　　B. 对象少　　　C. 花费少　　　D. 难度小
3. 简单随机抽样的方法不包括(　　)。
   A. 直接抽选法　B. 分类法　　　C. 抽签法　　　D. 随机数字表法
4. 相对来说,(　　)调查所需样本量较大。
   A. 广告效果　　B. 产品测试　　C. 市场潜力　　D. 产品定价
5. 观察法分为直接观察和(　　)两种方法
   A. 间接观察　　　　　　　　　　B. 实际痕迹测量
   C. 集体观察　　　　　　　　　　D. 电话调查

二、简答题

1. 常用的具体调查方法有哪些?
2. 简述网络调查法的优点。
3. 访问调查法主要有哪些形式?

三、实训题

1. 请你一起来确定明轩公司本次调查的对象。
2. 为了保证本次明轩公司市场调查的有效性,根据调查的要求,请你选定合适的市场调查方法。
3. 请分别为大学生对学校后勤服务的满意度调查和居民对新新社区服务的满意度调查

确定调查对象和调查方法。

综合实训

广西石化技校自 2013 年成为国家首批中职示范校以来，在校生的人数不断增加，到 2016 年下半年，在校生人数超过万人。随着学校的不断发展壮大，带动了周边一系列相关产业的发展，其中以餐饮业的发展最为显著。众所周知，学生对小吃情有独钟，然而学校东门的小吃却不成规模，缺乏相应的组织与管理，脏乱差的问题十分突出。为了给学校师生提供良好的饮食环境，让学校周边的环境更加优美，秩序更加井然，不少学生建议在东门附近规划修建一条统一的规范化管理的小吃街。因此，现对修建小吃街的市场状况进行相应的市场调查，以促进广西石化技校东门小吃行业的发展，为学校东门小吃街的成立、经营与发展提供客观依据。

结合案例内容，请你确定本次调查的对象及适用的调查方法。

实训要求：

（1）过程要求　学生分小组进行，根据调查目的拟出调查对象与方法。

（2）成果要求　小组制作 PPT 公开阐述分析过程，说明确定本次调查对象与方法的理由。

（3）其他要求　能利用多种方法查找相关资料并进行分析，顺利进行团队合作，小组讨论时能围绕主题清晰表达自己的观点，会倾听他人，能够记录谈话要点。能寻找最佳的问题解决方法，能熟练使用计算机办公软件。

拓展阅读

"高强须后露"的市场调查

托尔伯特剃须刀产品公司销售的产品之一是一种名为高强的须后露。这个品牌通过药品杂货、超级市场和百货商店销售，它的年销售额超过了 3000 万美元。但广告开支超过了 900 万美元，所以没有盈利。一段时间以来，公司及其广告代理机构一直觉得有必要开展一次调查，获取一些数据，以便更好地了解使用本公司产品的人和使用其他品牌产品的人之间有什么不同特点。公司和广告代理都相信这样的信息有助于他们找出促销高强牌产品的更好途径。

广告代理公司的广告部门和调研部门之间在进行了一次初步讨论之后得出下面一些调研目标：

1. 确定高强牌产品使用者和其他竞争者品牌使用者的不同特点，例如年龄、收入、职业、婚姻状况、家庭规模、教育程度、社会阶层和业余活动等。

2. 确定高强牌的品牌形象与其他竞争者品牌的形象在某些属性方面有何不同，例如阳刚气、价格昂贵程度和对使用者规模的成见（比如年轻人、工厂工人、年轻的高级经理和住在小镇上的男人等）。

3. 弄清用来描述须后露时使用的某些词对消费者有什么隐含。

4. 弄清使用者的媒体习惯，如看什么电视节目、读什么报纸杂志等。

在讨论取样总体空间时，广告经理认为调查的结果应该能把大量使用高强牌产品的使用者和轻量使用者区分开。按照他的看法，占使用者数目15%～20%的人在购买上却占了高达60%的份额。到底一个使用者在某段指定时间内购买了多少瓶须后露该被算作大量使用者或轻量使用者并不是十分明确。调研主管和广告经理在使用者的界定上出现了矛盾：调研主管认为任何在过去一年里使用过高强牌产品的人都应该被算作使用者，因此应该被包括在这次调查里。而广告经理则认为使用者应该是过去三个月里购买过该产品的人。实际上，广告经理接着说："我真的只关心那些表示高强牌是他们最钟爱品牌的人或者说高强牌是他们买得最多的品牌的人。"

讨论了很久到底哪些人应该算是使用者后，调研主管指出，广告经理对整个取样问题的认识很不现实。他们做了一次先导调查，来确定在加利福尼亚州门托市访问过的每100个人里能找到多少合适的高强牌使用者。尽管这次调查的发现不完全具有代表性，但它确实有助于粗略地估计出取样问题和采用概率样本的成本。调研主管说："在门托市的调查里，我们感兴趣的只有找出有多少18岁以上的男性使用须后产品、他们在过去的一年和过去的三个月里购买过哪些品牌、他们买哪个品牌最频繁。所有访谈都是在晚上或周末进行的。调查发现，访谈员打电话时，男性被调查者当中只有70%在家。在那些既在家又同意合作的人当中，有65%的人使用须后产品。在使用须后产品的人当中，只有7%的人在过去三个月里购买过高强牌，而说自己在过去一年里买过的人有15%。调查成本大约为每人次6美元，包括不在家、拒绝合作和完成了访谈的全部都算在内。现场调查的样本容量为212名男性被调查者，现场调查成本为1272美元。如果样本包括有小镇和农场访谈的话，这些成本还会大幅度提高。

调研主管认为，他们能得到的样本容量，最好在10～15个大都市，每一个地区都能提供大约100个对高强产品的使用者的访谈，加上100个对其他品牌使用者的访谈。这样就能得到总数为2000～3000人的样本容量，因此需要与40000～50000位被调查者进行接触。调研主管指出，这个样本允许在结果里区别开美国的高强牌产品大量使用者和轻量使用者。

广告经理不认为这个样本是个充分的全国性样本，他说："我没办法把这样的结果拿给管理层看，还告诉他们这些结果代表了全国的特点。我怀疑在这10～15个城市里各自选取出来的样本并不足够大，我们无法从中提取出可靠的结论来。弄不清该地区的顾客和非顾客有什么特点。我看不出来你怎样才能平等地从每个大都市地区里抽取出样本来。我觉得，像纽约和芝加哥这样的大城市提供的样本应该比其他较小的城市大。"

调研主管解释说，这样在不同地区之间分配样本是不对的。因为总体的规模不会影响到样本的多少。按他的意见："如果我们按照你的意见办，那就意味着在某些大城市，我们要进行150～200个访谈，而某些较小城市我们只需要做50～75个。在这种条件下，就没办法从每个城市得出的结果区分开来。如果我们从每个城市抽取同样多的样本，我们就可以对从不同大都市地区得到的结果进行加权平均，从而得出准确的美国全国总数来。"

当讨论转向成本时，广告经理抱怨说："我简直没办法告诉我们公司的管理层，就为了做2000～3000个访谈，我们需要与被调查者接触4万～5万次。他们肯定会告诉我说，我们单是在找出使用者上浪费的钱太多了。我们干嘛不选出一个药品杂货店的样本，给他们点钱，从他们那儿得到购买须后产品的男顾客姓名和地址呢？这样不就能找出高强牌产品的使用者了吗？也许找出一个高强牌产品的使用者只花35～50美分就够了。"

调研主管承认，采用这种方法的成本肯定低得多。但他又指出，这么做不知道最后能得到什么样的样本来。所以也许根本无法知道调查的可靠性到底有多大。广告经理认为，管理层批准用来实施这项调查的资金不会超过 3 万美元。调研主管估计，调查的制表、分析、撰写报告并把结果演示给管理层大概要花 7000 美元，这样剩下来可以用于调查的现场工作的预算是 2.3 万美元。

在不断的讨论中，最终确定了"高强须后露"的市场调查的实施方案。

任务6　安排调查日程

技 能 目 标	知 识 目 标	素 质 目 标	建 议 课 时
培养学生安排市场调查日程的能力 能陈述安排日程的理由或原因	能依据调查背景合理安排好市场调查日程 理解调查人员的能力及素质要求	培养学生组织分工与团队合作的能力、计算机软件应用能力、讨论与口头表达能力	2

任务情境

明轩公司是一家保健鞋生产企业，它委托必达公司进行广告效果市场调查，要求本次调查的时间自 2017 年 5 月 3 日至 2017 年 6 月 30 日止。共计 58 天，应全部完成调查任务，并及时向公司提交市场调查报告。

调查小组组长把安排调查日程这个任务交给广峰，并把基本要求告诉他："广峰，由你来安排调查日程。调查日程也叫调查进度，你要具体安排调查工作各项目的起止时间与天数，以及招聘调查人员……"

如果所做的市场调查只是要获得一份粗浅的调查报告，只需要几天，每天工作时间不用超过 8 个小时，就可以出炉了，但要写一份有用的、有见地的市场调查报告，没有经过深入的调查是不可能实现的。例如：调查消费群体和消费者心理需求，调查实施部分就至少需要一个星期的时间。通常，一个星期调查的结果和一个多月调查的结果，制定出来的方案，调查效果可能会大相径庭。要找出本质，就得花时间深入调查。但有时为了提高信息资料的时效性，在可能的情况下，调查期限也应适当缩短。例如：五一假期的消费市场调查，就需要在五一假期期间完成实地调查及访问部分。因此，调查实施前，需要安排好调查日程。

一、调查日程的细分

调查日程指调查项目的期限和各阶段的工作安排。包括规定调查方案设计、问卷、抽样、人员培训、实地调查、数据录入、统计分析、报告撰写等完成日期。安排调查日程就是将市场调查项目整个进行过程安排一个时间表，确定各阶段的工作内容及所需时间。

在市场调查总体方案的设计或策划过程中，要制定整个调查工作完成的期限以及各个阶段的进程，必须有详细的进度计划安排，以便督促或检查各个阶段的工作，保证按时完成调查工作。

1. 工作阶段

市场调查包括以下几个工作阶段：

（1）调查工作的准备阶段，包括调查表的设计、抽取样本、访问员的招聘及培训等。

（2）实地调查阶段。

（3）问卷的统计处理、分析阶段。

（4）撰写调查报告阶段。

2. 日程安排

一般来说，市场调查的工作阶段需细分，具体日程安排可划分成以下几个方面：

（1）总体方案的论证、设计。

（2）抽样方案的设计，调查实施的各种具体细节的制定。

（3）问卷的设计、测试、问卷的修改和最后的定稿。

（4）问卷的印刷，调查员的挑选和培训。

（5）调查实施。

（6）调查数据的整理、统计与分析。

（7）调查报告的撰写。

（8）鉴定、论证、新闻发布会。

（9）调查成果的出版。

最后两个方面的内容并不是每项市场调查都必须进行的，但前7个部分的内容是一般抽样问卷调查所必不可少的。

二、确定调查日程

要安排好调查日程，首先要确定调查期限和调查时间。

1. 调查期限

调查期限是指整个调查工作所占用的时间，即一项调查工作从调查策划到调查结束的时间长度。一般来说，应根据调查课题的难易程度、工作量的大小、时效性要求合理确定调查期限，并制定调查进度安排表。调查期限是指从调查工作开始到结束的时间。比如，某市进行工业企业生产设备普查，要求在7月1日至7月10日全部调查完毕，则这一时间段便是调查期限。

> **练一练 6-1**
>
> 请你说说在本任务的引导案例中，明轩公司给出的调查期限。

2. 调查时间

调查时间是指调查资料所需的时间，即应搜集调查对象合适的数据。确定调查时间是为了保证数据的统一性，否则，数据无法分类和汇总，导致市场调查失效或失真。如果所要调查的是时期现象，如产品上半年的销售总额，就要明确规定资料所反映的是调查对象从何时起到何时止的资料。如果所要调查的是时点现象，如商场星期天中午12点的人流量，就要明确规定统一的标准调查时点，是期初、期末或其他时间点。如国庆节期间的市场调查，10月1日就是调查的时间点。

3. 确定调查的日程需要考虑的主要因素（见图2-6）

（1）资料的时效性要求。

如进行商场春节假期的消费者行为分析，就需要把调查时间安排在春节7天假期中。

（2）调查项目的复杂程度。

如果一个调查项目比较复杂，在调查实施阶段和总体方案的确定以及后期的数据整理和调查报告的撰写都需要安排更长的时间段来完成。接受调查委托的调查机构在安排调查日程时要充分考虑到项目的复杂程度，安排好调查日程进行调查。

图2-6　确定调查日程需考虑的主要因素

在具体的调查日程安排上，总体方案的设计时间一般在10天左右，这要根据调查项目的复杂程度决定，简单的调查项目甚至2天就可以完成总体方案的设计。明确了总体方案，抽样方案和问卷设计就可以在10天左右完成，这包括了问卷测试与印刷时间，此时，如果调查小组人员足够，可同时安排对调查员进行招聘、挑选及培训，调查人员的培训一般需要花费2～3天时间。具体的调查访问时间为几天到几个月的时间不等，这需要根据项目内容及复杂程度确定。而整理资料和撰写报告的时间也需要20天左右。如表2-8所示为某4S店进行居民轿车需求与用户反馈调查时的日程安排。

表2-8　某4S店进行居民轿车需求与用户反馈调查时间表

调查时间	私车拥有量的调查标准时点为5月月末（即5月月底前购车的居民），私车需求量的调查时距为近3年（3年内计划买车的家庭）
调查期限	从5月1日到6月30日，共计60天完成

工作内容	时间
调查策划、确定调查目标	3天
拟定总体方案	6天
制作问卷，确定调查人员及培训	4天
进行实地调查	30天
资料进行汇总、整理、统计、核对及分析	7天
市场调查报告初稿	7天
调查报告的修改与定稿	2天
调查报告完成、提交	1天
总计	60天

（3）调查者与被调查者的关系。

调查者与被调查对象具有的共同特征越多，越有利于调查实施。例如，从被调查者的角度来看，会讲当地方言的调查者比不会讲当地方言的调查者更容易被调查者接受；女性调查者比男性调查者更容易让被调查者放下戒备心理，因此入户调查往往安排女性；学生比社会人员更容易接近被调查者，如聘请学生作为调查人员，学生在调查时出示学生证会让调查者更好地配合调查。从调查者的角度来看，年轻的被调查者如学生、刚参加工作的青年人更容易接近；认识的人或有熟人介绍的人比不认识的人更容易进行访谈；男性被调查者比女性的心理戒备要低。

在实践中，为保证调查工作的顺利开展和按时完成，调查者应制定调查进度日程表，对调查任务加以具体规定和分配，并对调查进程随时进行检查和控制。各阶段所占调查时间比重可以参照表2-9的分配办法酌情分配与安排。

表2-9 调查时间安排比重表

调 查 阶 段	所占时间比重（%）
1. 总体方案设计	
（1）调查目标的确定	5
（2）调查方案设计	10
（3）调查方法确定	5
2. 调查问卷的制作、人员确定	10
3. 问卷预调查、修正、印刷	5
4. 调查访问	40
5. 数据整理、统计与分析	10
6. 市场调查报告的撰写	10
7. 市场调查报告修改与提交	5
合　　计	100

练一练 6-2

某大型图书零售连锁企业准备在 A 市投资建立一家连锁书店。A 市是一个具有 50 万人口的中小城市，目前有一家规模比较大的新华书店，其余都是比较小的个体书店。通过对 A 市部分读者的收入水平、图书消费水平以及图书购买心理和行为的调查，分析 A 市图书市场的规模和潜力，为企业在 A 市开设连锁书店提供信息。现在该企业计划用 50 天时间进行市场调查，请你设计调查的时间表。

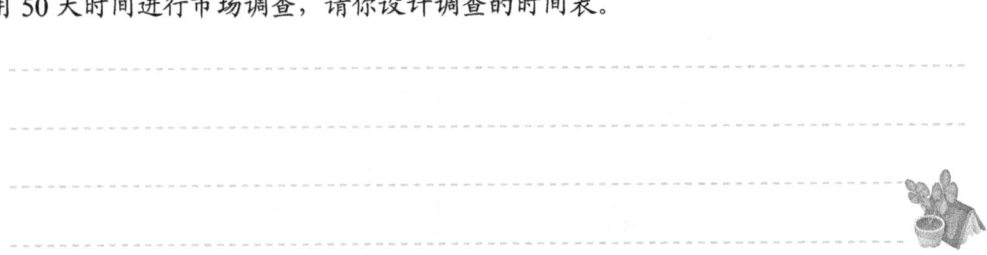

三、市场调查团队的组建

1．组织领导及人员配备

建立市场调查项目的组织，可由企业的市场部或企划部来负责领导工作，针对调查项目成立市场调查小组，负责项目的具体组织实施工作。

根据企业的具体情况和调查的具体要求，调查项目有时会委托给独立调查机构。不同的市场调查机构，其组织结构的形式可能不同，但是在接受委托单位的委托，开始按照委托方的要求，认真组织实施各个阶段的调查工作时，为了保证项目实施的顺利进行，都需要在公司内部先建立项目领导小组，主要负责管理控制项目的实施，并及时向委托方反馈调查进程和调查工作的有关信息。

市场调查机构内部都会设置调查部，有的还设立了调查一部、调查二部等，这些部门的主要职责就是执行市场数据资料的收集工作。一般情况下，根据职责分工，专业调查机构会指派市场调查业务部人员组成项目领导组。如果受托项目规模较大，涉及多方面的工作时就需要调查机构内部的研究开发部、调查部、统计部、资料室等多个部门指派相关人员，一起组成市场调查项目领导组，以保证调查工作的顺利实施。

2．选定市场调查人员

一个市场调研机构一般不可能拥有太多的专职访问人员，而兼职的访问员队伍又不太稳定。因此，调查公司常常要进行招聘访问员的工作。访问人员可从高校经济管理类专业的大学生中招聘，根据调查项目中完成全部问卷实地访问的时间来确定每个访问员1天可完成的问卷数量，核定需招聘访问员的人数。

实训与练习

一、单选题

1．调查工作的准备阶段不包括（　　）。
　　A．调查表的设计　　　　　　B．抽取样本
　　C．整理数据　　　　　　　　D．访问员的招聘及培训
2．（　　）不是确定调查的日程时需要考虑的主要因素。
　　A．公司规模　　　　　　　　B．资料的时效性要求
　　C．调查项目的复杂程度　　　D．调查者与被调查者的关系
3．（　　）不是每项市场调查都必须进行的。
　　A．抽样方案设计　　　　　　B．新闻发布会
　　C．招聘调查人员　　　　　　D．调查访问

二、简答题

1．市场调查一般包括几个工作阶段？
2．什么叫调查期限和调查时间？

三、实训题

广峰根据组长的要求，结合该调查项目的实际情况，制作了调查日程表，安排调查的工作时间。

根据上面学习的内容，请完成表2-10。

表2-10 调查日程表

工作与活动内容	日程安排	天　　数	负　责　人
调查方案设计			
调查问卷设计			
访问员挑选与培训			
实施调查访问			
整理并撰写市场调查报告			
合计			

综合实训

某公司进行市场调查确定选择的调查样本为1000人，根据调查目的和内容，一个调查人员一天可以完成5人的访谈。公司计划的调查期限为1个月，公司委派两名督导参与市场调查访问，其余访问调查人员聘用大学市场营销专业学生。请你拟定调查日程表及拟聘调查人员个数。

设计要求：

（1）过程要求　学生根据案例要求设计调查日程表，根据日程表确定调查人员数；小组讨论形成初稿；教师对各小组设计初稿进行点评，修改初稿形成定稿。

（2）成果要求　提交调查日程表，并制作PPT阐述工作过程。

（3）其他要求　能利用互联网查找相关资料，顺利进行团队合作，在交谈讨论时能围绕主题清晰表达自己的观点，会倾听他人，能熟练使用计算机办公软件，面对困难能找出合理的解决方法。

拓展阅读

绿雕塑作坊（HT）的市场调查

Maurice Bernard 想了一个他认为很伟大的主意。他在花卉修整行业干过好些年头，又投资建立了新企业，绿雕塑作坊（HT）。他的起步很踏实并且对于前两年的经营结果很是满意。

Bernard 需要超越一些很大的挑战以继续以前的成就。首先，在一个有 60 000 人的社区里，很多人只是把他的企业当作又一家花店；正因如此，产品差异化仍处于艰难摸索阶段。幸运的是，他作为花卉栽培者和装饰者的名声给他提供了机会，使他借机推销树木造型设计。要使客户和公众相信将一棵枝叶短小的植物设计并修剪成动物或其他形象是一件很高雅的事，这本身就是一件极富挑战的事。他相信辛勤的劳动和过去两年的无数不眠之夜是有回报的；在过去的六个月里，市场对他的"绿雕塑"的需求一直在稳步上升。

如今他在考虑将业务扩展到范围更大的地区。这需要他扩大作坊规模，并雇用更多的员工。此时缺少的是支持他这一决定的调研。Maurice 的一个好朋友建议他联系当地大学的卓越调研中心（CME）。通过收取极少的费用或免费提供学生工来完成营销调研服务，CME 与很多不同的小企业合作过。学生也从这些活动中受益，获取了进行营销调研和为社会提供服务的机会。

五个学生与他们的营销教授过来会见 Maurice 并熟悉了他的业务。Maurice 向这些调研者讲述了公司的历史，分享了他对预期扩张的看法。首先，调研团队感觉确定总体消费者对 HT 的认知和对它扩张的可能反应是很重要的。其次，团队感到定义 HT 的目标市场（比如，批发商和零售顾客）将是一个关键性的要素。最后，做出一项可靠的商业决策需要对消费者和花商人口统计特征的透彻了解。双方同意让 CME 代表 Maurice 和绿雕塑作坊进行这项调研。

CME 团队拟定了一份针对中高收入家庭的问卷。这份问卷的目的是要确定消费者人口统计特征，比如住所、教育水平、婚姻状况、职业、收入水平、年龄以及潜在顾客的住所。还对本地花商进行了调查，以确定 HT 开发批发业务潜力的可行性。调查样本大小为 100，包括 80 位消费者和 20 位花商。所有的数据都是通过设计好的要满足本项目特定调查目标的结构问卷收集的。

大约两个月后，London 博士和他的学生向 Maurice 提交了一份书面报告，其中包括了多条建议和图表说明，如调查对象是如何知道绿雕塑作坊的，对绿雕塑作坊的了解，对绿雕塑作坊的经营建议，等等。

在调研团队的调查前准备和确定目标时，调研团队把绿雕塑作坊（HT）市场分为批发市场和零售市场，进而对其进行细致调查。

根据购买商品的目的不同，市场调查可分为消费者市场和产业市场。绿雕塑作坊（HT）调研团队在调查前把对消费者和花商人口统计特征的透彻了解作为一项重要的目标和任务，以此区分消费者市场和产业市场；在进行样本选择时，调查团队也分别抽取消费者和花商进行问卷调查。

绿雕塑作坊（HT）市场调查中，所有的样本都是针对中高收入家庭的问卷调查，也就是说此市场调查是非全面调查。根据市场调查的方式不同，市场调查可以区分为全面调查和非全面调查。而此项调查就是对市场对象总体中的一部分单位进行调查的非全面调查。

同时，绿雕塑作坊（HT）市场调查也是遵循市场调查的基本程序的。了解历史情况，确定调查工作和目标，确定调查人员等，进行市场调查的准备工作。接着选择样本，问卷搜集资料。最后，进行统计分析，形成有决策参考价值的书面报告和多条经营建议等。

还有，此项调查中不仅对市场经济环境进行了调查，如对人口、收入水平、消费水平及结构等的调查；还对本地花商进行调查，也就是对市场花市商品资源进行了调查；同时也对社会教育等市场社会文化环境进行了调查。这些都充分表现了市场调查的内容的复杂多样性。

任务 7　调查经费预算

技 能 目 标	知 识 目 标	素 质 目 标	建 议 课 时
能合理安排调查经费的使用 能编写市场调查经费预算	掌握调查经费的内容 掌握调查问卷的基本结构	培养学生组织分工与团队合作的能力、计算机软件应用能力、讨论与口头表达能力	4

任务情境

必达公司受大大乳品公司委托，对其在春节期间投放的一则广告效果进行调查，项目组拟选择问卷调查方法对被调查者进行调查。会上，组长要求按以下项目做出调查预算：①调查问卷设计费；②调查问卷测试费；③调查问卷印刷费；④调查实施费；⑤数据分析费；⑥其他费用。

广峰会后赶紧拨通了大大乳品业务代表的电话，沟通起预算情况……

市场调查是按客户的具体情况"量体裁衣"的。在对一项调查进行设计时，首先想到的几个问题是：①这项调查有多少总预算；②这项调查需要多长时间；③这项调查的范围；④这项调查需要获取哪些信息；⑤这项调查的样本需要多少。

练一练 7-1

请思考在预算制定前还需要考虑哪些问题？

这些问题常常无法准确地回答，需要具体问题具体分析，因为调查研究的项目不同，情况也是不相同的。因此可以将方案设计得尽可能满足客户的信息需求和经费预算。一个调查项目可以只花几千元，也可以花费几十万、几百万甚至几千万元；可以在一天之内完成，也可长至几个月；可以只提供小范围的几个数据，也可以给出覆盖大范围的大量的信息。总之，项目的设计要与客户的需要和财力相适应。

练一练 7-2

2人一组进行角色扮演，模拟广峰和必达公司业务代表的通话，沟通预算情况，并做好记录。

这项调查有多少总预算？

这项调查需要多长时间？

这项调查需要获取哪些信息？

在总体方案的设计或策划过程中，要制定整个调研工作完成的期限以及各个阶段的进程，即必须有详细的进度计划安排，以便督促或检查各个阶段的工作，保证按时完成调研工作。方案设计一旦完成，就要考虑经费预算和进度安排，以保证项目在可能的财力、人力和时间限制要求下完成。

在制定预算的过程中，应当做一个较为详细的费用——效益分析，看看项目是否应当完全按所设计的方案进行，或许还要重新考虑该项目是否应当进行。考虑费用的同时还必须考虑时间，一个调研项目有时需要六个月或者更长的时间才能完成。有可能由于决策的延迟要冒着失去最有利时机的风险。如果一项考察某新产品的调研方案设计得太长，其他竞争者就有可能已经抢占了市场。

根据客户的要求和预算对调查进行设计，选择合适的调查方式、范围以及抽样方法，并把明细经费预算做出。例如，南京市区白酒销售与消费情况调研方案，总预算为2万元，按要求把调查费用分配好。

案例 7-1

南京市区白酒销售与消费情况调研方案

一、调查目的（根据客户要求编写）

（1）了解南京市区白酒消费的总体情况（什么酒最好销，其次是什么，最差是什么，未来趋势如何）。

（2）了解消费者构成（确定主要目标市场）。

（3）了解销售渠道、促销方式（糖酒公司系主要竞争对手，促销战略）。

三个调查目的中，第一个最重要，为确立一个新品牌的白酒生产提供决策依据；后两个其次，为该新品牌的白酒销售提供决策依据。

二、调查内容

（根据客户要求编写）

（1）消费白酒的品牌、度数、成分、香型、包装、价格及用途。

（2）消费者性别、年龄、职业、收入、消费类型、消费时间、消费场所及购买渠道。

（3）销售单位的级别、进货渠道、促销方式、销售额及销售方式。

详细内容见《调查问卷》。

三、抽样框及样本

（制定具体调查方案）

1. 抽样框

按照调查目的要求，调查对象由销售单位和消费单位两类组成。

这二者又各分为两类：批发商和零售商；集团消费单位和消费个人。

较大的批发商由糖酒公司提供名单进而构成抽样框；零售商和集团消费单位由电话簿构成抽样框；消费个人的抽样框由本教研室研究制定。

2. 样本的形成

对抽样框中的四类对象按分类抽样方法抽取一定数量的单位作为各组的样本，合成总样本。每组再按机械抽样方法抽取样本单位。

3. 样本的容量

按最大总体方差0.25，允许抽样误差为6%，推断的可靠性为95%进行计算（不重复抽样），各组必要的样本容量如下：

批发商、零售商	集团消费单位	消费个人	合　　计
114	267	26	648

4. 随机调查与重点调查相结合

各选两个较大的批发商、零售商、集团消费单位进行重点调查，以详细的材料补充说明随机调查资料。

四、调查方法及时间

1. 调查方法

为保证调查资料的准确性和完整性，采用问卷形式，面谈访问。

2. 调查时间

初步定在11月月初进行，一个星期完成。

五、调查实施步骤

1. 自由访谈

由本教研室进行，提炼主题，广泛收集材料。

2. 制作抽样框，确定样本

3. 拟定访问问卷

4. 印刷问卷，试访问

组织访谈，取得经验，修改问卷。

5. 访员培训

本教研室负责对已有一定理论和实践经验的市场营销专业的大学生进行访谈技巧的培训，使之掌握访谈办法。

6. 正式访问

对抽中的单位逐个进行入户访问。

7. 问卷回收

当天调查，当天回收，当天审核，及时编号，为整理工作作准备。

六、组织保证

（1）由市场营销教研室全面负责规划和实施。

（2）使用训练有素的市场营销专业大学生10名作为访员。

（3）由市场营销教研室教师对访员质量进行抽检，及时审核。

七、调查费用

（1）抽样框制作费及选择费：1500+200=1700（元）。

（2）问卷制作费、调查方案及整理方案设计费：4000元。

（3）调查费：648份×5元/份=3240（元）。

交通费：14人×26元/人=364元，出租车费150元，合计514元。

误餐补贴：14人×7天/人×10元/天=980（元）。

（4）汇总整理费：4天×200元/天=800（元）。

（5）分析报告费：3天×300元/天=900（元）。

（6）资料费：500元。

（7）答谢礼品费：（由委托方提供）。

（8）印刷费：（问卷、调查方案、整理方案、分析报告）1000元。

（9）特别准备金：1000元。

小计：14634元。

（10）重点调查费：6家×500元/家=3000（元）。

总计：17634元。

广电商学院市场营销调研项目组

2016年4月16日

在进行明细经费预算时，一般需要考虑如下几个方面：

（1）总体方案策划费或设计费。

（2）抽样方案设计费（或实验方案设计）。

（3）调查问卷设计费（包括测试费）。

（4）调查问卷印刷费。

（5）调查实施费（包括选拔、培训调查员，试调查，交通费，调查员劳务费，管理督导人员劳务费，礼品或谢金费，复查费，等等）。

练一练 7-3

请帮广峰整理出调查实施费用表 2-11。

表 2-11　调查实施费用表

（6）数据录入费（包括编码、录入、查错等）。
（7）数据统计分析费（包括上机、统计、制表、作图、购买必需品等）。
（8）调研报告撰写费。
（9）资料费、复印费、通信联络等办公费用。

练一练 7-4

请问：通信联络费用包括哪些？

（10）专家咨询费。

专家咨询费是指按规定标准支付给临时聘请专家的咨询费用，不得支付给参与项目研究及其管理的工作人员。

案例 7-2

如：以会议形式组织的咨询，专家咨询费的开支一般按照高级专业技术职称人员 400~800 元/人天，其他专业技术人员 200~500 元/人天标准执行。会期超过两天的，第三天及以后的咨询费按照高级专业技术职称人员 200~400 元/人天，其他专业技术人员 100~300 元/人天标准执行。

（11）劳务费。

指在项目研究开发过程中支付给项目组成员中没有工资性收入的相关人员（如在校研

究生）和项目组临时聘用人员等的劳务性费用。

（12）上交管理费或税金。

（13）鉴定费、新闻发布会及出版印刷费用。

如预算中没有鉴定费，但是调查结束后需要对成果作出科学鉴定，否则无法发布或报销。在这种情况下，项目组将面临十分被动的局面。当然，没有必要的费用就不要列上，必要的费用也应该认真核算作出一个合理的估计，切不可随意多报乱报。不合实际的预算将不利于调研方案的审批或竞争。因此既要全面细致，又要实事求是，此为正规调研机构的执业规则。

练一练 2-5

经过与必达公司的一轮沟通，广峰基本了解了调查的需求，请根据下列需求，帮他把表 2-12 调查费用预算表补充完整。

本次调查从 5 月 1 日到 6 月 30 日共计 60 天完成，包括调查策划、实施和结果处理。调查情况如下：

1. 被调查家庭的基本情况（广州各大超市）。项目包括买家的年龄、性别、文化程度、职业；家庭人口、人均年收入；等等。

2. 乳品测评。主要包括产品口味、外观造型、保鲜水平等项目的满意度测评。

3. 乳品需求情况调查。包括第一次购买或重新购买的意愿、何时购买、购买何种品牌、价位、购买目的、选择因素、信息获取等方面的测评。

4. 竞争对手调查。包括竞争对手的数量、经营情况和经营策略等。

5. 调查策划、确定调查目标 5 天。查阅文字资料 3 天。进行实地调查 20 天，完成调查问卷 150 份。对资料进行汇总、整理、统计、核对及分析 20 天。市场调查报告初稿 7 天。调查报告的修改与定稿 3 天。调查报告完成、提交 2 天。

6. 调查项目由电子商务学院市场营销教研室全面负责规划与实施。使用训练有素的市场营销专业大学生 30 名作为访员，教师对访员的访问质量进行抽查并及时审核。

表 2-12 必达公司乳品调查费用预算表

单位名称：_____　　　　　　　　　　　　　　　　　　____年____月____日

基本情况	项目名称：				
	调查地点：				
	调查数量：				
费用项目	数　量	单价（元）	金额（元）	备　注	
资料费		0.50			
文具费		1.50			
交通费		10.00			
问卷印制		0.40			
抽样费		2.00			
统计费		1.20			
调查费					

（续表）

费用项目	数　　量	单价（元）	金额（元）	备　　注
礼品费				
其　他				
服务费				
合　计				

练一练 7-6

请检查表 2-13 中的调查费用预算明细，找找有没有不合理的地方，把不合理的地方修正正确，并补充你认为需要增加的项目。分组讨论，形成统一结论，派代表上台交流。费用预算控制在 12000 元以内。

表2-13　调查费用预算明细

费用预算明细					
项目内容		单价（元）	单位	数量	合计（元）
交通	长途汽车	48	7	2	672
	当地公交等	5	7	14	490
住宿	标间	80	3.5	14	3920
餐饮		20	7	15	2100
调研报告会	传单	0.15		2000	300
	宣传展板	40		16	640
	宣传册	5		50	250
	大海报	35		8	280
	宣传小海报	10		28	280
	DVD光盘	5		50	250
	矿泉水	1		24	24
	横幅	150		1	150

(续表)

费用预算明细					
项目内容		单价（元）	单位	数量	合计（元）
其他	笔、笔记本	10	7	1	70
	调研期间打印费用				50
	应急药品（防中暑、擦伤、感冒等）				50
	队服（南大文化衫）	25	7	2	350
	访谈小礼品	1.5		60	90
	电话费	50	7	1	350
	当地上网费用（调研博客等）	2		15	30
	队旗	150		1	150
总　　计					10496

实训与练习

一、不定项选择题

1. 调查经费预算一般考虑（　　）。
   A．总体方案策划费　　　　B．抽样方案设计费
   C．调查问卷设计费　　　　D．调查人员工资

2. 当调查经费不足的时候，应该（　　）制定经费预算。
   A．减少样本容量　　　　　B．采用网络调查的方式
   C．缩小调查问卷的版面　　D．聘请兼职人员进行调查活动

3. 调查样本容量与调查预算之间是（　　）。
   A．两者无关　　　　B．正比关系　　　　C．反比关系

4. 在调查费用充足的情况下，要提高调研精度，可以（　　）。
   A．增加样本容量　　　　　B．提高抽样精度
   C．增长调查时间　　　　　D．聘请专业人员进行调查活动

5. 当调查相同样本量的时候，采用（　　）费用最多。
   A．人员调查　　　　　　　B．网络调查
   C．电话调查　　　　　　　D．邮寄调查

二、简答题

1. 如何编制调查预算表？编制调查预算的步骤是什么？
2. 你认为总预算是否应该全部分配完？
3. 制定调查预算需要注意的问题有哪些？

三、实训题

1. 广峰放下电话，来不及休息，立刻打开电脑 Excel 表格，赶紧动手画了一个表格，开始做预算。请用 Excel 做预算表（见表 2-14）。

表 2-14 调查费用预算表

费用预算明细				
项目内容	单价（元）	单位	数量	合计（元）
总　计				

2. 还记得任务 5 练习中为明轩公司设计的调查项目吗？请回顾"大学生对学校后勤服务满意度调查和居民对新新社区服务的满意度调查"设计中确定的调查对象和调查方法，请在此基础上为调查项目做预算设计。

3. 根据下列要求编制调查预算：

某大型图书零售连锁企业准备在 A 市投资建立一家连锁书店。A 市是一个具有 50 万人口的中小城市，目前有一家规模比较大的新华书店，其余都是比较小的个体书店。企业的问题是准备在 A 市投资，需要进行投资的可行性分析，因此，需要进行图书市场的调查，得到 A 市图书市场的规模和特点，为进行投资决策提供信息。针对本问题，制定调查方案如下：

调查目的　通过对 A 市部分读者的收入水平、图书消费水平以及图书购买心理和行为的调查，分析 A 市图书市场的规模和潜力，为企业在 A 市开设连锁书店提供信息。

调查内容　被调查者的基本情况，被调查者的收入以及图书消费水平，被调查者的图书购买心理以及被调查者的图书购买习惯、行为。

调查方式和方法：采用分层抽样、问卷调查和入户访问的方式进行调查。

资料整理和分析方法：对资料进行编码录入，利用 SPSS 软件进行描述性统计，然后进行推断得到市场的规模，并根据需要进行多元统计分析。

调查时间和调查工作期限：2009 年 6 月 1 日至 7 月 30 日。调查的标准时间是 2009 年 7 月 1 日。

调查的经费：本调查共需要经费 12700 元，其中，资料费 1000 元，文具费 200 元，交通费 500 元，问卷印刷 2000 元，抽样费 1000 元，统计费 3000 元，调查费 3000 元，其他费用 2000 元。

调查的组织计划：调查时间任务和人员安排计划，将调查任务分解，按照调查的总体期限要求制定各个工作任务的开始和完成时间，并将这些任务分配给相应的人员完成。

提交报告的方式：提交书面报告 3 份，并提供相应的电子文件。

综合实训

1. 请你根据所在城市的情况设计调查抽样方式，分组讨论并把抽样方式整理成文本。
2. 请按调查内容设计问卷。
3. 请对入户访问进行设计？通过网络查找街道楼盘，做好时间和人员安排。
4. 按照前面的设计和提示对费用进行预算。

拓展阅读

北京宅急送快运股份有限公司是中国一家民营的快递承运商和包裹运送公司。现时，宅急送每天为中国顾客提供限时速递服务，主要竞争对手包括中国速递服务公司、顺丰速运、及"四通一达"快递。

为调查顾客满意度，特此制定了一个顾客满意度调查方案。

宅急送物流服务满意度调查方案

一、调查目的与内容

为了了解物流行业以及从事物流行业人员的服务水平以及消费者的满意度，我们选择了宅急送物流公司。宅急送公司大多从事小件配运业务，更贴近于百姓生活。而且它拥有较高的信誉度，知道此公司的人相对要多些，便于调查。通过对宅急送公司的调查，进一步了解消费者对物流服务的需求，使宅急送以及同行业的服务水平更加完善。

1. 了解北京地区普通消费者对宅急送的认知度与满意度。
2. 了解北京地区普通消费者对物流配送服务的要求。

二、调查的对象和范围

1. 北京通州区宅急送快运有限公司附近普通消费者，调查的对象为 18 岁以上的个人。
2. 北京区交通繁华地区的普通消费者。

三、调查的方法

采用网络调查方法，利用搜索引擎在网上进行搜索，快速、全面地了解宅急送物流公司服务的相关市场信息。

采用访问法，即街头访问法。

四、调查实施计划

成立项目组，组长一人，组员若干人。

五、调查信息的整理和分析方法

审查问卷：检查回收的调查问卷是否齐全，有无重复、遗漏，保证记录的一致性和统一性。

分组整理：对经过审查的问卷，分别归入适当的类别，根据调查问卷中的问题，进行预先分组分类。

统计分析：对分组整理的信息，计算频数与百分比，做出所需的表格与分析图。

六、调查日程安排和时间限制

调查日程安排和时间限制如表2-15所示。

表2-15　调查日程安排和时间限制表

时间	安排
D1	确定调查方案，组织调查人员
D2	设计调查问卷
D3	调查实施，取得数据
D4	调查数据的整理、分析
D5	撰写调查报告

七、调查费用预算

调查费用预算如表2-16所示。

表2-16　调查费用预算表

获取前期相关市场真实资料的费用	占总体调查费用预算的10%
参与调查人员的工资	占总体调查费用预算的30%
调查执行期间的执行费用（除人员工资外）	占总体调查费用预算的13%
数据整理及调查报告费用（包括聘请专家的费用）	占总体调查费用预算的22%
调查所用相关工具的费用	占总体调查费用预算的15%
调查期间发生的其他费用（包括礼品）	占总体调查费用预算的10%

（资料来源：http://wenku.baidu.com/view/df18e442336c1eb91a375d6e.html 略有删改）

任务8　撰写市场调查方案

技能目标	知识目标	素质目标	建议课时
能够运用与决策者沟通、与委托方接洽的方法，明确调查意图、确定市场调查目标 能够按市场调查方案的内容和结构要求策划市场调查方案 能够运用市场调查数据分析资料撰写市场调查方案	掌握市场调查方案的类型 掌握市场调查方案的基本结构	培养学生的讨论与口头表达能力、文字表达能力	4

任务情境

必达公司受大大乳品公司委托,对其在六一节期间万佳超市的促销活动效果进行调查,经理派广峰拟定调查方案。广峰在本子上列出了大纲:

①前言;②调查的目的;③调查的内容和范围;④调查方法的选择;⑤调查进度安排;⑥调查团队;⑦调查经费。

写好了大纲,他便开始查找相关资料,与大大乳品沟通,完善方案。

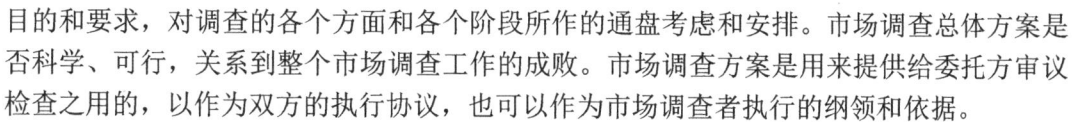

市场调查方案是指在正式调查之前,根据市场调查的目的和要求,对调查的各个方面和各个阶段所作的通盘考虑和安排。市场调查总体方案是否科学、可行,关系到整个市场调查工作的成败。市场调查方案是用来提供给委托方审议检查之用的,以作为双方的执行协议,也可以作为市场调查者执行的纲领和依据。

一、撰写调查方案的前期准备

在撰写完整的市场调查方案前,需要确认以下几个方面。

1. 确定调查目的

根据市场调查目标,在调查方案中列出本次市场调查的具体目的和要求。

案例8-1

《新闻报》本次市场调查的目的是了解产品的消费者购买行为和消费偏好情况等,我们可以把目的分解为以下几个。

为分析了解《新闻报》读者受众现状,提高办报质量,扩大发行数量,《新闻报》报社委托中国社会调查方法研究会上海神州市场调查公司于2016年3月至4月间在上海地区进行了首次《新闻报读者调查(1997)》。此次调查须达到如下几个研究目的:

(1)单位订阅户的所属行业、区域、分布、单位性质、订阅途径及订阅方式选择,单位负责人对《新闻报》的总体评价、忠诚度、二次传阅率,以及继续订阅的意向和建议。

(2)个人订阅户的读者性别、年龄、文化、职业、收入、生活方式、消费习惯、价值观念、心理素质等特征。分析《新闻报》读者群的相关因素,确定《新闻报》读者定位。

(3)调查研究《新闻报》受众的读报习惯与特点,探讨分析受众对《新闻报》在上海各报中的选择排行,对《新闻报》各版面及专栏副刊的喜好程度,对《新闻报》如何形成自己的办报特色,形成优势广告以及不断扩大发行量的建议与要求。

2. 确定调查的对象和调查单位

调查对象是指依据调查的任务和目的,确定本次调查的范围及需要调查的现象的总体。调查对象一般指消费者、零售商、批发商,其中,零售商和批发商为经销调查产品的商家,消费者为使用该产品的消费群体。

市场调查实务

练一练 8-1

对婴儿食品的调查　　　调查对象＿＿＿＿＿＿＿＿＿＿

对化妆品的调查　　　　调查对象＿＿＿＿＿＿＿＿＿＿

对酒类产品的调查　　　调查对象＿＿＿＿＿＿＿＿＿＿

对＿＿＿＿＿的调查　　调查对象＿＿＿＿＿＿＿＿＿＿

对＿＿＿＿＿的调查　　调查对象＿＿＿＿＿＿＿＿＿＿

调查单位是指所要调查的现象总体所组成的个体,也就是调查对象中所要调查的具体单位,即在调查中要进行调查研究的一个个具体的承担者。

练一练 8-2

请你帮广峰写出此次调查的对象和调查单位。

3. 调查内容和调查问卷

（1）调查课题如何转化为调查内容。

调查课题转化为调查内容是把已经确定了的调查课题进行概念化和具体化。

练一练 8-3

大大乳品要求调查万佳超市的促销活动效果,请你帮广峰把课题转化为调查内容。如：顾客满意度、客单价等。

（2）调查内容如何转化为调查问卷。

把调查内容设计为调查问卷的内容会在任务9中专门介绍。

4．调查方式和方法

任务5中提出，调查样本要在调查对象中抽取，由于调查对象分布范围较广，应制定一个抽样方案，以保证抽取的样本能反映总体情况。样本的抽取数量可根据市场调查的准确程度的要求确定，市场调查结果准确度要求越高，要抽取样本的数量越多，但调查费用也越高，一般可根据市场调查结果的用途情况确定适宜的样本数量。实际市场调查中，在一个中等以上规模的城市进行市场调查的样本数量，按调查项目的要求不同，可选择200～1000个样本，样本的抽取可采用统计学中的抽样方法。具体抽样时，要注意对抽取样本的人口特征因素的控制，以保证抽取样本的人口特征分布与调查对象总体的人口特征分布相一致。

5．调查项目定价与预算

调查项目定价，制定预算表。

6．数据分析方案

市场调查中，常用的资料收集方法有调查法、观察法和实验法，一般来说，前一种方法适宜于描述性研究，后两种方法适宜于探测性研究。企业做市场调查时，采用调查法较为普遍，调查法又可分为面谈法、电话调查法、邮寄法、留置法等。这几种调查方法各有其优缺点，适用于不同的调查场合，企业可根据实际调研项目的要求来选择。资料的整理方法一般可采用统计学中的方法，利用 Excel 工作表格，可以很方便地对调查表进行统计处理，获得大量的统计数据。

7．其他内容

包括确定调查时间，安排调查进度，确定提交报告的方式，调查人员的选择、培训和组织等。

练一练 8-4

大大乳品要求调查万佳超市的促销活动效果，请你帮广峰把他在导入案例中写的大纲加以完善。

二、市场调查方案的撰写

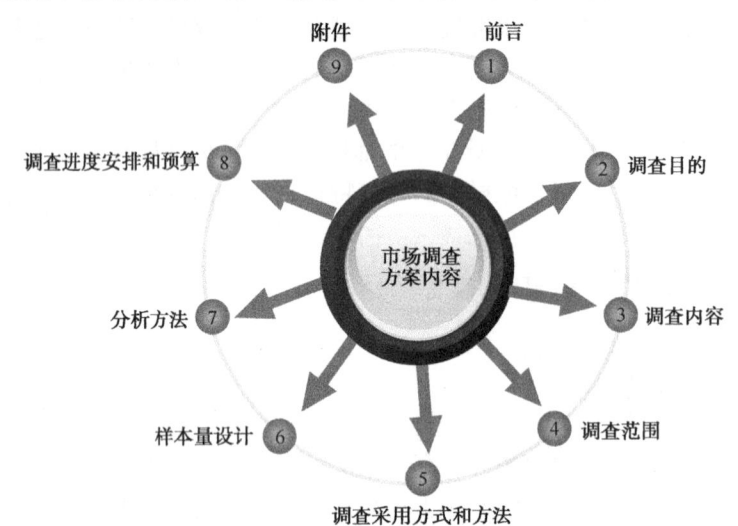

1. 市场调查方案的内容

市场调查方案的内容包括前言、调查的目的、调查内容、调查范围、调查采用方式和方法、样本量设计、分析方法、调查进度安排和预算、附件等部分，如图2-7所示。

图 2-7　市场调查方案的内容

2. 撰写市场调查方案的注意事项

（1）一份完整的调查方案，上述图2-7的内容均应涉及，不能有遗漏。
（2）调查方案的制订必须建立在对调查课题的背景的深刻认识上。
（3）调查方案要尽量做到科学性与经济性结合。
（4）调查方案的格式方面可以灵活，不一定要采用固定格式。
（5）调查方案的书面报告是非常重要的一项工作。一般来说，调查方案的起草与撰写应由课题的负责人来完成。

练一练 8-5

假设你需要在广电商学院，针对 OPPO MP3 设计市场调查计划，请按照你的想法把方案内容的提纲写出来。

练一练 8-6

扫描下方二维码，阅读"广电商学院 MP3 市场调查计划书"，和自己的方案进行对比，把相关的各项内容标注出来。

三、调查方案的可行性研究

1. 调查方案的可行性研究的方法

（1）逻辑分析法。

逻辑分析法是指从逻辑的层面对调查方案进行把关，考察其是否符合逻辑和情理。

练一练 8-7

阅读广电商学院 MP3 市场调查计划书，分组讨论该方案的可行性，并把讨论结果记录下来。

（2）经验判断法。

经验判断法是指通过组织一些具有丰富市场调查经验的人士，对设计出来的市场调查方案进行初步研究和判断，以说明调查方案的合理性和可行性。

（3）试点调查法。

试点调查法是通过在小范围内选择部分单位进行试点调查，对调查方案进行实地检验，以说明调查方案可行性的方法。

练一练 8-8

阅读广电商学院 MP3 市场调查计划书，分组讨论该方案的试点方案。

2. 调查方案的模拟实施

并不是所有的调查方案都需要进行模拟调查，调查规模大的调查项目才会采用模拟调查。模拟调查的形式很多，如客户论证会和专家评审会等形式。

3. 调查方案的总体评价

调查方案的总体评价可以从不同角度来衡量。但是，一般情况下，对调查方案进行评价应包括四个方面的内容，即：调查方案是否体现调查目的和要求；调查方案是否具有可操作性；调查方案是否科学和完整；调查方案是否质量高、效果好。

练一练 8-9

阅读广电商学院 MP3 市场调查计划书，对该方案进行总体评价。

实训与练习

一、不定项选择题

1. 将市场调查分为专题性市场调查和综合性市场调查，这种分类的标准是（　　）。
   A. 对象　　　　B. 主体　　　　C. 时间　　　　D. 范围

2. 市场调查可以分为企业的市场调查、政府机构的市场调查、社会组织与机构的市场调查和个人的市场调查，这种分类的标准是（　　）。
   A. 范围　　　　B. 主体　　　　C. 时间　　　　D. 对象

3. 对信息的收集、处理分析与提供要符合使用者的要求，这是市场调查的（　　）。
   A. 适用性要求　B. 准确性要求　C. 全面性要求　D. 及时性要求

4. 选择市场调查专业机构来实施调查，具有的优点是（　　）。
   A. 无地理上的障碍　　　　　　B. 无时间上的障碍
   C. 节省成本　　　　　　　　　D. 具有客观性

5. （　　）是指应用各种科学的调查方式方法，收集、整理、分析市场资料，对市场的状况进行反映或描述，以认识市场发展变化规律的过程。
   A. 市场调研　　B. 市场预测　　C. 市场分析　　D. 市场考察

二、简答题

1. 请列出撰写市场调查方案的注意事项。
2. 如何确定谁是调查的对象？
3. 说说调查方案的可行性研究的方法有哪些？

三、实训题

1. 业务能力

广峰与客户沟通后，立刻绘制了一个表格，开始设计调查方案。请你尝试完成表2-17。

表2-17 调查方案

调查目的	
调查的对象和调查单位	
调查问卷	
调查方式和方法	
调查时间	
调查区域	
项目预算	

2. 分小组设计一份关于校园餐厅满意度的调查方案。
3. 使用问卷星网站，把调查问卷放到网上（www.sojump.com），按小组完成50份调查并统计数据。

综合实训

在1970年，以7-ELEVEN为首的便利商店被引进日本，当时选择以负责家计者或家庭主妇为调查对象展开市场调查。在实际调查家庭主妇的购买行为之后发现：①超级市场林立；②自家用车普及；③周休2日形成全家出动购物风气，于是主妇每周的购物减少，而每次的消费额增加。但是，目前此种便利商店却显示出相对成长的零售业态。当初调查作业是否有遗漏？如有遗漏，是何种重要因素？

根据调查，失败的原因为：

1. 选择调查对象不当，以负责家计者或者家庭主妇。但是便利商店的顾客却是单身汉、学生、夜猫子之类，并不是负责购物之人。
2. 调查结果未发现消费者购买行为呈现相当多元化变化。

因此，以个人为调查对象展开市场调查，其调查结果将会对便利商店较为有利。

请你回到1970年，重新设计市场调查方案。

拓展阅读（具体内容请扫描右侧二维码）

任务 9　设计问卷

技 能 目 标	知 识 目 标	素 质 目 标	建议课时
能合理设计和安排问题顺序 能根据市场调研的目的设计问卷	掌握调查问卷的问题类型 掌握调查问卷的基本结构	培养学生组织分工与团队合作的能力、计算机软件应用能力、讨论与口头表达能力	4

任务情境

一转眼春节假期就结束了，上班第一天收到的第一个通知就是到会议室开会。广峰一听就知道，有个新的项目要执行了，果不其然，组长一来就布置任务了。

必达公司受大大乳品公司委托，对其在春节期间投放的一则广告进行效果调查，项目组拟选择问卷调查方法对被调查者进行调查。会上，组长要求按以下调查内容设计问卷：

(1) 大大常温酸奶的知名度，以及该产品在同类市场中的市场排名。
(2) 消费者获取大大常温酸奶的信息渠道。
(3) 顾客对大大常温酸奶零售店 POP 广告的评价。
(4) 了解广州地区消费者特征。
(5) 了解广州地区消费者消费心理和特点。
(6) 了解消费者对大大常温酸奶产品的口感、包装和容量方面的期望。

广峰看着同事们都忙碌起来，自己却不知从何下手，赶紧拿出培训时发的资料恶补起来。

问卷又称调查表，它是以书面的形式系统地记载调查内容，了解调查对象的反映和看法，以此获得资料和信息的一种工具。采用问卷进行调研是国际通行的一种调研方式。

一、认识问卷

1. 问卷的特点

采用问卷进行资料收集，具有调查范围广、调查内容深入细致、调查过程可控性强的优点。只要在同一时段，以相同的方式将问卷发放给被调查者，问卷调查就可以在任何范围内进行。调查问卷在设计问题的时候可以对需要采集的数据进行有针对性的设计，并在调查工作人员的指导下完成问卷问题的回答，减少或避免因误解而发生的作答错误。问卷调查具有标准性、匿名性和通俗性等特点，如表 2-18 所示。

表 2-18　问卷调查的特点

标准性	进行标准询问调查时问卷调查的主要特点。问卷内容是由统一的问题、统一的备选答案、统一的回答形式组成的，对所有的被调查者统一适用
匿名性	一般不要求被调查者在问卷上署名，以免除被调查者在回答问题时的顾虑，涉及一些敏感性、个人隐私的问题时，匿名性较能保护被调查者的个人利益，也能较可靠地获得被调查者的真实回答，保证调查收集到的资料真实、可靠

通俗性	问卷是以特定群体的人员为调查对象而设计的有问有答的书面调查表，在设计问卷、问题以及答案的时候都会考虑到被调查群体中人员的水平差异，从而在表述上尽量做到通俗易懂

练一练 9-1

为委托公司提出的"消费者对大大常温酸奶产品的口感、包装和容量方面的期望"设计通俗的表达方式。

2. 问卷的结构

问卷的基本结构包括标题、问卷说明、指导语、编码、问题和选项、结束语、作业记载等几个部分，其中，问题和选项是问卷的核心，如图 2-8 所示。

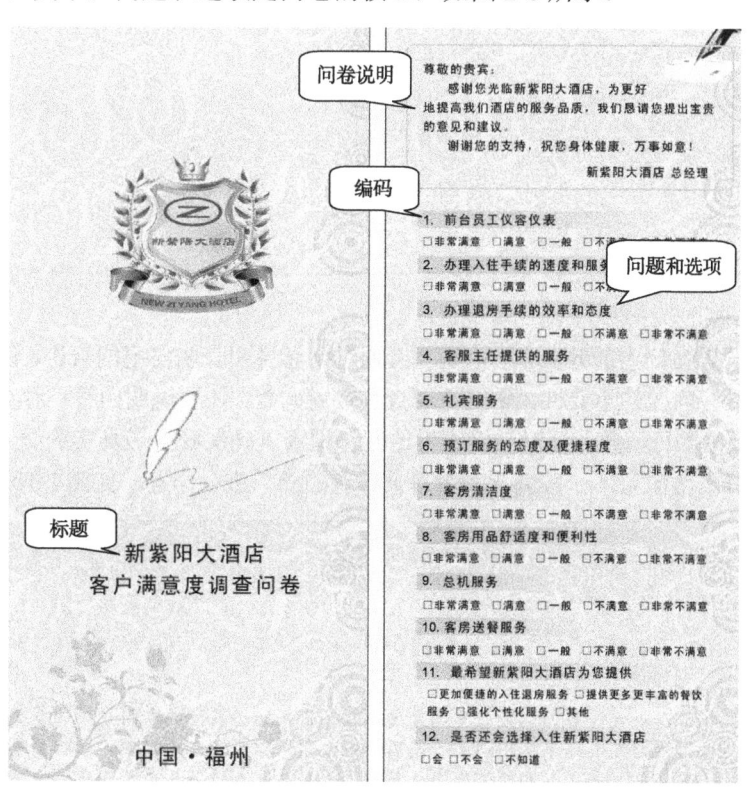

图 2-8　新紫阳大酒店客户满意度调查问卷

(1) 标题。

问卷的标题是对调查主题的高度概括，即调查表的总标题。问卷的名称应简明扼要，概括专项调查的主题，以使被调查者对主要的调查内容和目的一目了然。标题不能仅仅只有"调查问卷"几个字，这样容易引起被调查者的疑虑而拒绝，可以采用传统的命名方式，如"关于某市网络购物消费情况的调查问卷"，也可以为了吸引被调查者的兴趣而命名为"今天你网购了吗？——某市网络购物消费情况的调查"，如图2-9所示。

图 2-9 调查问卷的标题

练一练 9-2

请问：你为大大常温酸奶的调查问卷设计的标题是什么？

(2) 问卷说明。

问卷说明一般在问卷的开头部分，调查者通过问卷说明表明自己的身份，说明调查的目的以及被调查者回答问题的重要性，争取被调查者接受调查；还要说明回答不存在对错，只需要真实、客观地反映即可，并保证对被调查者的回答保密以确保获得最真实的调查数据；最后还需要对被调查者表达谢意，让被调查者带着被尊重的感觉进行作答，如图2-10所示。

图 2-10 调查问卷的标题和问卷说明

练一练9-3

请将下面的问卷说明补充完整。

尊敬的顾客：

您好！

_____

_____

_____

请您如实填写以下问卷，我们将对您的回答保密，谢谢您的配合！

（3）指导语。

问卷中的指导语是调查者指导被调查者正确填写问卷的说明。指导语可以放在问卷说明之后，集中对问卷的填答方法、要求、注意事项等加以总体说明，一般用"填写说明"为标题，也可以放在某类或某个需要特别说明的问题之前，用括号括起来，对该类问题的填写加以说明。

案例 9-1

中学生学习策略调查问卷

中学生朋友：

你好，欢迎参加此次有关个人学习方法的调查活动，请你将自己实际的想法、做法与题目所陈述的情况相对照，然后选择一个与自己的实际最接近的答案。认真回答将会使你更了解自己的学习状况，有利于你今后的学习，如果不按自己的实际情况回答，那么这项调查对你是没有任何意义的。你的回答不会记入任何档案，我们会为你保密，谢谢你的合作。

填写说明：

1. 请在答题纸上相应的空格处，填上你所在学校、年级，你的性别、年龄及上学期期考成绩。

2. 本问卷每一个问题都有五个可供选择的答案（A.完全不符合，B.比较不符合，C.有点符合，D.比较符合，E.完全符合），答题纸上相应地附有A、B、C、D、E五个可供选择的英文字母，请把你所选答案在答案纸上相应的英文字母上画一个"○"。

3. 答题没有时间限制，但不要与同学商量，也不要看同学的答案。

4. 这本题目册要反复使用，请不要在上面作任何记号。

【钟海青. 教育科学研究方法. 桂林：广西师范大学出版社. 2002: 155-156.】

案例思考：

本案例内容哪些属于指导语，这些指导语的使用是否得当？如有不当，该如何修改？

（4）编码。

编码是将问卷中的调研项目变成数字的工作过程，大多数市场调研问卷需加编码，以便分类整理,易于进行计算机处理和资料分析。所以,在设计问卷时,应确定每一个调研项目的编码和为相应的编码做准备。通常是在每一个调研项目的最左边,按一定的要求顺次编码,编码可以是数字也可以是英文字母。

编码将答案转化成数字,输入计算机进行处理和定量分析。编码一般应用于大规模的问卷调查中,因为在大规模问卷调查中,调查资料的统计汇总工作十分繁重,借助于编码技术和计算机,则可大大简化这一工作。

练一练 9-4

1. 您的年龄是（　　　）周岁。
2. 您的文化程度是:（　　　）
①不识字或识字很少
②小学
③初中
④高中
⑤中专
⑥大专
⑦本科及本科以上

第一题对年龄的回答本身就是数字,不需要再做转换,第二题每个答案前的数字就是编码。如果被调查者的回答是"大专",那么在计算机内存储的答案就是"6"。

请为以下问题设计选项并编码:
您经常使用哪种传播媒介获得信息?

---

(5) 问题和选项。

问卷中的问题和选项是问卷的主体,是问卷最核心的组成部分,其内容直接影响整个调查工作的质量。

(6) 结束语。

结束语放在问卷正文的最后。一般是向被调查者表示感谢,也可以向被调查者征询对市场调查问卷设计的内容、对调查问卷调查的意见和想法。

(7) 作业记载。

问卷的最后附上调研人员的姓名及访问时间,如有必要,还可以写上被调查者的姓名、单位或家庭住址、电话等,以便于审核和进一步追踪调研。

练一练 9-5

阅读《佰佳买万年店顾客满意度调查问卷》，标出此问卷的基本结构。

佰佳买万年店顾客满意度调查问卷

尊敬的顾客：

您好！首先感谢您对我们的支持与合作并参与这次问卷调查，我们将虚心接受您提出的宝贵意见与建议，对您提出的不足之处加以改进，并希望得到您一如既往的支持！通过这次的调查我们将对本店作结构调整，满足你们的最大需求。

1. 请问您来本店购物的主要原因是什么？
   A、价格实惠　　　B、产品质量好　　　C、方便　　　D、服务态度好　　　E、其他
2. 请问您来本店购物的频率是：
   A、一天一次　　　B、一周2-6次　　　C、一个月1-2次　　　D、一个学期1-2次
3. 请问您平时去哪里买东西：
   A、佰佳买　　　B、新天地　　　C、商店　　　D、农贸市场
4. 请问您觉得本店的服务态度：
   A、态度极好，真诚、笑容甜美　　　B、态度一般，勉强可以接受　　　C、态度恶劣、面无表情、冷言冷语
5. 请问您平时购买哪类商品：
   A、蔬果肉粮油食品　　　B、洗发水沐浴露洗衣粉　　　C、床品保暖内衣袜子内衣　　　D、家庭用品
6. 请问您所需购买的商品容易找到吗？
   A、是　　　B、否
7. 请问您是本店的会员吗？
   A、是　　　B、否
8. 请问您对本店会员的看法是？
   A、当会员能得到许多优惠　　　B、会员购买东西并不比非会员优惠多少
9. 请问您在本店能买到所需的商品吗？
   A、能　　　B、不能
10. 请问您在中秋国庆端午等节日会购买哪些商品？
    端午：_____　国庆：_____　中秋：_____
11. 您对本店经营的产品品种、款式是：
    A、满意　　B、较满意　　C、一般　　D、不太满意　　E、不满意（请说明）　　F、没注意
12. 您对本店商品的价格是：
    A、满意，性价比高　　　B、较满意，性价比在同类中有优势　　　C、一般，价格适中
    D、不太满意，价格偏高　　　E、不满意　　　F、没注意
13. 您对本店购物卡的优惠细则是否了解：
    A、了解　　　B、不了解
14. 您对本店员工的退换货服务：
    A、满意　　B、较满意　　C、一般　　D、不太满意　　E、不满意　　F、没注意
15. 请问你的职业是？
    A、公务员　B、事业单位　C、经商　D、个体户　E、自由职业　F、学生　G、上班族　H、其他
16. 如果您在本店购物满意，您是否愿意再购买或推荐您的同事或朋友前来本店购物？
    A、愿意　　　B、不愿意　　　C、不一定
17. 如您在使用在本店购买的商品时出现了问题，您会：
    A、放置起来不用　B、直接找本店抱怨商品质量　C、向有关部门投诉
18. 如果您对本店处理问题是满意的，您是否愿意再次来本店购物：
    A、愿意　　　B、不愿意　　　C、不一定
19. 您认为以下哪项对本店是最重要的（可多选）：
    A、商店信誉是否良好　　　B、购物环境是否舒适　　　C、产品质量是否优质
    D、服务态度是否良好　　　E、产品种类　　　F、商品价格是否合理
20. 您觉得超市还有什么需要改进的地方吗？

姓名：_____　性别：_____　年龄：_____　收入：_____

3. 问卷的类型（见表2-19）

表2-19 问卷类型

问卷类型	回答方式	优 点	缺 点
自填式问卷	由被调查者自己填写	被调查者不受其他影响，自由作答；敏感性问题及隐私问题获答率高	被调查者漏答或拒绝回答难以补救；无法知道被调查者的答题环境从而影响对问卷质量的判断
访问式问卷	调查者按统一设计的问卷向调查者当面提问，再由调查者根据被调查者的口头回答来填写	应答率高、可控性强；确保完整性；有利于观察被调查者，进一步分析判断相关问题	成本高，匿名性差；容易受调查员影响；被调查者心理压力大

二、问题的设计

进行问题设计时，设计人员必须首先明确要收集哪些信息、资料。这些资料必须紧密围绕调研的主题，既要全面，又要具体、简明。按照必要性、可行性、准确性、客观性和艺术性的原则进行问题设计。设计的问题应直接为目的服务，没有价值、无关痛痒的问题都不应列入，同时要符合受访者的身份和文化水平，避免引导或带有暗示的作用。

1. 问题的类型

根据问卷中具体内容的不同，可分为背景性问题、客观性问题、主观性问题、检验性问题四类。

背景性问题：被调查者的个人基本情况，是对问卷进行分析、研究的重要依据。

练一练 9-6

大大乳品公司要求的调查内容中，哪项属于背景性问题？就这项调查而言，应当包括被调查者的哪些个人基本情况？

客观性问题：指已经发生和正在发生的各种事实和行为。

主观性问题：指人们的思想、感情、态度、愿望等一切主观状况方面的问题。

检验性问题：为检验回答是否真实、准确而设计的问题。

练一练 9-7

判断以下哪个属于客观性问题，哪个属于主观性问题：

1. 您购买过大大常温酸奶吗？
2. 您购买大大常温酸奶的频率是：

3. 您购买大大常温酸奶的价格是：
4. 您觉得大大常温酸奶的包装符合您的心意吗？
属于客观性问题的有：
属于主观性问题的有：
你还可以设计出以下客观性问题：

2. 设计问题的形式

（1）封闭式问题。

封闭式问题是指在提出问题的同时将问题可能的答案设计出来，由被调查者从中选出一个或多个答案作为自己的答案，而不作答案以外回答的问题。被调查者回答封闭式问题时十分方便省时，由于答案的标准化程度高，也有利于调查工作人员对资料进行整理和综合分析。但封闭式问题在设计中对调查者有较高的技术要求；在调查中也无法得到答案以外的丰富资料。封闭式问题是现代问卷调查中采用的主要问题形式，许多市场现象的问题都可以采用封闭式。

① 两项选择式。只有两个答案的问题，如是或不是，有或没有等，被调查者从中选择一项作为自己的回答。两项选择式问题答案简单明确，对调查者来说回答比较容易。但它仅适用于只有两个答案的问题。如果问题有多个答案，用两项选择式设计，就会发生遗漏信息的现象。

练一练 9-8

1. 您的性别是什么？ □男　　□女
2. 您有子女吗？ □有　　□没有
3. 您是否听说过雅思？ □听说过　　□没有听说过

你还可以设计出以下两项选择式问题：

② 多项选择式。多项选择式列出问题两个以上的答案，由被调查者根据自己的实际情况选择一个或一个以上的答案。

练一练 9-9

1、您购买洗发水的地方是？（请在适合您要选的答案前的□里打√）
　　□商城　　□超市　　□网络　　□便利店　　□其他

2、您看过太太口服液的广告是哪种形式？（请在适合您的答案前的□里打√）
　　□电视广告　　□售点广告　　□印刷广告　　□网络广告　　□其他

3、您最喜欢购买什么书籍？（请在适合您要选的答案前的□里打√）
　　□政治理论类　　□文学艺术类　　□科学技术类
　　□经济类　　□生活常识类　　□其他

你还可以设计出以下多项选择式问题：

_____
_____
_____
_____

练一练 9-10

您认为某超市存在哪些问题？（请您在要选的答案后的括号内打√）

商品价格不合理　　（　　）　　服务态度差　　　　（　　）
商品质量差　　　　（　　）　　商品卫生不好　　　（　　）
商品品种太少　　　（　　）　　营业时间不合理　　（　　）
购物环境不理想　　（　　）　　其他　　　　　　　（　　）

你还可以设计出以下多项选择式问题：

_____
_____
_____
_____

（2）半开半闭式问题。

半开半闭式问题介于封闭式和开放式两者之间，问题的答案既有固定的、标准的，也有让回卷者自由发挥的余地，吸取了封闭式和开放式问题的长处。

练一练 9-11

1. 您的手机品牌是?
   A. 苹果　　B. 三星　　C. 华为　　D. 小米　　E. ＿＿＿＿＿
2. 您去北京的出行方式是?
   A. 飞机　　B. 火车　　C. 自驾　　D. 汽车　　E. ＿＿＿＿＿

你还可以设计出以下半开半闭式问题:

（3）开放式问题。

开放式问题是指不提供任何答案，由被调查者根据实际情况自由回答的问题。对于开放式问题，被调查者可以充分发表自己的意见，不受任何限制；调查者则可得到许多生动、具体、丰富的市场信息。因此，市场调查问卷若采用开放式问题，就需要在所提出的问题后留下一块空白，由被调查者根据实际情况，将对问题的回答填写在空白处。所留空白大小必须合适，空白留得太大会增加问卷的篇幅；空白留得太小则限制了被调查者提供更多的信息量。但开放式回答需要被调查者具有较高的文字表达能力；花费比较长的时间和精力；由于没有进行调查前分类，调查者在对资料进行整理、分析时就比较困难。

由于被调查者可以自由地发表意见，对问题的回答往往更加深入，调查者能收集到一些自己忽略的答案和资料。但是，回答可能千差万别，对这类资料的分析和整理困难较大。

练一练 9-12

1. 您对该产品还有什么建议或意见?
2. 您认为欧家美容院还应从哪些方面做出改进?
3. 您认为是什么原因导致公司的新产品滞销?

你还可以设计出以下开放式问题:

3. 设计问题的措辞

对问题设计措辞总的要求是问句表达准确、简明、生动，避免提似是而非的问题，如表 2-20 所示。

表 2-20 设计问题的措辞问题及解决方案

问　　题	错 误 示 范	建 议 修 改
问题笼统	您对某百货商场印象如何	您认为某百货商场商品品种是否齐全 您认为某百货商场营业时间是否恰当
	您通常几点上班	通常情况下您是几点离家去上班
用词不确切	您是否经常购买洗发水	您购买洗发水的频率是？ A. 每月都要购买　　B. 2～3 月购买一次 C. 4～6 月购买一次　　D. 半年以上购买一次
	您有几个孩子	您有几个 18 岁以下并居住在家里的孩子
含糊不清	您觉得某口服液的包装和味道如何	您觉得某口服液的包装如何 您觉得某口服液的味道如何
	你认为商店提供的额外奖金是吸引你去的原因吗	能拿免费礼品是你去 OK 便利店的原因吗
啰唆不清	假设你注意到你冰箱中的自动制冰功能并不像你刚把冰箱买回来时的制冰效果那样好，于是打算去修理一下，遇到这些情况，你脑子里会有一些什么顾虑	若你的制冰机运转不正常，你会怎样解决
诱导性	大多数学生认为，在招聘中，应届毕业生因缺乏实际工作经验会遭到歧视，您认为呢	在招聘中，应届毕业生是否会因为缺乏实际工作经验遭受歧视

三、问卷设计

练一练 9-13

方便面产品的消费者调查

某企业想要设计一份方便面产品的调查问卷，在正式设计问卷之前该企业应该做哪些准备工作？

业务分析：在正式设计问卷之前做必要的前期准备工作有助于更好地设计问卷。

业务程序：调查人员可以开展方便面产品的消费者调查的前期调查，并将调查内容转化为问题并获得答案，例如，

您最近购买过什么牌子的方便面？

您隔多长时间购买一次方便面？

请说出您知道的方便面品牌。

请说出您知道的方便面口味。

在您看到过的方便面广告中，印象最深的一幅画面是什么？

业务说明：通过自由访问，问卷设计者对消费者的态度、意见有了主观感受，就能进行下一步问卷初稿设计。

1. 问卷设计的程序

问卷设计的程序由设计问卷初稿、问卷设计准备阶段、试验性调查、设计正式问卷几个环节构成，如图2-11所示。

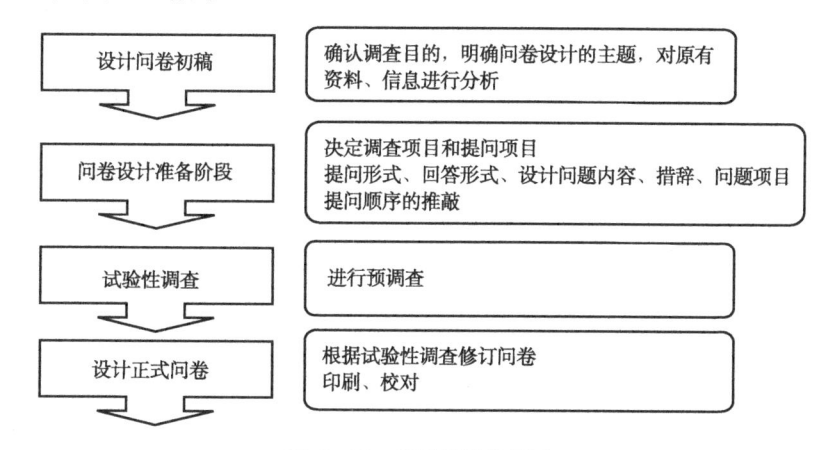

```
设计问卷初稿 → 确认调查目的，明确问卷设计的主题，对原有资料、信息进行分析
    ↓
问卷设计准备阶段 → 决定调查项目和提问项目
               提问形式、回答形式、设计问题内容、措辞、问题项目
               提问顺序的推敲
    ↓
试验性调查 → 进行预调查
    ↓
设计正式问卷 → 根据试验性调查修订问卷
            印刷、校对
```

图2-11 问卷设计的程序

2. 问题的排列

问卷的设计应当经过周密计划，问题应当按照逻辑顺序排列。每一个问题都应当很自然地和下一个问题衔接，使得访问者和被调查者都能感受到问题提得自然。

对一些难度较大或敏感的问题，应安排在问卷当中或末尾的位置，避免被调查者因一开始就难以回答或被拒绝而失去继续答题的兴趣。

问卷中应从一个过滤问题开始，以证实被调查者是否为被调查的适合人选。例如，在对某产品的使用者进行调查时应首先提问"您正在使用某产品吗？"，如果回答"是"，调查继续进行，进入正式问题回答；如果回答"不是"，则应该简要问明原因和有关被调查者的年龄、职业、住址等背景材料，以做分类之用，并解除调查。

问卷应当按以下顺序排列：

（1）简要介绍，说明调查主题，用委婉和亲切的语气请求对方合作。

（2）过滤问题。

（3）了解背景材料。

（4）正式问题。

正式问题按照先易后难、先封闭后开放式问题的顺序排列。一般对公开的事实或状态的描述简单一些，应该放在问卷的前部。起初提出的问题应当简单，容易回答，令人感兴趣，有利于提高被调查者的积极性，引导他们把问卷完成。接着开始编排一般性问题，使被调查者开始考虑有关概念、公司或产品类型，然后再提问具体的问题。需要回忆或思考的问题应当放在问卷的中间，这时被调查者已经建立起回答兴趣及与访问员形成融洽关系，能保障调查问卷得以顺利回答。令被调查者感到为难的问题应当放在问卷的最后，这样可以保证大多数问题在被调查者出现防卫心理或中断应答前得到回答。

练一练 9-14

请对以下有关洗发水的消费者调查问题排序
A. 在过去的两个月中,您曾经购买过洗发水吗?
B. 您的发质属于哪种?
C. 您能接受 400 毫升洗发水的价格区间是什么?
D. 您对该品牌的使用体验如何?
E. 您购买的品牌是什么?
F. 您是否愿意再次购买该品牌洗发水?
G. 您最理想的洗发水是怎样的?

请说明您的理由:

_____

_____

_____

_____

(5)有关主题的其他问题。
(6)答题人的姓名、联系地址或电话。

3. 综合评估问卷

(1)评价问卷。

问卷初步设计编排好后,设计人员应当再做一次综合评估,如表 2-21 所示。

表 2-21 评价问卷表

评估项目	评估内容
问题的必要性	每个具体的调查目标应当有相应的提问,每个问题必须服从一定的调查目的,如果不能达成目的的调查问题应当删除
问卷长度	使用志愿者测试调查问卷完成时间,拦截或电话访问的调查时间如果超过 10 分钟,应予以适当删减。入户调查时间超过 20 分钟也应提供比较有吸引力的刺激物
外观设计	自填式调查问卷在使用纸张时应使用高质量的纸印刷,如果超过 4 页应当装订成册
排版规范	字体、字号、行距、列间都应当有所考虑,不要让问卷看上去繁杂、难度大。问题和说明、指导语应当采用不同的字体区别开来。开放式问题应留有 3~5 行空白答题区,以便被调查者顺利填写答案

(2)获得各方面的认可。

问卷的草稿完成后应分发到相关部门和人员。实际上,经理在问卷设计过程中可能会多次加进新的信息、要求,即使经理在问卷设计过程中已经多次加入,草稿依然需要获得经理们的再次认可。经理的认可表明了经理想通过具体的问卷来获得信息,如果问题没有问到,数据将收集不到。

(3)预先测试和修订。

当问卷获得管理层的最终认可后,还必须进行预先测试。通过预先测试寻找问卷中存在的错误解释、不连贯、不正确的地方。在预先测试完成后,任何需要改变的地方应当切实修改,如有必要应当进行第二次测试。测试通常选择20~100人。

(4)准备最后的问卷。

在整个问卷的平面设计中,避免杂乱,要对每一部分的问题进行区隔,力求排版整齐,有层次感,增强被调查者的心理感受。

实训与练习

一、单选题

1.(　　)问题主要是被调查者个人的基本问题,是对问卷进行分析、研究的重要依据。

A.客观性　　　B.主观性　　　C.检验性　　　D.背景性

2.问卷内容是由统一的问题、统一的备选答案、统一的回答形式组成的,所有的被调查者适用同一种调查问卷,说明问卷具有(　　)的特点。

A.匿名性　　　B.通俗性　　　C.标准性　　　D.个别性

二、简答题

1.问卷的基本结构如何?
2.简述问卷设计准备阶段的具体内容。
3.问题应如何进行编排?
4.简述如何综合评估问卷。

三、实训题

1.业务能力

广峰合上书本,长长地舒了一口气,总算明白该怎么做了,于是绘制了一个表格,开始设计问卷初稿。请一起来完成表2-22。

表2-22　大大乳品春节广告效果问卷

调查内容	问题类型	排列顺序	问题及选项编写
1.大大常温酸奶的知名度,以及该产品在同类市场中的市场排名			
2.消费者获取大大常温酸奶的信息渠道			

(续表)

调查内容	问题类型	排列顺序	问题及选项编写
3. 顾客对大大常温酸奶零售店POP广告的评价			
4. 了解广州地区消费者特征			
5. 了解广州地区消费者消费心理和特点			
6. 了解消费者对大大常温酸奶产品的口感、包装和容量方面的期望			

2．某公司拟以选择问卷调查方法调查大学生平板电脑消费现状，请你为表 2-23 部分调查内容选择合适的问题类型和形式。

表 2-23　大学生平板电脑消费现状调查内容

序号	调查内容	问题类型	问题形式
1	大学生对笔记本平板电脑使用情况与消费心理（必需品、偏爱、经济、便利和时尚等）		
2	大学生对平板电脑各品牌的了解程度		
3	大学生消费能力、消费层次及消费结构		
4	大学生理想的平板电脑描述		
5	大学生购买平板电脑的渠道		

3．学习小组计划设计一份关于校园超市的调查问卷，请你为这份问卷拟定标题和问卷说明。

4．问题类型分为封闭式问题、半开半闭式问题和开放式问题三种，请为以下调查内容分别设计三种问题类型，并选出最合适的问题类型，说明原因。

（1）社区居民购买电视机的品牌偏好。
（2）市民手机网络运营商的选择。
（3）大学生对学校食堂的建议与意见。

综合实训

随着时间的快速推移，从目前的主流年代的分法上来看，"90 后"逐渐成为网络消费人群的主体，他们所关注的信息和内容往往是整体网络发展的趋势和潜在的新兴细分盈利市场。从媒介、社交网络、网购电商等方面看"90 后"的潜在消费倾向和需求具体是哪些？传统媒体和新媒体在面对"90 后"的需求时，如何在未来布局适合促使"90 后"活跃的平台和提升媒体融合在"90 后"心目中的品牌地位？

请结合案例内容，设计一份关于"90 后"网络消费习惯的调查问卷。

设计要求：

1．过程要求　学生根据问卷设计程序拟出提纲；小组讨论形成问卷初稿；组间交流，教师对各小组设计初稿进行点评，修改初稿形成定稿。

2. 成果要求　提交调查问卷，并制作 PPT 阐述工作过程。

3. 其他要求　能利用互联网查找相关资料，顺利进行团队合作，在交谈讨论时能围绕主题清晰表达自己的观点，会倾听他人，能熟练使用计算机办公软件，面对困难能找出合理的解决方法。

拓展阅读

可口可乐：跌入调研陷阱

20 世纪 70 年代中期以前，可口可乐一直是美国饮料市场的霸主，市场占有率一度达到 80%。然而，70 年代中后期，它的老对手百事可乐迅速崛起，1975 年，可口可乐的市场份额仅比百事可乐多 7%；9 年后，这个差距更缩小到 3%，微乎其微。

百事可乐的营销策略是：

1. 针对饮料市场的最大消费群体——年轻人，以"百事新一代"为主题推出一系列青春、时尚、激情的广告，让百事可乐成为"年轻人的可乐"。

2. 进行口味对比。请毫不知情的消费者分别品尝没有贴任何标志的可口可乐与百事可乐，同时百事可乐公司将这一对比实况进行现场直播。结果是，有八成的消费者回答百事可乐的口感优于可口可乐，此举马上使百事的销量激增。

对手的步步紧逼让可口可乐感到了极大的威胁，它试图尽快摆脱这种尴尬的境地。1982 年，为找出可口可乐衰退的真正原因，可口可乐决定在美国 10 个主要城市进行一次深入的消费者调查。

可口可乐设计了"你认为可口可乐的口味如何？""你想试一试新饮料吗？""可口可乐的口味变得更柔和一些，您是否满意？"等问题，希望了解消费者对可口可乐口味的评价并征询对新可乐口味的意见。调查结果显示，大多数消费者愿意尝试新口味可乐。

可口可乐的决策层以此为依据，决定结束可口可乐传统配方的历史使命，同时开发新口味可乐。没过多久，比老可乐口感更柔和、口味更甜的新可口可乐样品便出现在世人面前。

为确保万无一失，在新可口可乐正式推向市场之前，可口可乐公司又花费了数百万美元在 13 个城市中进行了口味测试，邀请了近 20 万人品尝无标签的新/老可口可乐。结果让决策者们更加放心，六成的消费者回答说新可口可乐味道比老可口可乐要好，认为新可口可乐味道胜过百事可乐的也超过半数。至此，推出新可乐似乎是顺理成章的事了。

可口可乐不惜血本协助瓶装商改造了生产线，而且，为配合新可乐上市，可口可乐还进行了大量的广告宣传。1985 年 4 月，可口可乐在纽约举办了一次盛大的新闻发布会，邀请 200 多家新闻媒体参加，依靠传媒的巨大影响力，新可乐一举成名。

看起来一切顺利，刚上市一段时间，有一半以上的美国人品尝了新可乐。但让可口可乐的决策者们始料未及的是，噩梦正向他们逼近——很快，越来越多的老可口可乐的忠实消费者开始抵制新可乐。

对于这些消费者来说，传统配方的可口可乐意味着一种传统的美国精神，放弃传统配方就等于背叛美国精神，"只有老可口可乐才是真正的可乐"。有的顾客甚至扬言将再也不

买可口可乐。

每天，可口可乐公司都会收到来自愤怒的消费者的成袋信件和上千个批评电话。尽管可口可乐竭尽全力平息消费者的不满，但他们的愤怒情绪犹如火山爆发般难以控制。

迫于巨大的压力，决策者们不得不作出让步，在保留新可乐生产线的同时，再次启用近100年历史的传统配方，生产让美国人视为骄傲的"老可口可乐"。

任务10　抽样技术

技 能 目 标	知 识 目 标	素 质 目 标	建议课时
掌握各类概率抽样与非概率抽样方法的运用方法	掌握抽样调查的基本概念、特点及程序 掌握各种概率抽样与非概率抽样方法的含义及特点	培养学生组织分工与团队合作的能力、计算机软件应用能力、讨论与口头表达能力	6

任务情境

必达调查公司接受了一项关于全国城市成年居民人均奶制品消费支出及每天至少喝一杯鲜奶的人数的比例情况的调查。公司和委托方确定抽样范围为全国地级及以上城市中的成年居民。成年居民是指年满18周岁及以上的居民。接着就是要确定抽样方法。

如何确定抽样方法呢？广峰又开始忙碌起来了。

一、什么叫抽样

抽样又称取样，是一种非全面调查。它是从全部调查研究对象中，抽选一部分单位进行调查，并据此对全部调查研究对象作出估计和推断的一种调查方法。抽样调查虽然是非全面调查，但它的目的却在于取得反映总体情况的信息资料，因而，也可起到全面调查的作用，是科学实验、质量检验、社会调查普遍采用的一种经济有效的工作和研究方法。

例如，某网络讲堂要做关于网络学习状况调研，找来每一位已注册的学生调研肯定是不现实的，所以会抽样一小部分学生，通过调查他们来了解全体学生的网络学习状况。

1．常用术语

在抽样调查中，常用的名词主要有以下四个。

（1）总体。

总体是指所要研究对象的全体。它是根据一定研究目的而规定的所要调查对象的全体所组成的集合，组成总体的各研究对象称之为总体单位。构成总体的所有个体数目，被称为总体容量，在应用中一般把它记为N。

（2）样本与样本容量。

样本是总体的一部分，它是由从总体中按一定程序抽选出来的那部分总体单位所组成的集合。例如：从某省总数为10万人的大学生总体中按照一定方式抽取出1000名大学生进行调查，这 1000 名大学生就是构成总体的一个样本。从一个总体中可以抽取出若干个不同的样本。

练一练 10-1

广州电视台想了解生活频道栏目在广州的收视率情况，于是委托必达公司进行一次电话调查。

该项调查的总体是什么？该项调查的样本是什么？

样本容量又称样本规模，是指样本内所包含的单位数。在应用中，一般把它记为 n。在市场调研中，为了保证调查的准确度，一般要求样本的个体数目足够多。通常以 30 为界，分为大样本或小样本，也就是当样本数目大于 30 时，被称为大样本；而当样本数目小于 30 时，被称为小样本。

不同的研究类型，选择的样本量大小是不同的，如表 2-24 所示。

表 2-24 研究类型和样本量

研 究 类 型	样 本 量
座谈会	每场 6~10 个被访者
深访	每类专家，通常为 5~10 个被访者
个人访问	由研究目的和研究人群的大小决定，通常为 50~150 个被访者
邮寄调查	在预算紧张时，通常为 200~300 个被访者
电话调查	由研究目的和研究人群的大小决定，通常为 50~150 个被访者

在社会问题研究（如城市居民收入情况、某省大学生就业情况调查等）中，因为要保证每个子类别中都有一定数量的个案，要求研究的样本规模至少不能少于 100。一般来说，小型社会调查，样本规模在 100~300 之间；中型社会调查，样本规模在 300~1000 之间；大型社会调查，样本规模在 1000~3000 之间。

（3）抽样框。

抽样框（见图 2-12）是指用以代表总体，并从中抽选样本的一个框架，其具体表现形式主要有包括总体全部单位的名册、所有学生的名单、地图等。在没有现成名单的情况下，可由调查人员自己编制。

抽样框在抽样调查中处于基础地位，是抽样调查必不可少的部分，其对于推断总体具有相当大的影响。

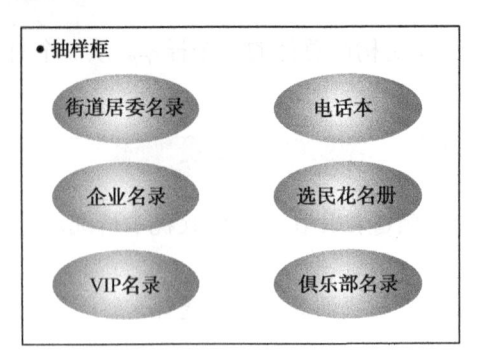

图 2-12 抽样框

（4）个体。

个体是指每一个调查的研究对象。例如，要研究广州市居民户的生活质量，那么广州市所有的居民就是此次调查的总体，每一个广州市民就是个体。

2. 抽样调查的特点

（1）抽样调查的调查对象只是作为样本的一部分单位，而不是全部单位。
（2）调查样本一般按照随机原则抽取，而不由调查者主观确定。
（3）调查目的不是说明样本本身，而是从数量上推断总体、说明总体。
（4）随机抽样的误差是可以计算的，误差范围是可以控制的。
（5）抽样调查的速度快、周期短、精度高。
（6）同其他调查方式相比，抽样调查的技术性更强。

3. 抽样调查的作用

（1）抽样调查能够解决全面调查所无法解决的现象。
（2）抽样调查适用于对理论上可以作全面调查，而实际上又难以组织全面调查的现象进行调查。
（3）抽样调查对于时效性要求较高，同时又对可以不作全面调查的现象的调查有特殊的作用。
（4）抽样调查的结果可被用来检验和修正全面调查结果。
（5）抽样调查可对工业生产过程的稳定性进行监测，从而实现质量控制。
（6）利用抽样调查方法还可以对总体的某些假设进行检验，以判断这些假设的真伪，为管理决策提供依据。

4. 抽样调查的程序

抽样调查的基本程序分为 6 步，如图 2-13 所示。

二、抽样技术

根据抽样过程中是否依据随机抽样原则，抽样调查分为随机抽样和非随机抽样，如图 2-14 所示。在我国，习惯上将随机抽样称为抽样调查。

01 界定调查总体
02 选择抽样框
03 确定抽样方法
04 决定样本大小
05 抽取样本
06 评估样本正误

图 2-13 抽样调查的基本程序

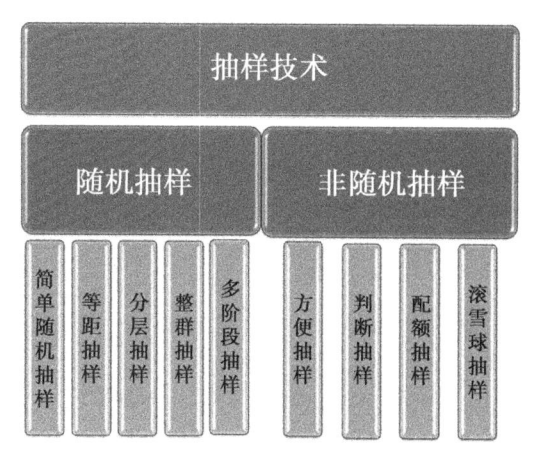

图 2-14 抽样调查技术

随机抽样又称概率抽样，是通过随机化的程序来保证样本客观性，使得每个个体都有一定概率被抽中，抽样样本与总体的偏差是确定的，可以通过样本调查结果来推断总体。

相对来说，非随机抽样又称为不等概率抽样或非概率抽样，是调查者根据自己的方便或主观判断抽取样本的方法。非随机抽样是从方便出发或根据主观选择来抽取样本。简单易行，尤其适合做探测性研究。它不是严格按随机抽样原则来抽取样本，所以失去了大数定律的存在基础，也就无法确定抽样误差，无法正确地说明样本的统计值在多大程度上适合于总体。虽然根据样本调查的结果也可在一定程度上说明总体的性质、特征，但并不能通过这种抽样的样本来推断总体。

随机抽样和非随机抽样的特点及区别，如表 2-25 所示。

表 2-25 不同抽样方法的特点及区别

抽样方法	作 用	抽样原则	误差判断	应 用	优 缺 点
随机抽样	以部分推断总体	随机抽出样本，客观性强	不能计算和判断抽样误差	只能定期采用	科学规范，但费时、费钱、不够灵活方便
非随机抽样	研究总体的局部现象	非随机抽出样本，主观性强	不能计算和判断抽样误差	可随时随地采用	不够科学规范，但省钱、省事、灵活方便

1. 随机抽样

随机抽样有以下几种常见方式。

（1）简单随机抽样。

简单随机抽样是随机抽样技术中最简单的一种，方法简单、直观（见图 2-15）。它对调研总体不经过任何分组、排队，完全凭着偶然的机会从中抽取个体加以调查。简单随机抽样是从总体中随机抽取特定个体作为样本，抽取过程中保证每个个体被抽中的概率相等。

简单随机抽样对于大总体，抽样时所需的逐一编号工作往往很难完成。当总体的标志变异程度较大时，样本代表性较差。

当总体中的个体较为分散时，简单随机抽样调查所需的人力、物力、财力较大。

这种方法一般适合调研总体中各个体之间差异较小的情况，或者调查对象不明，难以分组、分类时的情况。

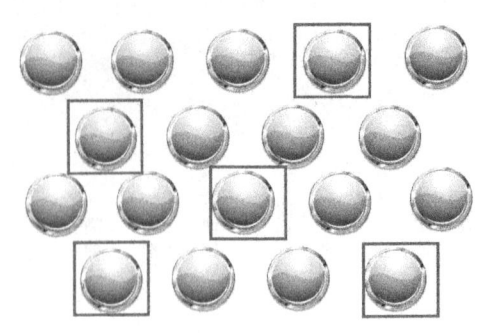

图 2-15　简单随机抽样示意图

如果市场调研范围较大，总体内部各个体之间的差异程度较大，则要同其他概率抽样技术结合使用。

简单随机抽样技术常用的有抽签法、随机数表法、尾数法、字母法、计算机随机数程序法。

① 抽签法。

用抽签法抽取样本，是先将调研总体的每个个体编上号码，然后将号码写在卡片上随意混合，从中任意抽选，抽到一个号码，就对上一个个体，直到抽足预先规定的样本数目为止。

这种方法适用于调研总体中个体数目较少的情况。

② 随机数表法。

随机数表法是先将总体中的全部个体分别标上 1～n 个号码，然后利用随机数表随机抽出所需的样本。随机数表又称乱数表。抽样选择时，在随机数表中任意选定一行或一列的数字作为开始数，接着可从上而下或从左至右或以一定间隔（隔行或隔列）顺序取数，凡编号范围内的数字号码即为被抽取的样本。如果不是重复抽样，碰上重复数字应舍掉，直到抽足预定样本数目为止。在顺序抽取的过程中，遇到比编号大的数字，应该舍去。

例如：现在要从 80 户居民中抽取 10 户进行收入调查，现将 80 户居民从 1～80 进行编号，然后假设从随机数表中第 1 行的第 6 列开始自左向右、自上而下取样，则顺序取得的样本号是 72 13 45 20 67 42 15 (20) 57 80 (90) 04。(20)：与前面抽取的数据重复，舍弃；(90)：数据超出范围，舍弃。

本例使用的随机数表如表 2-26 所示。

表 2-26　居民收入调查随机数表

28	46	53	35	74	72	13	45	20	67	42
15	20	57	80	90	04	36	28	19	26	64
37	15	55	01	26	64	98	56	71	49	72
58	57	43	89	64	27	54	36	85	62	91

练一练 10-2

某学校电子商务专业有 98 名学生，需要从中抽取 15 名作为样本进行调查。这 98 名学生的编号为 01~98。请您利用上例随机表从第 2 行第 2 列开始，按照从上到下、从左向右的顺序写出被选择作为样本的 15 名学生中前 6 名学生的编号。

③ 尾数法。

将整体的每一个单元都按顺序编号，然后将例如 7、17、27、37 等尾数相同的号码抽取出来做样本。

④ 字母法。

例如：将总体中所有姓名以 P 开头的人抽出来。

⑤ 计算机随机数程序法。

设计一个程序，由计算机随机抽取。

（2）等距抽样。

等距抽样也称机械抽样、系统抽样、SYS 抽样。其示意图如图 2-16 所示。

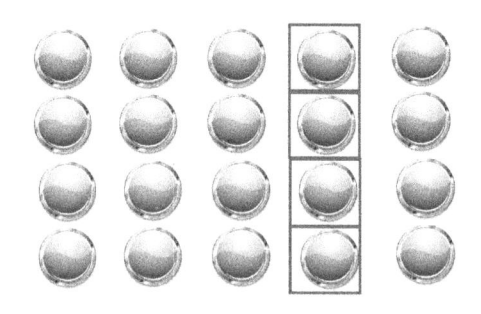

图 2-16 等距抽样示意图

等距抽样首先要选择标志将调查对象的全部个体按一定顺序排队，其次要依照简单随机抽样方式从总体中抽取第一个样本点，即所谓随机起点，然后依据按某种固定顺序和规律依次抽取其余样本点，最终构成系统样本。排列次序用的标志有两种。

① 选择标志与抽样调查所研究内容无关，称为无关标志排队。如研究工人的平均收入水平时，按工号排队。

② 选择标志与抽样调查所研究的内容有关，称为有关标志排队。如研究工人的生活水平，按工人月工资额高低排队。

一般抽取样本时使用的抽样间隔按如下公式计算：

抽样间隔=调研总体数（N）/样本数（n）

抽样间隔也可以根据调研具体情况自定。

例如：某居委会所辖居民720户，在某次市场调查中需在这一居委会的居民中抽取10户样本单元。

完成该工作需要：①给居民编号，001～720；②确定抽样间隔720/10=72；③确定第一个样本点（随机确定）；④抽取样本。

若第一个样本点为051，则抽取的样本为051、123、195、267、339、411、483、555、627、699。

若第一个样本点为102，则要抽取的样本为102、174、246、318、390、462、534、606、678、(750)。其中，抽取的第十个样本点已经超过了总体范围，此时说明选择的样本起点过大，应重新选择样本起点。第一个样本点一般不宜大过抽样间隔数，否则容易出现上述情况。

练一练10-3

从1500名大学生中抽选100名大学生进行调查，采用等距抽样时应如何抽取？

等距抽样，能使样本在总体中的分布比较均匀，从而抽样误差减小。但在应用此方法时要特别注意，抽样间隔与现象本身规律之间的关系。例如：对城乡集市贸易商品成交量或成交价格有时间间隔地进行调查，抽样的时间间隔不能用7或30这种与周、月周期一致的数。这种方法最适用于同质性较高的总体，而对于类别比较明显的总体，则采用分层随机抽样法。

（3）分层抽样。

分层抽样又称分类抽样、类型抽样，是指先对总体各个单位按被研究标志的有关标志来加以分组，然后再从各组中按随机原则抽取一定的单位构成样本，如图2-17所示。

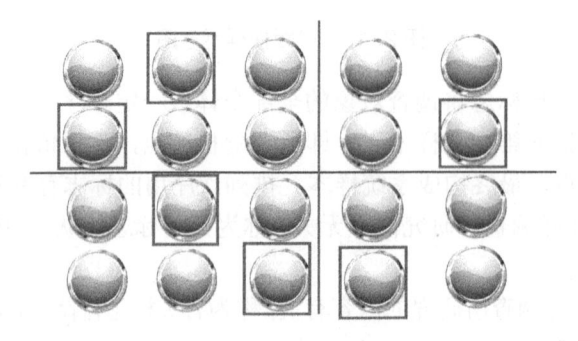

图2-17 分层抽样示意图

① 分层抽样的特点。

分层抽样适用于总体由有明显差别的几部分组成的情况；抽取的样本更好地反映了总

体的情况；等可能性抽样，每个个体被抽到的可能性是 n/N。

② 分层抽样的步骤（见图 2-18）。

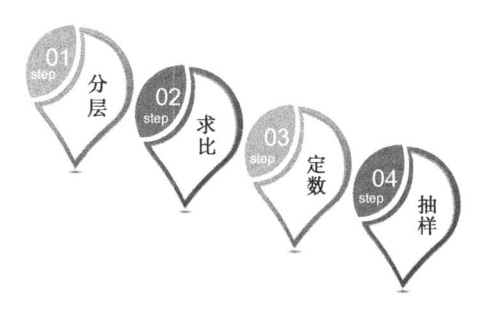

图 2-18 分层抽样的步骤

步骤 1：分层。根据已经掌握的信息，将总体分成互不相交的层。

步骤 2：求比。根据总体的个体数 N 和样本容量 n 计算抽样比 $k=n:N$。

步骤 3：定数。确定每一层应抽取的个体数目，并使每一层应抽取的个体数目之和为样本容量 n。

步骤 4：抽样。按步骤 3 确定的数目在各层中随机抽取个体，合在一起得到容量为 n 样本。

分层的原则是：各层内的个体之间的差异要小，尽可能同质；不同层的个体差异要大，尽可能异质。

例如：某公司要估算某地家用电器的潜在用户。这种商品的消费同居民收入水平相关，因此以家庭收入为分层基础。假定该地居民为 20000 户，已经确定样本为 200 户，家庭收入分高、中、低三层，其中高收入家庭 2000 户，中收入家庭 6000 户，低收入家庭 12000 户，采取分层抽样，各层样本应分别是多少？

分层：分高、中、低三层。

求比：$K=200/20000$。

定数：高收入家庭抽取的样本数=$K\times 2000$=20 户。

中收入家庭抽取的样本数=$K\times 6000$= 60 户。

低收入家庭抽取的样本数=$K\times 12000$=120 户。

抽样：按比例抽取获得 200 户样本。

练一练 10-4

某地调查商业网点销售情况。该地区有商业网点 20000 个，计划抽取样本 200 个。按企业规模分层，大型商店 1500 个，中型商店 8500 个，小型商店 10000 个。采用分层比例抽样法，应分别从各层选取多少个样本单位？

③ 分层比例抽样适用情况。

分层比例抽样适用于总体情况复杂，各单位之间差异较大，单位较多的情况，比如社会购买力的调查，居民家庭收支调查，商品销售量的调查等。一般按各个层的单位数量占调查总体单位数量的多少，等比例分配各层的样本数量。

分层比例抽样比简单随机抽样和等距抽样更为精确，能够通过对较少的抽样单位的调查，得到比较准确的推断结果，特别是当总体较大、内部结构复杂时，效果更佳；在对总体推断时，还能获得对每层的推断结果。但分层比例抽样对层的划分需要收集必要的资料，从而耗费额外的费用；在分层比例抽样时要求掌握各层中的单位数目和比例，增加了抽样设计的复杂性，而且也会带来新的误差。

(4) 整群抽样。

整群抽样又称分群抽样、集团抽样、群体抽样，是指将总体各个单位按一定标准划分成若干群，然后以群为单位，从中随机抽取一些群，对选中的群进行调查（见图2-19）。

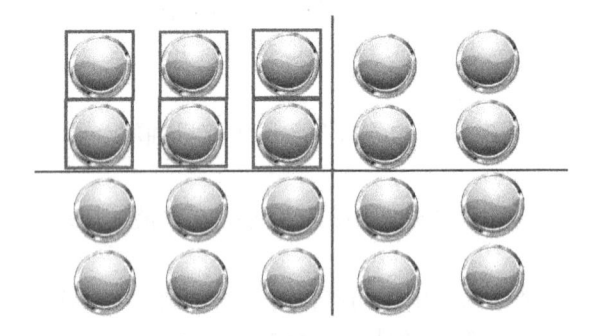

图2-19 整群抽样示意图

通常，生产企业或销售企业对商品质量进行抽样调查时，采用整群随机抽样的方法。

整群抽样的原则是，应选择能使群间差异小而群内差异大的标志作为分群标志。

整群抽样和分层抽样的相似之处是两者都是首先根据某种标准把总体划分为若干部分（若干群）；它们的区别在于分层随机抽样必须在总体的每一部分中，按照其比例抽取一定数量的样本单位，而整群随机抽样则是将总体中抽取部分的全部单位作为样本单位；它们对总体进行划分时所依据的原则也不同，分层抽样要求被划分开的总体各部分之间具有明显的差异，而各部分内部的差异要尽可能小，整群抽样则要求被划分开的总体各部分（各群）之间尽可能无差异，群内部各单位存在明显差异。

例如：生产企业把产品生产按生产时间分成群，从中抽取一定时间的产品进行质量检验；对生产周期较短的产品，从每周48小时的产品中，抽取2小时的产品进行检验，从每月30天的产品中抽取3天的产品进行检验；对生产周期较长的产品，可以从每年12个月的产品中抽取一个月的产品进行检验。此外，还可按产品的包装单位分群，如抽取若干箱饮料，对所包括的每瓶饮料进行检验；抽取若干打袜子，对所包括的每双袜子进行检验。

整群抽样适用于对总体构成很不了解而难以找到标志进行有效分类、总体太大而无法或难以编制抽样框或是为了节省费用等情形。整群抽样只有在群内差异大、群间差异小的情况下才可考虑采用。如对城市的人口进行抽样的时候，没有整座城市的人的名册，可以先选出几个街道样本，对街道中的所有户进行抽样。

整群抽样的优点是组织方便，确定一组就可以抽出许多单位进行观察；但它的缺点是当以群为单位抽选时,抽选个体比较集中,影响了样本分布的均匀性。在抽样单位数目相同的条件下,抽样误差较大,代表性较低。因此,整群抽样的可靠程度,主要取决于群与群之间的差异性大小。在进行大规模市场调查时,当群内各个体间差异较大,而群间差异较小时,最适合采用整群抽样。

练一练 10-5

通信公司将对某大学学生的通信消费状况进行调查,样本数量为800个。公司对该大学的学生情况不太了解,而且很难得到所有大学生的人员清单。但他们通过努力,获得了该学校所有班级的名单。对此,研究人员适合采用何种抽样方法?其步骤是什么?

2. 非随机抽样

非随机抽样的优点是简单易行、成本低、省时间,在统计上也比概率抽样简单。但由于无法排除抽样者的主观性,无法控制和客观地测量样本代表性,因此样本不具有推论总体的性质。非随机抽样多用于探索性研究和预备性研究,以及总体边界不清难以实施概率抽样的研究。在实际应用中,非随机抽样往往与随机抽样结合使用。非随机抽样根据抽样特点可分为以下几种。

(1) 方便抽样。

方便抽样是根据调查者的方便与否来抽取样本的一种抽样方法。方便抽样又分偶遇抽样或任意抽样。

任意抽样的样本限于总体中易于抽到的一部分。它是调查人员按工作的方便,随意抽选样本的一种抽样方法。它运用的是任意抽样技术进行抽样,也就是由调研人员从工作方便出发,在调研对象范围内随意抽选一定数量的样本进行调查。

最常见的方便抽样是偶遇抽样。偶遇抽样即研究者将在某一时间和环境中所遇到的每一总体单位均作为样本成员。因为某些调查对被调查者来说是不愉快的、让人觉得麻烦,这时为方便起见就采用以自愿被调查者为调查样本的方法。"街头拦人法"和"空间抽样法"就是一种偶遇抽样。"街头拦人法"是在街上或路口任意找某个行人,将其作为被调查者,进行调查。例如,在街头向行人询问对市场物价的看法,请行人填写某种问卷等。"空间抽样法"是对某一聚集的人群,从空间的不同方向和方位对他们进行抽样调查。例如,在商场内向顾客询问对商场服务质量的意见;在劳务市场调查外来劳工打工情况;等等。

方便抽样也可以应用在对非静止的、暂时性的空间相邻的群体的抽样。例如,游行与集会没有确定的总体,参加者从一地到另一地,一些人离去又有一些人进来,但这些事件是在一定范围内进行的。对这样的总体在同一时间内抽样十分重要,以便样本组成不会经历时间上的太大变化。具体做法是：若干调查员间隔均匀的距离，从某一方向开始，访问离他最近的人，然后每隔一定步数抽取一人为调查对象。

方便抽样技术是非随机抽样中最简单的方法，它简便易行，可以及时取得所需的资料，省时省钱，但样本代表性因受偶然因素的影响太大而得不到保证，实践中并非所有总体中每一个体都是相同的，所以抽样结果偏差较大，可信程度较低，它的样本没有足够的代表性。这种方法适用于探测性调查或调查前的准备工作。一般在调查总体中每一个体都是同质时，才能采用此类方法。

（2）配额抽样。

配额抽样也称定额抽样，是非随机抽样中最流行的一种。它是将总体依据某种标准分层（群），然后按照各层样本数与该层总体数成比例的原则主观抽取样本。也就是指对划分出来的各种类型的子总体分配一定数量的样本，从而组成调查样本。

配额抽样首先要对总体中所有单位按一定的标志分成若干组，然后在每个组内按一定比例用任意抽样或判断抽样的方法选取样本单位。应用配额抽样法前提是本次调查认为同类调查对象中各单位大致相同，差异很小，因此不必按随机原则抽样，只要用任意抽样或主观抽样就可以了。

按照配额要求的不同，配额抽样可分为独立控制配额抽样和相互控制配额抽样两大类。

① 独立控制配额抽样。

独立控制配额抽样是根据调研总体的不同特性，对具有某个特性的调查样本分别规定、单独分配数额，而不规定必须同时具有两种或两种以上特性的样本数额。因此，调查者就有比较大的自由去选择总体中的样本。

例如，在某项调查中，确定样本总数为 200 个，可单独选择消费者收入、年龄、性别三个标准中的一个进行抽样。按独立控制配额抽样，其各个标准样本配额比例及配额数如表 2-27 所示。

表 2-27　独立控制配额抽样表

年龄（岁）	人数（个）
18～29	40
30～40	70
41～55	60
56 以上	30
合计	200

性　别	人数（个）
男	100
女	100
合计	200

收　入	人数（个）
高	36
中	74
低	90
合计	200

从表 2-27 可以看出，对年龄、性别、收入三个控制特性分别规定了样本数额，而没有规定三者之间的关系。

因此，在调查人员具体抽样时，抽选不同收入段消费者，并不需要顾及年龄和性别标准。同样，在抽选不同年龄或性别的消费者时，也不必顾及其他两个控制特性。这样做的优点是简单易行，调查人员的选择余地较大；缺点是调查人员可能图一时方便，选择样本过于偏向某一组别，如过多地抽选女性消费者，从而影响样本的代表性。这个缺点可通过

② 相互控制配额抽样。

相互控制配额抽样是对调查对象的各个控制特性的样本数额交叉分配，上例中如果采用相互控制配额抽样，就必须对收入、年龄、性别这三项特性同时规定样本分配数，如表 2-28 所示。

表 2-28 相互控制配额抽样表

	高 男	高 女	中 男	中 女	低 男	低 女	合 计
18～29	3	4	7	8	9	9	40
30～40	6	5	11	11	13	14	60
41～55	6	6	13	13	16	16	70
56 以上	3	3	6	5	7	6	30
小计	18	18	37	37	45	45	
合计	36（18%）		74（37%）		90（45%）		200

从表 2-28 可以看出，相互控制配额抽样对每一个控制特性所需分配的样本数都做了具体规定，调查者必须按规定在总体中抽取调查个体，由于调查面较广，从而克服了独立控制配额抽样的缺点，提高了样本的代表性。

配额抽样的优点是简便易行，省时省力，能保证样本单位在总体中较均匀分布，调查结果比较可靠。

练一练 10-6

假设某高校有 2000 名学生，其中男生占 60%，女生占 40%；文科学生和理科学生各占 50%；一年级学生占 40%，二年级、三年级、四年级学生分别占 30%、20% 和 10%。现要用定额抽样方法依上述三个变量抽取一个规模为 100 人的样本。依据总体的构成和样本规模，请填写表 2-29 的定额表。

表 2-29 练一练 10-6 定额表

	男（60%） 文科（30%）	男（60%） 理科（30%）	女（40%） 文科（20%）	女（40%） 理科（20%）	合 计
一（40%）					
二（30%）					
三（20%）					
四（10%）					
小计					
合计					

(3) 判断抽样。

判断抽样又称立意抽样、目的抽样，这是一种根据调查人员的经验或某些有见解的专家从总体中选择那些被判断为最能代表总体的单位作样本的抽样方法。当研究者对自己的研究领域十分熟悉，对研究总体比较了解时采用这种抽样方法，可获代表性较高的样本。这种抽样方法多应用于总体小而内部差异大的情况，以及在总体边界无法确定或因研究者的时间与人力、物力有限时采用。判断抽样方法是凭调查人员的主观意愿、经验和知识，从总体中选择具有典型代表性的样本作为调查对象的一种抽样方法，这种方法在我国市场调研中得到了广泛的运用。例如，要对福建省旅游市场状况进行调查，有关部门选择厦门、武夷山、泰宁金湖等旅游风景区作为样本调查，这就是判断抽样。

判断抽样的优点是简便、易行、及时，符合调查目的和特殊需要，可以充分利用调查样本的已知资料，被调查者配合较好，资料回收率高，等等；缺点是这种方法易发生主观判断产生的抽样误差，同时由于判断抽样中各个调查个体被抽取的概率不知道而无法计算抽样误差和可信程度。如果调查者的经验丰富，知识面广，判断能力强，抽取的样本代表性就大，反之则小。如调查消费者满意度时，对大客户或贵宾进行调查。

(4) 滚雪球抽样。

滚雪球抽样也称推荐抽样，是一种在稀疏总体中寻找受访者的抽样方法。这种方法以若干个具有所需特征的人为最初的调查对象，然后依靠他们提供认识的合格的调查对象，再由这些人提供第三批调查对象……依次类推，样本如同滚雪球般由小变大。滚雪球抽样多用于总体单位的信息不足并且分布非常分散或观察性研究的情况。这种抽样中有些分子最后仍无法找到，有些分子被提供者漏而不提，两者都可能造成误差。滚雪球抽样技术的主要目的是分析调研总体中的稀有特征。例如参加某次会议的成员，在一群人中所占的比例很小，且没有一个明确的抽样框可以帮助寻找他们。

滚雪球抽样的优点是便于找到被调查者，降低费用，抽样误差低；缺点是要求样本单位之间存在而且保持联系。

在滚雪球抽样技术中，通常采用随机方式选择一组调查对象或个体，在对他们进行调查后，根据他们所提供的信息或由他们推荐选择下一组调查对象或个体。这样，通过上一组选择下一组，像滚雪球一样一波一波地继续下去，直到调查结束。即使第一组调查个体是通过随机抽样选择出的，但最终的样本是非概率样本。例如，要研究退休老人的生活，可以清晨到公园去结识几位散步老人，再通过他们结识其朋友，不用很久，你就可以交到一大批老年朋友。但是这种方法偏误也很大，那些不好活动、不爱去公园、不爱和别人交往、喜欢一个人在家里活动的老人，你就很难把雪球滚到他们那里，而他们却代表着另外一种退休后的生活方式。滚雪球抽样是在特定总体的成员难以找到时最适合的一种抽样方法。如对获得无家可归者、流动劳工及非法移民等的样本就十分适用。

实训与练习

一、单选题

1. 某单位有老年人 28 名，中年人 54 名，青年人 81 名，为了调查他们的身体情况，需从他们中抽取一个容量为 36 的样本，则适合的抽取方法是（　　）。
   A．简单随机抽样　　B．分层抽样　　C．系统抽样　　D．定额抽样

2. 事先将总体各单位按某一标志排列，然后依排列顺序和按相同的间隔来抽选调查单位的抽样称为（　　）。
   A．简单随机抽样　　B．类型抽样　　C．等距抽样　　D．整群抽样

3. 系统抽样适合的总体应是（　　）。
   A．容量较小的总体　　　　　　　B．容量较大的总体
   C．个体数较多但均衡的总体　　　D．任何总体

4. 为了了解所加工的一批零件的长度，抽测了其中 200 个零件的长度，在这个问题中，200 个零件的长度是（　　）。
   A．总体　　B．个体　　C．总体的一个样本　　D．样本容量

5. 为了分析高三年级的 8 个班 400 名学生第一次高考模拟考试的数学成绩，决定在 8 个班中每班随机抽取 12 份试卷进行分析，这个问题中样本容量是（　　）。
   A．8　　　　　　　　　　　　　B．400
   C．96　　　　　　　　　　　　　D．96 名学生的成绩

二、简答题

1. 简述定额抽样和分层抽样的相同点及不同点。
2. 对简单随机抽样、系统抽样、分层抽样三种抽样方法进行比较。
3. 20000 户居民，按经济收入高低分类，高收入居民 4000 户，占总体 20%；中等收入 12000 户，占总体 60%；低收入户 4000 户，占总体 20%，从中抽取 200 户，进行购买力调查。按照等比例分层抽样计算样本数。

比较分层抽样和整群抽样，填写表 2-30。

表 2-30　购买力抽样调查表

	分 层 抽 样	整 群 抽 样
样本	每层均要选取子样本作为总样本的一部分	
层与层的关系		群间异质性低
层内性质		群内异质性高
变量选择	研究变量的选择与研究问题高度相关	

三、实训题

1. 如果我们需要从 1000 户居民中抽取 20 户居民进行抽样调查，采用系统抽样方法时应该怎么操作？假如样本起点为 33。

2. 为了考查某校的教学水平，将抽查该校高三年级的部分学生本年度的考试成绩。调

查采取以下三种方式进行抽查(已知该校高三年级共有 20 个班,并且每个班内的学生已经按随机方式编好了学号,假定该校每班学生的人数相同):

(1) 从高三年级 20 个班中任意抽取一个班,再从该班中任意抽取 20 名学生,考察他们的学习成绩。

(2) 每个班抽取 1 人,共计 20 人,考察这 20 名学生的成绩。

(3) 把学生按成绩分成优秀、良好、普通三个级别,从其中共抽取 100 名学生进行考查(已知该校高三学生共 1000 人,若按成绩分,其中优秀生共 150 人,良好生共 600 人,普通生共 250 人)。根据上面的叙述,试回答下列问题:

① 上面三种抽取方式的总体、个体、样本分别是什么?采用每一种抽取方式抽取的样本中,样本容量分别是多少?

② 上面三种抽取方式各自采用的是何种抽取样本的方法?

③ 试分别写出上面三种抽取方式各自抽取样本的步骤。

3．一个地区共有 5 个乡镇,人口 3 万人,从 3 万人中抽取一个 300 人的样本,分析某种疾病的发病率,已知这种疾病与不同的地理位置及水土有关,问应采取什么样的方法?并写出具体过程。

4．在一次考前摸底考试中,要了解 2 万名考生的英语平均成绩。调查机构计划抽取 500 名考生进行调查。本次调查中,总体是_____；个体是_____；样本是_____；样本的容量是_____；抽样框是_____。

5．某地调查商业企业销售情况。该地区有商店 20000 个。按企业规模分层,有大型商店 1500 个,中型商店 8500 个,小型商店 10000 个,计划抽取样本 200 个。请分别用等距抽样、分层抽样、整群抽样进行比较。

综合实训

某市有 24000 名教师,分布在全市 10 个区的 200 所学校中。现要抽取一个由 1200 名教师组成的样本,了解他们的住房需求。有以下各种不同的抽样方案选择。请评价在不同的情况下(如样本的代表性、调查成本、经费、各阶段总体差异等),表 2-31 中哪个方案最优?

表 2-31 住房需求抽样调查方案

方　案	第 一 阶 段	第 二 阶 段	第 三 阶 段
方案一	抽 10 个区	每区抽 4 个学校	每校抽 30 名教师
方案二	抽 2 个区	每区抽 20 个学校	每校抽 30 名教师
方案三	抽 10 个区	每区抽 20 个学校	每校抽 6 名教师
方案四	抽 8 个区	每区抽 15 个学校	每校抽 10 名教师
方案五	抽 5 个区	每区抽 12 个学校	每校抽 20 名教师
方案六	抽 4 个区	每区抽 10 个学校	每校抽 30 名教师

(续表)

方　案	第 一 阶 段	第 二 阶 段	第 三 阶 段
方案七	抽 3 个区	每区抽 10 个学校	每校抽 40 名教师
方案八	抽 2 个区	每区抽 10 个学校	每校抽 60 名教师
方案九	抽 1 个区	每区抽 12 个学校	每校抽 100 名教师

拓展阅读

抽样技术应用实例

为了解普通居民对某种新产品的接受程度，需要在一个城市中抽选 1000 户居民开展市场调查，在每户居民中，选择 1 名家庭成员作为受访者。

1. 总体抽样设计

由于一个城市中居民的户数可能多达数百万，除了一些大型的市场研究机构和国家统计部门外，大多数企业都不具有这样庞大的居民户名单。这种情况决定了抽样设计只能采取多阶段抽选的方式。根据调查要求，抽样分为两个阶段进行，第一阶段是从全市的居委会名单中抽选出 50 个样本居委会，第二阶段是从每个被选中的居委会中，抽选出 20 户居民。

2. 对居委会的抽选

从统计或者民政部门，我们可以获得一个城市的居委会名单。将居委会编上序号后，用计算机产生随机数的方法，可以简单地抽选出所需要的 50 个居委会。

如果在居委会名单中还包括了居委会户数等资料，则在抽选时可以采用不等概率抽选的方法。如果能够使一个居委会被抽中的概率与居委会的户数规模成正比，这种方法就是 PPS（Probability proportional to size）抽样方法。PPS 抽样是一种"自加权"的抽样方法，它保证了在不同规模的居委会均抽选 20 户样本的情况下，每户样本的代表性是相同的，从而最终的结果可以直接进行平均计算。当然，如果资料不充分，无法进行 PPS 抽样，那么利用事后加权的方法，也可以对调查结果进行有效推断。

3. 在居委会中的抽样

在选定了居委会之后，对居民户的抽选将使用居委会地图来进行操作。此时，需要派出一些抽样员，到各居委会绘制居民户的分布图，抽样员需要了解居委会的实际位置、实际覆盖范围，并计算每一幢楼中实际的居住户数。然后，抽样员根据样本量的要求，采用等距或者其他方法，抽选出其中的若干户，作为最终访问的样本。

4. 确定受访者

访问员根据抽样员选定的样本户，进行入户访问。以谁为实际的被调查者，是抽样设计中最后一个问题。如果调查内容涉及的是受访户的家庭情况，则对受访者的选择可以根据成员在家庭生活中的地位确定，例如，可以选择使用计算机最多的人、收入最高的人、实际负责购买决策的人等。

如果调查内容涉及的是个人行为，则家庭中每一个成年人都可以作为被调查者，此时就需要进行第二轮抽样，因为如果任凭访问员人为确定受访者，最终受访者就可能会偏向某一类人，例如家庭中比较好接触的老人、妇女等。

在家庭中进行第二轮抽样的方法是由美国著名抽样调查专家 Leslie Kish 发明的，一般称为 KISH 表方法。访问员入户后，首先记录该户中所有符合调查条件的家庭成员的人数，并按年龄大小进行排序和编号。随后，访问员根据受访户的编号和家庭人口数的交叉点，在表中找到一个数，并以这个数所对应的家庭成员作为受访者。

上述案例是一个典型的两阶段入户调查的现场抽样设计，从设计的全过程可以看到，随机性原则分别在选择居委会、选择居民户和入户后选择受访者等环节中得到体现。调查中的抽样是一个复杂的技术环节，在任何一个环节中，如果随机原则受到破坏，都有可能对调查结果造成无法估计的偏差。

项目三

实施调查

任务 11　文案调查法

技 能 目 标	知 识 目 标	素 质 目 标	建议课时
熟悉文案调查法的方式和方法 掌握实施文案调查法的工作步骤	了解文案调查法的资料来源 了解文案调查法的特点与作用	培养学生的资料搜索能力、资料筛选能力	4

任务情境

时间指向 17:15，广峰总算把组长布置的工作完成了！抱着厚厚的一叠资料，广峰走向组长办公室。

忽然，组长说："广峰，我刚接了个电话，是爱婴岛公司打来的，他们想知道二孩政策能给他们带来多大的影响。你先找找现有的资料，尽快整理份资料给我，哦，最好是明天下班前能搞定。"

回到办公桌前，广峰开始琢磨，怎样才能迅速找到资料，客户又需要什么资料呢？

文案调查法又称资料查阅寻找法、间接调查法、资料分析法或室内研究法，由于使用的资料是他人整理的，因此往往又被称之为二手资料调查法。它是指调查人员按调查的目的，收集、利用企业内部和外部现有的各种信息、情报，对调查内容进行分析研究的一种调查方法。

练一练 11-1

必达公司为了帮助某公司调查了解刚刚投入市场的新产品的需求及意见反馈，邀请消费者担当"商品顾问"，让他们试用这种新的产品，然后"鸡蛋里挑骨头"。同时，必达公司还把其他部门所提供的市场分析进行加工和整理，来补充市场调查所获取信息的不足。这些从公开出版物、报纸、杂志、政府和有关行业获取的统计资料，为该企业了解整个市场的宏观信息提供了帮助。

请问：调查人员可以参考的信息来源有哪些？案例中用到了哪些途径？

一、文案调查法的特点

企业进行市场调查必须选用科学、适合的方法，调查方法选择恰当与否，对调查结果影响甚大。各种调查方法有利有弊，只有了解了它们，才能进行正确选择和应用，其特点如表3-1所示。

表3-1 文案调查法的特点

优　　点	缺　　点
迅速便捷和低成本	加工、审核工作比较困难
可以克服时空限制	滞后性和残缺性
受到调查人员的情感、阅历等因素影响小	对调查人员的专业知识、实践经验和技巧要求较高

练一练 11-2

如果广峰准备利用文案调查法进行资料收集，你会给他提供什么建议？

二、文案调查法的作用

在市场调查中，文案调查作为对信息收集的重要手段，一直得到调查人员的重视，特别是在互联网发达的今天，其快捷、廉价甚至免费的优点让人爱不释手，主要表现在以下四个方面：

（1）通过文案调查，可以初步了解调查对象的性质、范围、内容和重点等，并能提供实地调查无法或难以取得的各方面的宏观资料，便于进一步开展和组织实地调查，取得良好的效果。

（2）文案调查所收集的资料可用来证实各种调查假设，即可通过对以往类似调查资料的研究来指导实地调查的设计，用文案调查资料与实地调查资料进行对比，鉴别和证明实地调查结果的准确性和可靠性。

（3）利用文案资料并经实地调查，可以推算所需掌握的数据。

（4）利用文案调查资料，可以帮助探讨现象发生的各种原因并进行说明。

实地调查与文案调查相比，更费时、费力，组织起来也比较困难，因此不能或不宜经常进行，而文案调查如果经调查人员精心策划，尤其是在建立企业及外部文案市场调查体系的情况下，具有较强的机动性和灵活性，随时能根据企业经营管理的需要，收集、整理和分析各种市场信息，定期为决策者提供有关市场调查报告。从时间上看，文案调查不仅可以掌握现实资料，还可获得实地调查所无法取得的历史资料。从空间上看，文案调查既能对内部资料进行收集，还可掌握大量的有关外部环境方面的资料。尤其对因地域遥远，条件各异，采用实地调查需要更多的时间和经费不便的调查。

练一练 11-3

墙上的挂钟指向晚上 9:30，广峰疲惫地关上计算机。刚刚收集了这堆资料，有的是政府部门发布的政策指导，也有统计局对经济情况的统计，还有计生部门的意见……资料非常多，可不知真实度有多高，用得上的又有多少，广峰决定明天早上再认真筛选。

请问，文案调查法对广峰的帮助大吗？你会给他下一步工作提出哪些建议？

三、实施文案调查法的方式和方法

文案调查法具有多种方式和方法，在进行实际资料收集时，采用最有效率的方式和方法有助于以较低的成本快速及时地获得最需要的资料。

1. 实施文案调查法的方式

文案调查法需要针对研究的目的，在资料收集工作中采用最优的策略或方式。

（1）充分利用企业内部资料。由于收集企业内部资料相对比较容易，调查费用低，调查的各种障碍较少，便于调查人员把握资料的来源和收集过程，因此，在实际工作中，应尽量利用企业的内部资料。

（2）合理利用企业外部资料。对于企业外部资料的收集，可以视不同情况，采取不同的方式。

① 考虑资料获取的成本。

外部资料分为两种。即免费资料和有偿获得的资料。大部分具有宣传广告性质的资料是为了宣传企业产品、扩大企业影响，这些资料一般可以无偿获取。而有些资料只能通过有偿方式获得，这就产生了调查成本。

② 考虑资料获取的难度。

对于公开出版发行的资料，可通过订购、邮购和索取等方式直接获得，而对于使用对象有一定限制或具有保密性质的资料，则需要通过间接方式获取。

练一练 11-4

请根据上面学到的知识，连连线。

内部资料　　　　行业协会统计报表　　　　免费资料
　　　　　　　　组长讲课资料
　　　　　　　　经济发展白皮书
外部资料　　　　新兰德投资分析报告　　　　收费资料
　　　　　　　　本公司财务报表
　　　　　　　　2015 年春交会参展企业名录

2. 实施文案调查法的方法

实施文案调查法最为关键的步骤就是查阅资料,从某种意义上说,文案调查法也就是查找资料的方法。文案调查的具体方法比较多,最常用的有以下几种。

(1)参考文献查找法。

参考文献查找法是根据有关著作、论文的末尾所列的参考文献目录(见图3-1),或者文中所提到的某些文献资料,查找有关文献资料的方法。

参考文献
[1] 简明,等.市场预测与管理决策[M].3版.北京:中国人民大学出版社,1985.
[2] 岑詠霆.营销调研实训[M].北京:中国铁道出版社,2012.
[3] 赵轶.市场调查与分析[M].北京:北京交通大学出版社,2008.
[4] 刘德寰.市场调查教程[M].北京:高等教育出版社,2003.
[5] 王金泉.纺织服装营销学[M].北京:中国纺织出版社,2006.
[6] 王秀娥,等.市场调查与预测[M].北京:清华大学出版社,2004.
[7] 刘红.市场调查与预测[M].北京:北京交通大学出版社,2012.
[8] 刘易斯.新消费者理念[M].江林,刘卫萍,译.北京:机械工业出版社,2002.
[9] 邓剑平.市场调查与预测[M].北京:高等教育出版社,2010.

图3-1 参考文献范例

(2)检索工具查找法。

检索工具查找法是利用已有的检索工具查找文献资料的方法,按检索工具的不同,可以分为手工检索和计算机检索两种。

① 手工检索(见图3-2)。

图3-2 手工检索

手工检索可用的工具主要有三种:目录、索引和文摘。

目录是根据信息资料的题名编制的,常见的目录有产品目录、企业目录、行业目录等。

索引是将信息资料的内容特征和表象特征录出,标明出处,按一定的排检方法组织排列,如按人名、地名、符号等特征进行排列。

文摘是对资料的主要内容所作的一种简要介绍,能帮人们用较少的时间获得较多的信息。

② 计算机检索（见图3-3）。

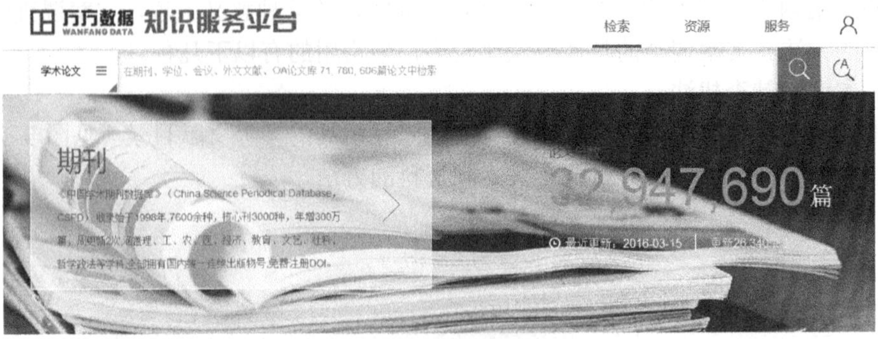

图3-3 网络数据库检索

与手工检索相比，计算机检索不仅具有检索速度快、效率高、内容新、范围广、数量大等优点，而且还可打破获取信息资料的地理障碍和时间约束，向各类用户提供完善的、可靠的信息。随着市场调查信息化程度的提高，计算机检索法将越来越普遍。

（3）咨询法。

咨询法是指通过电话询问、当面咨询或实地查询的方法，以及向企业内部相关部门查询某些业务数据或通过声讯服务咨询获得资料信息的方法。在进行咨询之前，应该了解企业有哪些咨询服务项目，从而做到有的放矢，节省调研成本和时间。

（4）其他方法

① 收听法。收听法是指用人工收听、录音等方法收听广播及新兴的多媒体传播系统播放的各种政策法规和经济信息的方法。

② 购买法。购买法是指购买定期或不定期出版的市场行情资料和市场分析报告。

③ 委托法。委托法是指委托专业市场研究公司收集和提供企业产品营销诊断资料等。

④ 汇编法。汇编法是指企业定期整理和积累企业内部统计数据、财务数据和相关资料的一种方法。

练一练 11-5

请比较一下以上资料获取方法，哪一种资料最廉价，哪一种方法最快捷，哪一种方法最劳累，哪一种资料最可靠。

你认为广峰应该优先考虑采取哪种方法来完成工作。为什么？

四、实施文案调查法的工作步骤

文案调查法应用广泛，获取资料渠道多，针对性较差，因此，资料收集者需要查阅大量资料，并通过烦琐的收集、分析、筛选、整理和归类，才能获得自己需要的信息和数据。为了提高效率，节省调查的各项费用，就需要调查人员统筹安排，按照科学的步骤进行调查。一般包括6个步骤。

1．确定需求信息

由于文案调查是针对特定的研究目的展开的，所以要求调查员充分考虑企业经营管理的现实和长远需求，为现实问题研究提供信息支持，从而为企业长期经营管理决策提供基础性和连续性的信息与资料。

2．确定资料收集范围和内容

从信息需求出发，明确需要收集的资料内容和范围，重点收集那些与市场调研课题有关的背景资料、主题资料和相关资料，并尽量使资料具体化和条理化。

3．确定资料的来源和渠道

资料的来源主要有企业内部和外部，这就需要调查员针对调研的具体目标和资料内容，分析资料来源的可获得性和准确性，确定所要收集资料的可能来源。

4．确定收集资料的方法

一般来说，企业内部资料的收集主要采用收听法、咨询法、汇编法以及企业内部数据库、管理信息系统搜索法；而外部资料的收集往往需要多种方法组合使用，从而可以有效地从众多渠道中获得需要的信息和资料。

5．搜索与分析评价

在明确二手资料的内容、获取渠道和收集方法后，就可以着手进行数据的收集工作了。与此同时，要注意对所收集的二手资料，从技术、质量、时效、可靠性、系统性等方面加以分析，以决定资料的利用价值。

6．资料的整理

收集的资料经过分析评价后，需要进行分类、加工、制表、归档和汇编等整理工作，使收集的资料实现系统化、层级化、综合化，从而为进一步的市场分析预测提供信息支持和服务。

实训与练习

一、单选题

1．（   ）指的是从各种文献档案中收集的资料，也称间接资料。
　　A．一手资料　　　B．二手资料　　　C．电子资料　　　D．市场资料
2．文案调查法的优点包括：（   ）。

A．迅速便捷　　　B．时效性强　　　C．低成本　　　D．不受时空限制

3．调查人员在利用二手资料时，发现有些资料是5年前发表的，便摒弃不用了，这表明调查人员在进行市场调研时遵循着（　　）。

A．相关性原则　　B．时效性原则　　C．系统性原则　　D．经济效益原则

4．政府机构及经济管理部门的有关方针、政策、法令、经济公报、统计公报等属于（　　）。

A．内部资料来源　　　　　　　　B．电子资料来源
C．直接资料来源　　　　　　　　D．外部资料来源

5．实施文案调查法最为关键的步骤是（　　）。

A．确定目的　　B．查阅资料　　C．准备资金　　D．核对资料

二、简答题

1．文案调查法的特点是什么？
2．文案调查法的作用有哪些？
3．简述实施文案调查法的工作步骤。

三、实训题

1．业务能力

回到本任务开始。假如你是广峰，你会如何完成组长交给你的任务？请按照本节课学习的内容，按工作步骤填写表3-2工作计划，并整理一份汇报资料，准备下一次课上台汇报。

表3-2　按工作步骤制订工作计划

步　　骤	工　作　计　划
确定需求信息	
确定资料收集范围和内容	
确定资料的来源和渠道	
确定搜索资料的方法	
搜索与分析评价	
资料的整理	

2．使用文案调查法进行市场调查时，须根据具体情况采用不同方法，请你为表3-3中的调查内容选择合适的方法。

表3-3　按工作内容确定调查方法

序号	工　作　内　容	具　体　方　法
1	了解当地人口数量及经济发展水平	
2	从专业杂志寻找参考资料	
3	了解道路交通通畅程度以选择出行路线	
4	开店选址	
5	制定本公司下一年度广告费	

3. 某土特产进出口公司是专营新鲜水果、新鲜蔬菜等农产品出口的企业，主要出口货物销往欧美各地。公司近期打算向西欧展开一次香蕉出口攻势，鉴于公司资源有限，只能把力量集中放在一个盈利潜力最佳的目标市场上。从历史情况分析，芬兰、葡萄牙、西班牙、瑞典、瑞士和英国等国都是进口香蕉的国家，公司的管理部门要求调研人员从中挑选一个国家作为本公司香蕉出口的目标市场。调研人员从经济合作与发展组织（OECD）所发表的贸易统计资料着手，开始了二手资料调查，他们找到近年来上述六个国家的香蕉进口数字，如表 3-4 所示。

表 3-4　2012—2015 年六国香蕉进口额　　　　　　　（单位：万美元）

时间 国家	2012 年	2013 年	2014 年	2015 年
芬兰	4000	5000	7500	9900
葡萄牙	1500	1600	1000	1500
西班牙	900	1200	1500	1650
瑞典	10000	12000	12500	13500
瑞士	12500	15500	15000	13500
英国	45000	50000	55000	54000

公司调查人员从市场规模、增长速度、单位价格三个方面寻找相关资料，形成资料分析表，如表 3-5 所示。

表 3-5　六国香蕉市场分析

时间 国家	市场规模 位次	增长速度 位次	单位价格 位次	各项位次 总计	市场全貌 位次
芬兰	4	1	5	10	4
葡萄牙	6	6	6	18	6
西班牙	5	2	4	11	5
瑞典	3	4	3	10	3
瑞士	2	5	1	8	2
英国	1	3	2	6	1

通过表 3-5 的分析，调查人员认为英国市场是最具盈利潜力的市场，因此初步将英国确定为公司目标市场，并将结果递交给上级领导供决策参考。

请结合以上资料，说明文案调查法的作用，该案例能给你怎样的启示？

4. 住宅购买是决策参考信息最广泛的购买。消费者在购买住宅时，有关住宅供给的信息来源较广泛。

首先是大众传媒上传播的住宅销售的广告信息，这也是消费者所获得的最直接的信息。

其次是可以从房地产交易市场获得大量的住宅销售信息。从房地产交易市场既可了解到房源和房价变动情况，也可以初步了解到住宅开发公司的一些情况，以及住宅建筑结构、质量、所处位置等情况。

再次是可以从住宅销售商或代理商（中介商）获得住宅销售的有关信息，可以向销售商或代理商直接了解商品住宅的各种有关信息，包括商品住宅的名称、具体位置、建筑结构、住宅小区的整体规划、工程进程、销售价格、付款方式、配套设施、交通状况、物业管理等情况，而且可以从更广泛的层面上向代理商了解其他楼盘的销售信息，购房手续、住宅功能的利弊等情况。

此外，还可以通过向居住在某一住宅小区的居民或已经购买住宅的朋友来获取有关住宅销售的信息。

总之，购房者能够获得有关住宅销售情况的信息来源特别广泛，关键是要能从众多信息中分辨真伪，对住宅购买决策起到真正的参考作用。

问题：

（1）商品信息的来源主要有哪几种途径？

（2）案例中的住宅购买者通过哪几种途径取得了信息？具体表现在哪些行动中？

综合实训

近年来，北京、上海、深圳房地产价格突飞猛进。请灵活运用本任务学到的知识，调查以上三个城市近三年来房价信息，并根据趋势，预测今年房价。

参考步骤：

1. 确定调查主题
2. 寻找合适搜索引擎
3. 输入关键词
4. 开始搜索并获取资料
5. 整理资料
6. 列表展示

拓展阅读一

大卫和杰克的信息公司

大卫和杰克为一家运输公司工作，公司负责发运用本公司卡车运送的集装箱载货物，还在需要的时候安排铁道货车集装箱运输。大卫是位计算机技术员，负责统筹公司卡车，使之处于最有效率的状态。杰克是计算机部的主管，每天三班倒，正好主管大卫。随着市场的变化，大卫和杰克开始考虑他们的业务方向。杰克建议说，"我感觉我们的业务将来会有很强的需求，我们有必要了解关于生产特种商品和服务的新企业的信息；我们也应该利用自己的技术开一家公司，给人们按时传递信息，告知他们提供需要的商品和服务的公司。"

与此同时，他们调查到斯蒂芬已经开办了和他们考虑类似的企业。他们俩联系了斯蒂芬，谈论了他们想开办一家类似的公司的愿望，还调查到他准备开展特需经营。

他们从斯蒂芬处得知公司以下经营方式：

1. 欧洲数据库的售货员与向公众提供商品和服务的企业保持联系，并且同意代理他们，向咨询有关商品和服务的人推荐他们的服务。根据公司规模和产品数量他们向这些公司收取从5 000克朗到30 000克朗不等的代理费。他们不仅买卖这些公司的商品和服务，而且向旅游者提供旅游服务和膳宿。与他们签订合同的公司有 Skoda、VW Group、IBM、Hewlett-Packard、Credit Management、British Petrol Oil、Nissan、Citibank，以及 Dun 和 Bradstreet。有关委托公司的具体信息储存在他们在德国的数据库里，并且能够到达他们所有的外国客户手里。

2. 公司通过各种电话黄页、高速公路广告牌宣传自己的服务，发起了一个有关增氧健身法的电视秀，还在公交车和电车上做广告。

3. 公司还向消费者传递有关他们感兴趣的上市商品和服务的信息，这是通过使用下列通信方式实现的：一组电话接听员，每天从上午 7:00 到下午 7:00 接听咨询信息的电话；一家互联网站，提供同样的服务；压缩光盘，刻录有公司及其产品信息。与这些公司的合同一年签一次。

调查之后，他们合伙开办了自己的公司，即欧洲数据库。并且使得它成为第一个，到今天仍是唯一的信息服务商；是第一家能够保证以现代方式宣传客户公司的公司；总销售量增长趋势稳定。但是，在经济不景气时，该公司也不得不进行市场调查，弄清楚消费者事实上是否听从公司的建议并且购买向他们推荐的产品，以及对公司的信任度。

拓展阅读二（具体内容请扫描右侧二维码）

任务 12　访谈调查法

技　能　目　标	知　识　目　标	素　质　目　标	建议课时
能依照具体的操作步骤及实用技巧进行访谈调查 能有效地收集各类访谈调查资料并撰写调查报告	掌握访谈调查法的特征、分类、方法形式等 掌握访谈调查的适应范围	培养学生组织分工与团队合作的能力、与人交流沟通及应变能力	4

任务情境

五一节即将来临，人们都带着喜悦的心情期待着丰富多彩的小长假，而广峰却在紧张地准备着下一个任务。必达公司受童游旅行社委托，计划于六一儿童节期间推出多个亲子游套餐，但不知道消费者喜欢的景区、感兴趣的活动形式、能接受的价格区间及其对服务的要求等。所以要求必达公司针对亲子游市场做一次访谈调查，以便在六一儿童节期间能推出家长及小孩都喜欢的亲子旅行项目。

广峰于是变得忙碌起来，将这次访谈调查需调查的内容记在笔记本上：

1. 对亲子游的了解、认可、接受情况。
2. 童游旅行公司品牌知名度。
3. 参与亲子游的渠道及影响因素。
4. 对亲子游产品特征的需求情况。
5. 期望的组织形式及接受的心理价位。
6. 六一儿童节期间的旅行计划。

一、访谈调查法的概念

访谈调查是调查机关派出人员通过口头、书面或电信等方式，向被调查者了解情况，取得资料的一种调查方法。它是第一手资料收集中最常用的一种方法。

二、访谈调查法的特征

1．问答性

调查者按事先拟定的调查项目或调查问卷，向被调查者通过直接或间接方式提问，获取调查资料。

2．多样性

调查方式既可以是口头、书面、问卷或电话，也可以依据不同的调查对象和环境做出灵活调整。

3．简明性

调查者提问与被调查者回答均要简明扼要、直截了当，不能烦琐复杂、含糊不清。

案例 12-1

纺织企业家乔·海曼于20世纪60年代接管了一家纺织厂。他对工厂进行改造时，收到了许多不同颜色、不同品种布料的订货单。当工厂经过改造快要投产时，他收到了政府部门的通知，必须减少两个染缸中的一个，因为排水系统承受不了。对企业来讲，这是一场灾难，如果没有两个染缸就不能生产出那么多的颜色。在绝望之中，乔·海曼决定采用面谈访谈的方式来了解顾客对改变颜色的看法，并希望通过当面的解释使已订货的顾客接受现实。最后，通过有效的面谈访谈，已订货的顾客接受了解释，改选了其他颜色。而更多的顾客也接受了企业可以生产这些颜色。这样企业不仅没有减少订单，反而由于只设一个染缸而大大降低了生产成本。

三、访谈调查法的优点与局限性

访谈调查法的优点与局限性分别如表3-6和表3-7所示。

表3-6　访谈调查法的优点

适应范围广	与其他的调查研究方法相比，访谈调查是适应范围最广泛的一种调查方法。不同性别、年龄、职业、文化水平的人，都可以用访谈的方法进行调查
灵活性强	在访谈过程中，调查者可以随时了解访谈对象的反应，并根据当时的情境状况提出一些更合适的问题。如对访谈时出现的某些误解，在允许的范围内作一些必要的解释和提示，以保证访谈的顺利进行
成功率高	由于访谈是面对面的进行，调查者可以适当地控制访谈环境，避免其他因素的干扰，掌握访谈过程的主动权，回答率会有较大的提高
信息真实具体	访谈主要是面对面的语言交流，对访谈对象来说，不会像问卷调查那样有过多的限制或顾虑，他可以生动具体地描述事件或现象的经过，真实、自然地陈述自己的观点和看法

表 3-7 访谈调查法的局限性

代价较高	访谈要一对一地进行，访谈经常要受到人数的限制，每天只能访问一个或几个被访者，而且，调查中数访不遇或拒访是常有的事，这就使调查的费用和所需时间大大增加
易受访谈人员的主观影响	由于访谈是双方的直接接触，访谈人员的性别、年龄、容貌、衣着以及态度、语气、口音、价值观等特征，都可能引起被访者的心理反应，从而影响回答内容的真实性
回答问题的标准性和重复性较差	访谈调查灵活性的负面作用就是其随意性，访谈对象对问题的回答往往受到时间、地点和情境的影响，既没有统一的模式和标准，又可能使访谈者回答的内容与观点前后不一，影响结论的推断
记录较困难	调查者在访谈过程中要投入的时间、精力较多，谈话的内容丰富、结构较差，加之访谈的流程又长，要将谈话内容完整记录下来相当困难
缺乏隐秘性	由于当面回答问题，匿名性差，会使被访者感觉到缺乏隐秘性，顾虑重重，尤其对一些敏感性的问题，往往回避或不作真实回答

练一练 12-1

强生公司是一家国际知名的婴儿用品生产公司。该公司想利用其在婴儿用品市场的知名度来开发婴儿用的阿司匹林，但不知市场的接受程度如何。由于强生公司有一些关系较好的市场调查样本群体，且问题比较单一，但需由被调查者作出解释，故决定采用费用较低的邮寄方法进行市场调查。通过邮寄方法的调查分析，强生公司得出了这样一个结论：该公司的产品被消费者一致认为是温和的（这种反应与强生公司所做广告的宣传效果是一致的），但温和并不是人们对婴儿阿司匹林的期望。相反，许多人认为温和的阿司匹林可能不具有很好的疗效。为此，强生公司认为如果开发这种新产品，并做出适合于该产品的宣传就会损坏公司的整体形象，公司多年的努力也将付之东流。如果按以往的形象做出宣传又无法打开市场。因此强生公司最终决定放弃这种产品的开发。

结合案例谈谈访谈调查法对强生公司的作用。

四、访谈调查法的适用范围

访谈调查法更多地被用于个性、个别化研究；它适用于调查的问题比较深入，调查的对象差别较大，调查的样本较小，或者调查的场所不易接近等情况，如图 3-4 所示。

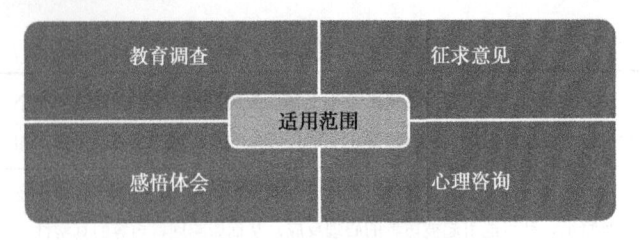

图 3-4 访谈调查法的适用范围

适用范围：教育调查、征求意见、感悟体会、心理咨询

练一练 12-2

1. 海尔公司想通过调查了解消费者对该品牌产品的满意度情况，你认为是否适合采用访谈调查，为什么？

适合（　　）　　不适合（　　）

2. 某企业想要获得某地区居民平均消费水平的市场信息，你认为是否适合采用访谈调查，为什么？

适合（　　）　　不适合（　　）

五、访谈调查法的分类

1. 按控制程度分为结构性访谈、非结构性访谈和半结构性访谈（见表 3-8）

表 3-8　按控制程度来划分的访谈调查法及特点

分　类	特　点
结构性访谈	访谈员按事先设计好的访谈调查提纲面对面依次向被访者提问并要求被访者按规定标准进行回答。这类访谈有统一设计的调查表或访谈问卷。 这种访谈信息指向明确，谈话误差小，便于对不同对象的回答进行比较、分析。常用于正式的、较大范围的调查

（续表）

分类	特点
非结构性访谈	事先不制定完整的调查问卷、详细的访谈提纲、标准的访谈程序，而是由访谈员按一个粗线条的访谈提纲或某一个主题，与被访者交谈。 这种访谈相对自由和随便，较有弹性，能根据访谈员的需要灵活地转换话题，变换提问方式和顺序，追问重要线索。所以，这种访谈收集资料深入和丰富。通常，心理咨询和治疗常采用这种非结构性的"深层访谈"
半结构性访谈	既有相对严谨的调查表或访谈问卷，又可以给被访者留有较大的表达自己观点和意见的空间。访谈员事先拟定的访谈提纲可以根据访谈的进程随时进行调整。 半结构性访谈兼有结构性访谈和非结构性访谈的优点，它既可以避免结构性访谈缺乏灵活性，难以对问题作深入的探讨等局限，也可以避免非结构性访谈的费时、费力，难以作定量分析等缺陷

2. 按调查对象数量分为个别访谈和集体访谈（见图 3-5）

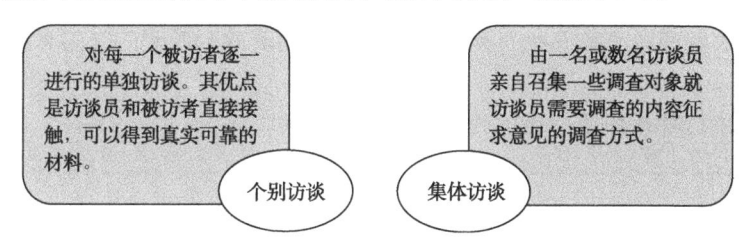

个别访谈：对每一个被访者逐一进行的单独访谈。其优点是访谈员和被访者直接接触，可以得到真实可靠的材料。

集体访谈：由一名或数名访谈员亲自召集一些调查对象就访谈员需要调查的内容征求意见的调查方式。

图 3-5 个别访谈和集体访谈的区别

个别访谈是访谈调查中最常见的形式，有利于被访者详细、真实地表达其看法，访谈员与被访者有更多的交流机会，被访者更易受到重视，安全感更强，访谈内容更易深入。集体访谈也称为团体访谈或座谈，可以集思广益，互相启发，互相探讨，而且能在较短的时间里收集到较广泛和全面的信息。

3. 按人员接触情况分为面对面访谈、电话访谈和网上访谈三种形式（见表3-9）

表 3-9 按人员接触情况划分的访谈调查法及特点

分类	特点
面对面访谈	面对面访谈也称直接访谈，它是指访谈双方进行面对面的直接沟通来获取信息资料的访谈方式。它是访谈调查中一种最常用的收集资料的方法。在这种访谈中，访谈员可以看到被访者的表情、神态和动作，有助于了解更深层次的问题
电话访谈	电话访谈也称间接访谈，是访谈员借助某种工具（电话）向被访者收集有关资料。电话访谈可以减少人员来往的时间和费用，提高了访谈的效率。而且访谈员与被访者相距越远，电话访谈越能提高其效率
网上访谈	网上访谈是访谈员与被访者，用文字而非语言进行交流的调查方式。随着互联网的普及，在一些城市中，网上访谈也开始出现。它有电话访谈免去人员往返因而节约人力和时间的优势，甚至比电话访谈更节约费用

4. 按调查次数分为横向访谈和纵向访谈（见图3-6）

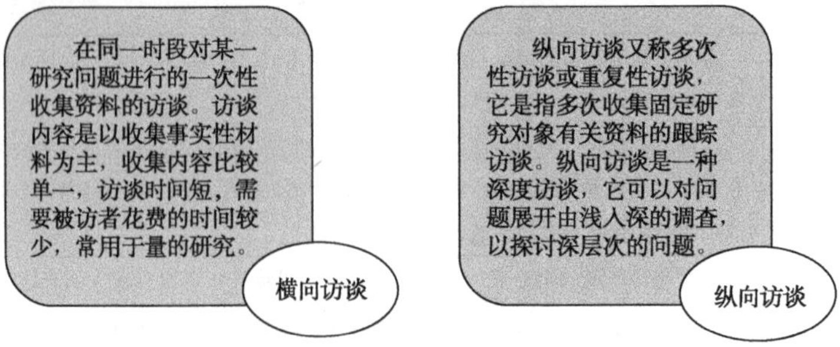

> 在同一时段对某一研究问题进行的一次性收集资料的访谈。访谈内容是以收集事实性材料为主，收集内容比较单一，访谈时间短，需要被访者花费的时间较少，常用于量的研究。
>
> 横向访谈

> 纵向访谈又称多次性访谈或重复性访谈，它是指多次收集固定研究对象有关资料的跟踪访谈。纵向访谈是一种深度访谈，它可以对问题展开由浅入深的调查，以探讨深层次的问题。
>
> 纵向访谈

图3-6 横向访谈和纵向访谈的区别

练一练 12-3

依据下列访谈问题，判断它属于哪类访谈调查法。
1. 您喜欢教师这个职业吗？如果喜欢，请谈谈喜欢的原因。不喜欢又是为什么？（　　）
2. 请谈谈您对教师这个岗位的理解与认识？（　　）

六、访谈调查的方式

1. 入户访谈

入户访谈是调查者深入到被调查者家中，与被访者进行深入交流的一种访谈方式。入户访谈的优点是被访者在自己所熟悉的环境中接受采访可以轻松地回答问题，访谈者与被访谈者之间可以进行直接的交流，便于对访谈问题的解释和说明，也便于进行深度访谈。

2. 街上阻截

街上阻截也是一种比较流行的任意抽样询问调查方法。这种方法一般属于有问卷访谈，操作起来也比较简单。在当前，街上阻截法被认为是一种比较实用的方法。街上阻截不仅具有入户访谈的基本优点，同时还节省了大量的寻找住户时间成本、精力成本和交通费用。

3. 客户走访

客户走访是对生产者市场客户的入户访谈。客户走访往往需要比较充分的客户资料准备，同时也要求客户走访人员具备较高的业务水平和素质，具有一定的访谈技巧，同时客户走访的成本一般较高。

4. 座谈会

座谈会是一种典型的集体访谈方式，是调查者邀请若干被调查者，通过集体座谈的方式，了解有关市场。座谈会的突出优点是可以针对特定主题进行深度访谈。

5. 电话访谈

电话访谈是市场调查者获取市场情报的一种简单、快捷的方法。电话访谈一般属于有问卷的标准化访谈。电话调查的优点是费用省，无论是时间成本、资金成本还是精力成本都在电话调查方式中得到了大量的节省，调查的内容简单方便，易于回答，在较短的时间内可以快速获得市场调研信息等。

6. 深度访谈

深度访谈一般是指对某方面的市场专家、知名人士等具有某种特殊意义的人物，所进行的专题性访谈。这类访谈一般采用无问卷访谈形式。

> **练一练 12-4**
>
> 以下几个调查课题，你认为采取哪种访谈方式比较好，为什么？
> （1）南方城市某电视台经济频道计划请国内知名财经评论员对2016年中国A股进行预测点评。（　　　　　）
> （2）格力空调想了解委托的空调售后安装公司服务质量，对格力空调的新用户进行调查。（　　　　　）

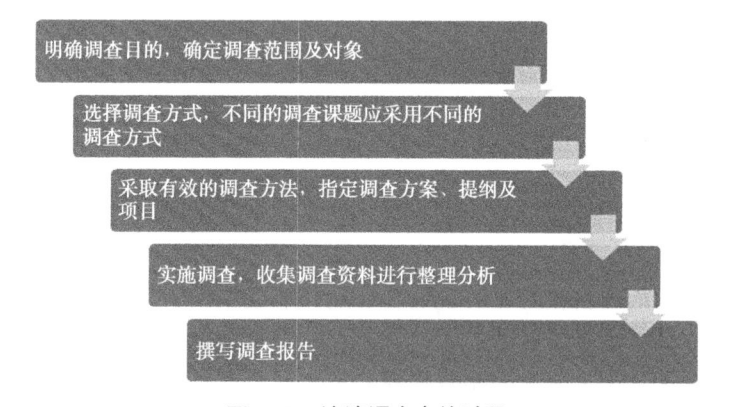

七、访谈调查实施过程

访谈调查实施过程如图3-7所示。

```
明确调查目的，确定调查范围及对象
    ↓
选择调查方式，不同的调查课题应采用不同的调查方式
    ↓
采取有效的调查方法，指定调查方案、提纲及项目
    ↓
实施调查，收集调查资料进行整理分析
    ↓
撰写调查报告
```

图3-7　访谈调查实施过程

八、访谈技巧

访谈技巧是调查员为了获得准确、可靠的调查资料，运用科学的访谈方法，引导被访谈者提供所需要情况的各种方法和策略。访谈技巧在访谈调查中占有十分重要的地位。

1. 访谈前

中国有句俗语，不打无准备之仗。做好访谈前的准备工作是访谈调查成败的关键。

（1）明确访谈目的，有的放矢。
（2）选择访谈方法，确定访谈方式，力求访谈的科学性及高效率。
（3）选择或熟悉访谈对象，争取被访谈者的配合。

（4）安排或预约合适的访谈时间与地点，便于访谈的顺利进行。

（5）准备必要的访谈工具，取得对方的信任与方便记录访谈内容。

（6）拟定访谈提纲，便于访谈有序不乱。

例如：关于某校学生对体育课程需求的访谈提纲。

（访谈对象：学生）

① 你喜欢上体育课吗？

② 你觉得现在的体育教学怎样？通过上体育课，对你有什么影响？

③ 你希望学校对体育教育做哪些改进？

④ 你心目中理想的体育教师是什么样的？

⑤ 你认为最理想的体育教学应该是什么样的？

练一练 12-5

假如你朋友计划在校园周边开一家以学生为主要目标消费者的奶茶店，希望你帮他做一份校园访谈调查，请将调查前需要做的工作详细列出来：

1. _____。
2. _____。
3. _____。
4. _____。
5. _____。
6. _____。

2. 访谈中

（1）运用好开场白。

调查员应清楚明白地自我介绍，说明自己所代表的调研机构或公司，同时也可以递上个人的名片，然后说明打算了解哪方面情况以及这些资料如何使用，最好还能说明这项调查将会给应答者及其公司可能带来哪些好处。

老师：

您好！非常感谢您在百忙之中抽出时间和我交谈，我在做一个关于初中生独立思考能力的现状调查，需要从教师的角度获取更详细、更真实的信息，希望您能就以下几个方面谈谈您的看法。谢谢您的配合！

（2）积极接近，争取合作。

① 注意自己的言行举止，给被访者留下好的第一印象；

② 主动出示介绍信、工作牌等，进行自我介绍；

③ 赠送小礼品，鼓励配合，并在适当的时候进行暗示："我们将耽误您一点时间，届时将有一份小礼品以示感谢，希望得到您的配合。"

在必要或时间允许的情况下，可从被访者关心的话题开始，逐步缩小访谈范围，最后问及所要知晓的问题。

（3）创造一个良好的访谈气氛。

有了良好的谈话气氛，双方便会容易沟通。

（4）进行必要的引导和追问。

当调查员对所提的问题不理解或误解时，当被访者对某一问题的回答有所顾虑时，或漫无边际地闲谈时，调查员就要礼貌而巧妙地加以引导。

比如调查员这样问："您认为您身上最突出的能力是什么？"或者"您认为您有哪些能力还有待提升？"比如一个受访者说自己对问题分析能力比较强，调查员就可以问："那请您举一个您将分析能力发挥得比较好的具体事例吧！"

（5）采取公平、中立的立场。

调查员需要向被访者说明你对事对人不带任何偏见，也不希望左右别人的态度和思想。

（6）讲文明语，用词准确、明了、贴切、恰当，不要有鄙视或不耐烦的表现，也不能使用一些令对方忌讳、反感的语言。"您是不是觉得这个品牌的计算机价格太高了？"可以换成"您是不是觉得这个品牌的计算机价位超出您的心理价位？"

（7）控制好访谈时间，时间太长，会使被访者感到疲倦，进而敷衍。

（8）借助相关的工具做好访谈记录。

3．访谈结束

访谈结束时应向被访谈者道谢，同时也可以与被访谈者建立某种联系，说明必要的时候可能还要来访，等等。访谈结束后，访谈者应根据访谈记录和凭借访谈过程中的记忆及时整理访谈结果的书面材料。必要的话还可以向受访者发出一封简短的感谢信。如果访谈过程中访谈者已经承诺了受访者的某种要求，访谈者应信守诺言。

练一练 12-6

1．你是某出版社的员工，现就中学生的阅读习惯、阅读爱好、阅读建议等方面的问题，对一所省重点初中的教师作访谈调查，请写出你的访谈开场白。

2．当你向受访者提问"您对某品牌空调的印象如何？"时，对方回答"还行"，你打算如何做进一步的引导与追问？

实训与练习

一、单选题

1. 入户访谈的优点是（　　）。
   A．费用低　　　　　　　　　　B．应答者可在方便时完成问卷
   C．容易检测访问过程　　　　　D．应答者更加放松
2. 电话调查是一种非常省力、省时的直接调查方法，但它的问题是（　　）。
   A．代表性差　　B．访问量少　　C．费用太大　　D．沟通不畅
3. 下面不属于访谈调查特点的是（　　）。
   A．回答性　　　B．多样性　　　C．简明性　　　D．复杂性
4. 依据（　　）为标准，访谈调查可分为个别访谈和集体访谈。
   A．被访者数量　B．调查次数　　C．人员接触情况　D．控制程度
5. 对某方面的市场专家、知名人士等具有某种特殊意义的人物进行访谈，适合采取的方式是（　　）。
   A．入户访谈　　B．座谈会　　　C．街上阻截　　D．电话访谈

二、简答题

1. 访谈调查法的优点有哪些？
2. 访谈调查的一般步骤是怎样的？
3. 访谈调查有哪些方式？

三、实训题

1. 请为表3-10中的调查课题选择合适的调查方式。

表3-10　不同课题的最佳调查方式

调查课题	调查方式
某太阳能路灯生产厂家，想了解政府相关部门对该产品种类、规格、性能等方面的需求情况，需对市规划局相关负责人进行访谈调查	
法国欧莱雅公司对其刚上市不久新护肤品牌的市场知晓度进行调查	
广州天河区某街道居委会为了解其辖区内居民的家庭成员结构情况，方便进一步做好居民服务管理工作，计划进行一次访谈调查	
北京某高校，在新生入学一个月后，想了解新生对该校在学生管理、教学质量、后勤服务等方面的满意情况及其建议，计划开展一次访谈调查	
某品牌专卖店调查顾客的消费能力，便于对新产品进行合理的定价	
为对新生进行专业教育，某学校对往届毕业生的成功创业故事进行访谈	

2. 某大型商业银行为进一步提升大客户的管理与服务水平，对该行的白金客户进行一次访谈调查，在正式实施调查前，要做好准备工作，请填充表3-11的空白。

表 3-11 访谈调查计划表

调查目的	
调查范围与对象	
调查方法	
调查方式	
调查时间	
调查地点	
调查项目	

3. 国内某生产家电的著名企业，计划一年内，将向市场推出一款高效节能的空气净化器，但关于消费者对净化器的功能要求、品牌认可度、接受的价格、外观设计及售后服务等方面的要求不甚了解，现计划进行一次访谈调查，请为该项调查拟定一份访谈提纲。

综合实训

随着生活水平的提高及对健康的关注，大学生对校园饮食的要求也越来越高，现有的学生食堂已经难以满足他们的要求，这就为校园周边的饮食店带来了很大的商机。如何更好地推出符合大学生口味及其价位的菜式，大学生对饮食店的卫生、环境、服务等要求又是怎样的呢？请就此一系列问题，做一次校园调查。

设计要求：

1. 过程要求　先制定一份访谈方案，再设计一份访谈提纲，之后进行组员分析，实施调查。
2. 成果要求　阐述工作过程，提交调查报告。
3. 其他要求　注意运用相关的交流沟通技巧，争取一定数量被访者的配合。

拓展阅读

把肯德基的"家庭宴会"介绍给英国人

到20世纪90年代，肯德基进入英国市场已30年，并开设了300多家连锁店。为了直接与当地流行的鱼肉薄饼店展开竞争，肯德基最初定位"叫卖"概念，因此店内座位很少，甚至没有座位。由于竞争者——麦当劳的发展及其他美国快餐公司的流行，肯德基将面临寻找其竞争优势的挑战。在英国，肯德基的传统消费者是年轻男性，他们一般在当地酒吧与朋友聚会后，在很晚的时候光顾肯德基。但在当地也有一些具有很浓家庭气氛的餐馆连锁店，这些店具有很强的竞争力。因此，肯德基很难保持现有的从市场角度出发，肯德基认为需要重新进行定位，把其现有的经营方式转变为家庭聚会形式。很明显，为了适应英国市场，肯德基有必要确定并调查英国市场家庭价值观问题。

一、定义调研问题

肯德基（英国）部的市场总监约翰·沙格先生会晤了公司的营销部人员及广告代理商。这次会晤的目的是确定最佳方案，以使肯德基的消费对象从青年男性扩展到家庭领域。沙格先生在执行重新定位策略的过程中遇到了3个棘手的问题,并由此展开了讨论。首先,多年来肯德基已在英国消费者心目中形成了一种强烈的"外卖"式餐馆的印象,且其主要消费者一直都是青年男性。"外卖"概念在英国消费者心中已根深蒂固,因此公司可能会花好几年的时间使其形象转变为"友好家庭"概念。其次,肯德基的忠实消费者一直是青年男性,由此给人一种否定女性消费者的感觉。经常出入肯德基的都是青年男性,有时甚至是喝醉了酒的男人;因此母亲们都认为把孩子带进肯德基很不安全。再次,竞争者——麦当劳进入英国市场要比肯德基晚10年,但它却迅速地弥补了这个时间上的损失。现在,麦当劳仅用于儿童广告的单项支出已超过了肯德基的全部广告费用,麦当劳对于家庭的吸引力要比肯德基好很多。

沙格先生和广告代理商意识到,就公司的长期生存能力而言,肯德基重新进行形象定位是至关重要的,因为家庭是快餐行业最大且增长最快的一部分消费者。

由此,肯德基营销管理层即刻面临的问题是:如何使公司对英国的母亲们具有足够的吸引力,以及如何使她们经常购买肯德基的食品作为家庭膳食。所以,英国肯德基面临的两个主要问题是:相似的"家庭宴会"是否会吸引英国的母亲们?"家庭宴会"的推出是否会使肯德基的品牌在英国的整体形象及知名度有所提高?

二、确定调研设计方案

对于母亲们进行的"家庭宴会"概念研究,将帮助肯德基确定这个想法在英国是否具有生命力,这也就解决了上述两个问题。如果它对母亲们具有吸引力,则"肯德基家庭宴会"将在英国全面推行,同时也将开始研究由此而产生的商业及消费者行为。一旦推行"家庭宴会"概念,则将制定相关调查方案,包括第二手资料分析、专题座谈会、对于英国母亲们的典型调查以及最终的销售及消费者追踪研究。

三、实施调查

在专题座谈会阶段,肯德基(英国)的研究人员走访了英国各地有12岁以下孩子的母亲们;并与她们展开了一系列的讨论,比如她们喜欢的餐馆及快餐店等。由于不希望造成母亲们的偏见或反对的局面,因此在此过程中并没有提及调查委托人。所有的专题座谈会都用摄影机录下,并将母亲们的观点制作成文件以备分析所用。

特定目的分析是指对不同变量的一系列的比较,如价格、食物的数量以及套餐中是否包括餐后甜点或饮料等。公司设计了一份结构性问卷以获得这些资料,同时,为减轻管理的压力,还对该问卷进行了预测。市场追踪问卷是一份标准的并具有结构性和定量性的问卷,它具有一些与先前进行的追踪研究不同的优点。

在定性研究阶段进行的专题座谈会的访问对象来源于英国伯明翰、利兹、伦敦3个城市的母亲,每一个小组都含有10~12个在过去3个月中在快餐店用过餐的妇女。定性研究的访问对象来源于英国10条主要道路上随机抽取的200名妇女。市场追踪研究是定期性全国追踪研究的一部分,其访问对象来源与定性研究相似,这将通过在英国具代表性的区域持续进行拦截访问来完成。为了区别在不透露委托人情况下收集到的资料,有关"家庭宴会"的知名度及好处的特定问题将在定期追踪问卷最后被提及。200个样本的调查以及追踪研究应由专业营销调研公司经过培训和富有经验的调查员来完成,调查过程大约需要两个星期的时间。而一旦决定在全国推行"家庭宴会",则应在定期追踪研究中加入有关"家庭宴会"的问题,这需要6个月的时间来完成。

四、调查资料分析

根据调查，肯德基（英国）当前正供应一种名为"经济套餐"的膳食，它包括8个鸡块和4份常规薯条，其售价为12美元。而准备推行的"家庭宴会"包括8个鸡块、4份常规的薯条、两份大量的定食，如豆子和色拉以及一个适合4人食量的苹果派。调查过程中，对这两种膳食进行了比较。分析结果表明，如果"家庭宴会"的销价在10英镑以下（约16美元），则它会更受人们的欢迎。人们认为"家庭宴会"的价格更为合理，食物更为充足，人们也更喜欢、更愿意购买"家庭宴会"套餐。在这些研究发现的基础上，肯德基（英国）推出了"家庭宴会"品牌追踪研究解决的第二个问题，即"家庭宴会"的推出是否会使前德基的品牌在英国的整体形象有所提高。对于整体价值的追踪调研显示：在推出"家庭宴会"时，肯德基（英国）的整体价值信用度要比竞争者——麦当劳低10个百分点，但到追踪调研阶段结束时，两者的价值信用度已经相同了。年底时，肯德基豪华膳食销售的比例已从10%上升到20%，整整增加了一倍。

其他的追踪研究因素包括连锁餐馆的知名度、"家庭宴会"的知名度以及"家庭宴会"的销售情况。尽管麦当劳在英国的电视广告是肯德基的4倍，但"家庭宴会"的广告还是创造出了前所未有的品牌广告知名度。

人们更喜欢"家庭宴会"，因此其销量远高于"经济套餐"，而从财务角度看，尽管"家庭宴会"的总利润率比"经济套餐"低，但其总利润还是要高于后者。令肯德基员工感到惊讶的是，"家庭宴会"的销量上升了，但同时"经济套餐"的销量却仍然维持在原来的水平。而其中原因可从对"家庭宴会"消费者的调查结果中反映出来，即不同类型的消费者对这两种食物具有不同的喜好，一般人口多的家庭喜欢"家庭宴会"，而人口少的家庭仍喜欢购买"经济套餐"。

"家庭宴会"利用了肯德基原有的实力，因此从竞争地位的角度来看，"家庭宴会"能有效地与其他的快餐店展开竞争。除了原有的青年男性购买者外，肯德基还将其消费者领域扩展到了家庭。相对于原有的汉堡和薯条等食品，母亲们更喜欢肯德基提供的这种有益健康并符合家庭风格的膳食，"家庭宴会"最终成为了肯德基（英国）首要的销售项目。在不断重塑自己的良好形象并和其他的快餐店展开有力的竞争中，肯德基从营销调研上获得了很高的收益。

任务13　观察调查法

技能目标	知识目标	素质目标	建议课时
能根据观察调查的目的设计观察提纲 能实践运用观察调查法	掌握观察调查法的优点与局限性及其适应条件 掌握观察调查的分类、步骤	培养学生组织分工与团队合作的能力、观察、分析、应变能力、讨论与口头表达能力	4

任务情境

广峰在必达公司工作久了，越来越感觉市场调查这份工作的艰辛，同时也体会到了其中的乐趣。如这次公司派给他的任务就是做"商业间谍"。在本市一繁华地段开了近 10 年的美廉超市，一直以来是这一区域居民购物时的首选之地，生意也是做得风生水起，但自去年对面来了一家竞争对手——旺旺超市以后，美廉的生意就每况愈下。为此，该超市老板非常苦恼，到底旺旺有什么样的秘诀，把一直忠诚于自己超市的顾客给抢过去了呢？于是委托必达公司进行一次市场调查，找出原由。公司经讨论决定，运用观察调查法，并派广峰为"商业间谍"，潜入旺旺超市做导购员 1 个月。在这 1 个月的时间内，他需要观察这些内容：

1．该超市品种种类与特色。
2．该超市各产品的价格。
3．该超市的购物环境与服务。
4．该超市的人流统计。
5．该超市销量的前 20 产品。
6．该超市的促销活动频繁程度与力度。

一、观察调查法的含义与要素

观察调查法是调查员通过感官或利用各种仪器，有目的、有计划地察看、记录、分析，以获取原始资料和信息的方法，也称实地观察法。

"观"指看、听等感知行为，"察"是分析研究，观察不仅只是人的感觉器官直接感知事物的过程，还是思维器官积极思考的过程。观察是一个既在看又在想的过程。

观察的三要素是：观察者、观察对象、观察手段。

案例 13-1

奇怪的客人

一位日本客人住进了一个美国家庭。这位日本人每天都在做笔记，记录美国人居家生活的各种细节，包括吃什么食物、看什么电视节目等。一个月后，日本人走了。不久丰田公司推出了针对当今美国家庭需求而设计的物美价廉的旅行车。如美国男士喜欢喝玻璃瓶装饮料而非纸盒装的饮料，日本设计师就专门在车内设计了能冷藏并能安全防止玻璃瓶破碎的柜子。直到此时，丰田公司才在报纸上刊登了他们对美国家庭的研究报告，同时向收留日本人的家庭表示感谢。

二、观察调查法的特征

观察调查法的特征如表 3-12 所示。

表 3-12　观察调查法的特征

客观性	观察所获得的现象和过程能如实地反映客观事实，正所谓眼见为实，不受人为因素的干扰
能动性	观察是研究者根据需要，有目的、有意识地进行的一项活动，因而是自觉的，不是盲目的，是主动的，不是被动的

（续表）

选择性	科学观察要求观察者善于把自己的注意力有选择地集中在某一观察对象上，尽量排除外界无关因素的干扰
隐蔽性	受访者是在自然状态下接受调查的，即当受访者被调查时，并不感觉到自己正在被调查

练一练 13-1

畅销娃娃：美国有一家玩具工厂，为了选择出一个畅销的玩具娃娃品种，就使用了观察法来帮助他们决策。他们先设计出 10 种玩具娃娃，放在一间屋子里，请来小孩做决策。每次放入一个小孩，让她玩"娃娃"，在无拘束的气氛下看这个小孩喜欢的是哪种玩具。为了求真，这一切都是在不受他人干涉的情况下进行的。关了门，通过录像进行观察，如此经过 300 个孩子的调查，然后决定出生产何种样式的玩具娃娃。

本案例中采取的是什么调查法？你认为适合用访谈调查法吗？结合案例分析观察调查法相对于访谈调查法最明显的特点是什么？

三、观察调查法的优点与局限性

1. 观察调查法的优点（见表 3-13）

表 3-13 观察调查法的优点

直观性和可靠性	可以比较客观地收集第一手资料，直接记录调查的事实和被调查者在现场的行为，调查结果更接近于实际
真实性和客观性	基本上是调查者的单方面活动，特别是非参与观察。一般不依赖语言交流，不与被调查者进行人际交往
简便性和灵活性	简便、易行，灵活性强，可随时随地进行调查
跟踪性和连贯性	对于一种现象或人，调查员可以反复地观察跟踪，比如对观察对象进行一段时间的跟踪后，中间间隔一段时间再次观察，持续时间可以拉得很长，起到跟踪调查的效果
快速性和及时性	因为是直接观察，所以就已经决定了人们获取信息是非常及时快速的，信息资料都能跟上变化，不会出现消息滞后的情况

2. 观察调查法的局限性（见表 3-14）

表 3-14 观察调查法的局限性

内因说明缺乏	虽可提供较为客观和正确的资料，但它只能反映"是什么"和"有什么"的问题，而不能说明发生的内在动机，不能判断"为什么"这一因果关系

(续表)

时间长、费用高	常需要大量调查员到现场进行长时间的观察，调查时间较长，调查费用支出较大。经常会受到时间、空间和经费的限制
技能要求强	对调查员的业务技术水平要求较高，如要求调查员应具有敏锐的观察力，良好的记忆力，必要的心理学、社会学知识
分析受主观影响	观察结果受调查员主观因素的影响，观察结果因调查员能力、观念及知识层次的不同而不同

案例 13-2

《美国文摘》曾经报道，恩维罗塞尔市场调查公司有个叫帕科·昂得希尔的人，是著名的商业密探。在进行调查时，他一般会坐在商店的对面，静静地观察来来往往的行人，与此同时，他的同事也正在商店里进行着调查工作，他们负责跟踪在商品架前徘徊的顾客，主要调查目的是要找出商店生意好坏的原因，了解顾客走出商店以后如何行动，以及为什么许多顾客在对商品进行长时间挑选后还是失望地离开。他们帮助许多商店在日常经营过程中做出了多项实际的改进措施。

有一家音像商店由于地处学校附近，大量青少年经常光顾。通过恩维罗塞尔市场调查公司调查，发现这家商店把磁带放置过高，身材矮的孩子们往往拿不到，从而影响了销售。昂得希尔指出应把商品降低18英寸放置，结果销售量大大增加。还有家叫伍尔沃思的公司发现商店的后半部分的销售额远远低于其他部分，昂得希尔通过观察、拍摄现场揭开了这个谜：在销售高峰期，现金收款机前顾客排着长长的队伍，一直延伸到商店的另一端，妨碍了顾客从商店的前面走到后面，针对这一情况，商店专门安排了结账区，结果使商店后半部分的销售额迅速增长。

练一练 13-2

某公司推出了一种新型果汁饮品，但上市后半年内，销量一直非常低迷，公司高层非常苦恼，便委托某调查公司进行市场调查，想了解消费者为什么不接受这种新饮品。接到任务后，调查公司内部就采取什么方法调查也出现了分歧，有人认为应该用访谈调查法，有人认为用观察调查法，还有人认为应该采用实验法等。你认为采取什么方法合适，为什么？

四、观察调查法的适用范围

成功地使用观察调查法，并使其成为市场调查的数据收集工具，必须具备三个条件（见图 3-8）。

```
        ┌─ 所需信息必须是能观察到的,或者是从能观察到的行
        │  为中推断出来的。
   适
   用 ──┼─ 所要观察的行为必须是重复性的、频繁的或者是在某
   性    │  些方面是可预测的,否则观察法的成本会很高。
        │
        └─ 所要观察的行为必须是相对短期的,并可获得结果的
           行为。
```

图 3-8　使用观察调查法的三个条件

观察调查法并不适用于调查主观意识方面的资料,也不适用于大面积的普遍调查。

练一练 13-3

你认为以下调查适合用观察调查法吗?

1. 某公司想要调查北方某一城市顾客喜爱什么品牌、性能、价格的洗发水。

适合（　　）不适合（　　）

因为_____

2. 某一日化公司想调查大学生每年在日用品方面的支出情况及品牌偏好。

适合（　　）不适合（　　）

因为_____

五、观察调查法的分类

观察调查法的分类如表 3-15 所示。

表 3-15　观察调查法的分类

根据观察的对象	直接观察法	对所发生的事或人的行为的直接观察和记录。在观察过程中,也就是说调查员对所观察的事件或行为不干预
	间接观察法	通过对实物的观察,来追索和了解过去所发生过的事情,调查员作为"旁观者"的身份对被调查对象进行观察
根据观察方式	人员观察	调查员凭借自身的感觉器官在现场直接进行观察以收集有关资料
	机器观察	调查员借助录音机、摄像机等仪器或其他技术手段,对行为和环境等客观事物进行调查的一种方法
根据观察的情景	自然情景观察	自然行为的系统现象观察以及偶然现象的观察,收集到的材料较为客观真实
	实验室观察法	在实验室的模拟环境中,按照一系列严密的观察计划进行的,这种观察能捕捉到较为深层次的东西,有利于探讨事物内在的因果关系
根据参与情况	参与式观察	调查员身临其境地参与观察、了解、关注被观察的人、事或物
	非参与式观察	调查员置身于研究之外的观察
根据观察结构化程度	结构式观察	计划严密、操作标准化、可控制的观察
	非结构式观察	结构松散,没有严密的观察计划,也没有制定详细观察提纲

练一练 13-4

某食品公司刚进驻一大型超市,想了解该公司生产不同口味糖果的受欢迎程度,收集了该超市 1 个月来的收银数据,依据收银数据进行判断,并为公司的下一批新产品的推出提供参考依据。请问这是观察调查法吗?你认为可以用何种观察调查法进行调查?

六、观察调查的步骤

(1) 制定观察计划,围绕计划设计观察提纲。
(2) 确定观察目标,明确观察目的,确定观察对象。
(3) 选择好观察时间、地点,确定观察方法,进入观察环境。
(4) 做好观察记录、分类整理、登记、存放等工作。
(5) 进行分析,撰写观察报告。

案例 13-3

工作岗位分析的观察提纲(偏重生产性企业、生产管理岗位)

被观察者姓名：　　　　　　日期：
观察者姓名：　　　　　　　观察时间：
工作类型：　　　　　　　　工作部分：
观察内容：
什么时候开始正式工作？　　　　　　　　。
上午工作多少小时？　　　　　　　　　　。
上午休息几次？　　　　　　　　　　　　。
第一次休息时间从　　　　到　　　　　　。
第二次休息时间从　　　　到　　　　　　。
上午完成产品多少件？　　　　　　　　　。
平均多长时间完成一件产品？　　　　　　。
与同事交谈几次？　　　　　　　　　　　。
每次交谈约多长时间？　　　　　　　　　。
室内温度　　　　　　℃。
上午抽了几支烟？　　　　　　　　　　　。

上午喝了几次水? _____。
什么时候开始午休? _____。
出了多少次品? _____。
搬了多少次原材料? _____。
工作场地噪声分贝是多少? _____。

练一练 13-5

某教育机构,准备在业主刚入住不到1年的新小区开家幼儿园,但不知有没有市场,能不能招到维持一定赢利的生源数量,计划运用观察法进行市场调查。请你依照观察调查法的步骤,写一份观察计划方案。

七、观察方法

1. 神秘购物法

神秘购物法是采用受过专门培训的购物者对企业的服务、业务操作、员工诚信度、商品推广情况以及产品质量等进行匿名评估,这些受过专门培训的购物者在体验过程中不掺杂个人主观偏好。

神秘购物法在对受测对象检测中以第三方的身份出现,可以保持检测对象的客观、公正、保密性。

美国KFC公司遍布全球60多个国家,连锁店数以万计。然而KFC公司在万里之外,怎么能相信它的下属循规蹈矩呢?一次,上海肯德基有限公司收到3份国际公司寄来的鉴定书。对他们外滩快餐厅的工作质量3次鉴定评分,分别为83分、85分、88分。公司中方经理都为之瞠目结舌,这3个分数是怎么评定的?

原来,KFC公司雇用、培训了一批人,让他们佯装顾客,秘密潜入店内进行检查评分。这些人来无影去无踪,而且没有时间规律,这就是快餐厅的经理、雇员时时感受到某种压力,丝毫不敢疏忽的原因。

2. 顾客行为观察法

顾客行为观察法是指在各种商场中秘密注意、跟踪和记录顾客的行踪和举动,以获取企业经营所需的信息。

3. 单向镜观察法

调查者通过特设的单向镜观察室对消费者行为进行观察。

例如，某饮料公司新产品开发经理为测试几款新品是否受消费者喜好及其喜好程度，运用单向镜观察法，能够注意到当消费者饮完每个新品之后的反应。委托人也能观察到当消费者喝饮料时他们所流露出的感情色彩。

4. 人种学观察法

在人种学观察法中，研究人员需要深入到研究对象所处的环境中，仔细观察、评判他们的行为，了解他们的行为和习惯。

5. 痕迹观察法

痕迹观察法是指被调查者不直接观察受访对象的行为，而是通过一定的途径来观察他们行为留下的实际痕迹，比如通过一页纸上不同指纹的数目来衡量一本杂志不同广告的读者人数。

案例 13-4

日本环球时装公司的市场调查

日本服装业之首的环球时装公司，由20世纪60年代创业时的零售企业发展成为日本有代表性的大型企业，主要是靠第一手"活情报"。他们在全国81个城市顾客集中的车站、繁华街道开设侦探性专营店，陈列公司所有产品，给顾客以综合印象，售货员的主要任务是观察顾客的采购动向；事业部每周安排一天时间全员出动，3人一组、5人一群，分散到各地调查，有的甚至到竞争对手的商店观察顾客情绪，向售货员了解情况，找店主聊天，调查结束后，当晚回到公司进行讨论，分析顾客消费动向，提出改进工作的新措施。全国经销该公司时装的专营店和兼营店均制有顾客登记卡，详细地记载着每一个顾客的年龄、性别、体重、身高、体型、肤色、发色、兴趣、嗜好、健康状况、家庭成员、家庭收入，以及使用什么化妆品，常去哪家理发店和现在家中衣柜存衣的详细情况。这些卡片通过信息网络储存在公司信息中心，根据卡片就能判断顾客眼下想买什么时装，今后有可能添置什么时装。

练一练 13-6

某广告策划公司为一品牌护肤品设计了一份不同寻常，并带有很多震撼性场景的广告，想了解消费者对这则广告的反应情况，你认为运用什么观察法比较合适，为什么？

（　　）观察法

八、运用观察调查法的注意事项

（1）为了使观察结果具有代表性，反映某类事物的一般情况，应选择具有代表性的典型对象，在最适当的时间内进行观察。

（2）在进行实际观察时，不让被调查者有所察觉，否则，就无法了解被调查者的自然反应、行为和感受。

（3）正确灵活地安排观察顺序。

（4）在实际观察时，必须实事求是、客观公正，不得带有主观偏见，更不能歪曲事实真相。

（5）调查人员的记录用纸和观察项目最好有一定的格式，便于尽可能详细地记录调查内容的有关事项。

（6）为了观察客观事物的发展变化过程，进行动态对比研究，就需要做长期反复的观察。

练一练 13-7

近日，由中国平安银行保险推出的"神秘顾客"计划，在业内引起人们的关注。据悉，将调查技术运用于银行保险销售和服务过程评估，这在国内尚属首次。"神秘顾客"与其他用户一样，到银行网点办理业务，咨询产品和服务内容，并买下一份保险单，然后，拨打售后服务电话，办理保全变更等业务……他们的言行举止表面上看，与普通顾客没什么差别，可实际上，他们是被称为 007 的神秘顾客。他们的购买行为和感受，将成为中国平安保险公司对其保险服务质量进行提升和评判的一项重要标准。

思考：

1. 你认为平安保险公司运用这种观察调查法，还需要注意哪些问题？

2. 为全面客观评判平安保险公司的保险服务质量，除了运用这种神秘顾客观察方法外，还可以采取哪些方法？

实训与练习

一、单选题

1. 以下不属于观察要素的是（　　）。
   A. 调查员　　　B. 观察对象　　　C. 观察环境　　　D. 观察手段

2. 观察调查法的隐蔽性指的是被调查者是处在（　　）下接受调查的，即当被调查者被调查时，并不感觉到自己正在被调查。
   A. 自然状态　　B. 公开环境　　　C. 封闭环境　　　D. 天然状态

3. 观察调查法主要用于（　　）的调查范围。
   A. 大面积　　　B. 普遍性　　　　C. 小面积　　　　D. 个体性

4. 根据观察的（　　），可分为自然情境观察法和实验室观察法。
   A. 参与度　　　B. 结构情况　　　C. 情景　　　　　D. 对象

5. 因为观察调查法的（　　），它可以比较客观地收集第一手资料，直接记录调查的事实和被调查者在现场的行为，调查结果更接近于实际。
   A. 直观性　　　B. 主观性　　　　C. 灵活性　　　　D. 及时性

二、简答题

1. 观察调查法有哪些特征？
2. 观察调查法的优点有哪些？
3. 哪些情况适合采用观察调查法？

三、实训题

1. 某零售业巨头为了调查某个路段适不适合开超市，委托必达公司进行调查。请完成表3-16。

表3-16　调查计划书

观察目的	
观察目标、对象	
观察方法	
观察时间、地点	
观察方法	
观察工具	
观察内容	

2. 某一家潮州菜馆，想通过观察客户的对菜式、价格、环境布局、服务等方面的需求情况，调整相应的营销策略，请拟写一份观察提纲。

3. 根据表3-17的情况，你认为采用哪种观察法比较合适。

表3-17　不同调查目的使用的观察法

调查目的	观察法
某儿童服装品牌，想增开女童饰品生产线，但对于饰品款式、花色、价格等不是很有把握，想通过观察法进行调查	

续表

调查目的	观 察 法
某电视台想了解该台某综艺节目的受欢迎情况	
国际知名连锁美容院，近半年来某区一连锁店，客户流失严重，想调查原因	
某超市想了解客户选择洗发水在品牌、价格、功能等方面的偏好	
银行想了解其属下一分行的服务质量	

综合实训

随着大学生消费观念的转变，他们对手机、计算机等电子产品的更新需求变得强烈，很多品牌商家也瞄准了这一市场，将实体店开到了校园。作为特殊的群体，大学生的消费能力如何？在产品的选择上有什么样的偏好？他们更关注产品的哪些功能？他们的购买习惯与动机又是什么？为在开店之前摸清这一系列问题，需在校园实施观察调查。

设计要求：

1. 过程要求　根据观察调查的相关要求，拟定观察计划与实施步骤，选用合适的观察方法，按计划实施观察调查。

2. 成果要求　最好有辅助性资料说明，如观察照片、录像等，提交观察调查报告，并阐述工作过程。

3. 其他要求　顺利进行团队合作，做好分工，准备好相应的观察工具等。

拓展阅读（具体内容请扫描右侧二维码）

任务14　实验调查法

技 能 目 标	知 识 目 标	素 质 目 标	建 议 课 时
能依据不同的调查课题，选用有效的实验方法进行调查 能依据相关要求进行合理的实验设计	掌握实验调查法的概念、特点、分类 了解实验调查法的目标及其要素	培养学生组织分工与团队合作的能力，提升学生的数据统计与分析能力	4

任务情境

说到实验，人们就会想到化学家、科学家。近段时间，必达公司的广峰接收了一个"高大上"的任务，受大大乳品公司委托，对该公司酸奶新包装的市场效果进行实验评估。

项目组要求在调查前，需要了解及思考以下几个问题：

1. 本次实验调查法的目标是什么？

2. 列出本次实验调查的自变量、因变量、前检测、后检测、实验组、对照组。

3．选择什么类型的实验调查法？
4．写出本次实验调查的操作步骤。
5．如何设计该项目的实验调查？

本次实验调查要排除的干扰因素。

这一系列的问题需要严谨缜密的思考与设计，才能精确地测试出真正的市场效果。广峰喘口气又投入了新一轮的工作中。

一、实验调查法的含义与特征

实验调查法是指市场实验者有目的、有意识地通过改变或控制一个或几个市场影响因素的实践活动，来观察市场现象在这些因素影响下的变动情况，认识市场现象的本质和发展变化规律。

实验调查法具有以下几点特征：
（1）调查活动的实践性。
（2）调查对象的动态性。
（3）调查目的的因果性。
（4）调查方法的综合性。
（5）调查过程的可重复性。

二、实验调查法的目标与要素

实验调查法的目标是研究两个变量之间是否具有因果关系。

市场实验调查的基本要素有：
（1）实验者，即市场实验调查有目的、有意识的活动主体。
（2）实验对象，即通过实验调查所要了解认识的市场现象。
（3）实验环境，即实验对象所处的市场环境。
（4）实验活动，即改变市场现象所处市场环境的实践活动。
（5）实验检测，即在实验过程中对实验对象所做的检验和测定。

实验调查法要重视的三对比较数据，如图3-9所示。

- 自变量
- 因变量

- 前检测
- 后检测

- 实验组
- 对照组

图3-9　实验调查法中的三对比较数据

其中有两个需要解释的概念：自变量与因变量

自变量是由实验者操纵、掌握的变量；因变量是由操纵自变量而引起的被试者的某种特定反应。

练一练 14-1

某大型商场，销售额一直徘徊不前，计划以三八妇女节为实验，在商场中庭举办女性健康及护肤讲座，并现场提供免费体检，测试此项活动能否带动商品的销售。

请写出该实验调查中的自变量与因变量,你认为影响该商场的商品销售除了自变量外,还可能有哪些影响因素,请一一列出。

自变量_____

因变量_____

其他因素_____

三、实验调查法的优点与局限性

实验调查法的优点如表 3-18 所示。

表 3-18 实验调查法的优点

能探索一定的因果关系	针对不同的调查项目进行合理的实验设计,可以有控制地分析、观察某些市场现象之间是否存在着因果关系,以及相互影响程度
可控性与主动性	在实验中,可以对各种变量进行严格的控制与激发,其内部有效性比较高
客观性与实用性	在经过严格的设计,尽量减少干扰变量前提下进行的实验调查,可以帮助调查人员获得相对客观的信息资料
重复实验提高精准度	实验调查法可以根据需要,反复实验,以提高其精准度

实验调查法的局限性如表 3-19 所示。

表 3-19 实验调查法的局限性

难以保证代表性	实验对象和实验环境的选择,难以具有充分的代表性。实验调查的结论总带有一定的特殊性,其适用范围很有限
结果容易受实验人员的影响(期待效应)	实验调查前,调查员都有期待,而这种期待容易影响到他对客观结果的判断
费用较高,时间较长	因为实验中要实际销售,使用商品,因而费用也较高
时间上的局限性	只适用于对当前市场现象的影响分析,对历史情况和未来变化则影响较小

案例 14-1

实验法案例及误差分析

某企业为了了解"托儿"对商品销售的作用,决定采用两组实验设计来确定"托儿"的实际效果。其所选择的三个摊位基本效益差不多,实验结果如表 3-20 所示。

表 3-20 商品销售额变动结果

	事前测量	是否引入"托儿"	事后测量
实验组	100	有	150
控制组 1	102	无	110
控制组 2	无	有	125

分析：

该公司采用前后对照组的实验方法，选择了摊位基本效益差不多的三个小组（实验组/控制组 1/控制组 2），以实现实验前三个小组的相似性，在该实验中：

因变量——商品销售额

自变量——引入托儿

抽样误差：案例中三个小组除基本效益相似外还存在例如位置、摊位摆设等其他外生变量，因此在实施中会产生随机误差。

非抽样误差：在进行实验法中产生数据收集、处理等不可避免的系统误差。

商品销售额变动结果分析：

根据以上数据，计算结果如下。

（1）实验组本身总效应=150-100=50

即从实验组来看，引入"托儿"后销售额增加了 50，但不能说明销售额的增加仅仅是由"托儿"引起的，也可能是由于其他外生变量引起的。

（2）前后测量本身可能导致的销售额的差异，也即控制组 1 所导致的结果差异为：

控制组 1 导致的结果差异=110-102=8

因为控制组 1 没有引入"托儿"，即自变量没有发生变化，所有该销售额的变动只能解释为由其他外生变量引起。

（3）无事前测量所导致的差异（控制组 2）=125-（100+102）/2=24

（4）所以控制组的总效应=8+24=32

（5）引入"托儿"及前测的交互效应（实验效果）=50-32=18

在排除外生变量的影响后，可以认为引入"托儿"使销售额增加了 18。

评价：该实验法的类型是现场实验即在自然环境的环境中操纵自变量，提高了该研究结果在现实生活中推广的可能性即外部效度较高。从所得数据可看出，误差控制得较好。

练一练 14-2

食品厂的调查工作

某食品厂为了解面包的配方改变后消费者有什么反应，选择了 A、B、C 三个商店为实验组，又选择了与之条件相似的 D、E、F 三个商店为对照组进行观察。观察一周后，发现两组销售量相同，都是 2000 袋。第二周将新配方用于实验组，将两组观察一周后检查其结果，发现 A、B、C 三个商店即实验组的销量是 3000 袋，而 D、E、F 三个商店即对照组销量为 2400 袋。两周内原配方面包销售量共增加了 400 袋，新配方面包销售量共增加了 1000 袋，这说明配方改变后增加了 600 袋销售量，对企业很有利。

如何评价此次实验调查的效果？

四、实验调查法的适用范围

实验调查法应用范围较广，一般来讲，改变商品品质、变换商品包装、调整商品价格、推出新产品、广告形式内容变动、商品陈列变动等，都可以采用实验法调查测试其效果，如图 3-10 所示。

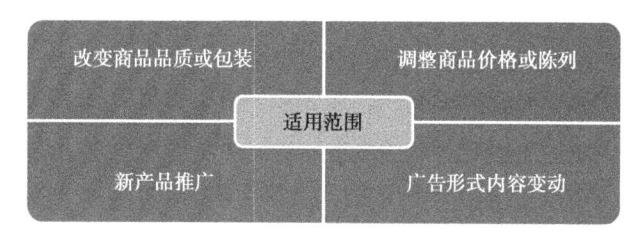

图 3-10　实验调查法的适用范围

练一练 14-3

某一家电连锁企业，想调查在节假日与非节假日家电产品销量的变化，你认为适合运用实验调查法吗？为什么？

适合（　　　　）　　不适合（　　　　　）

五、实验调查法的分类

实验调查法的分类如表 3-21 所示。

表 3-21　实验调查法分类

分类标准	类　型	特　征
实验环境	实验室实验	在人工设置的环境中进行，调查员对实验环境能实行完全有效的控制
	现场实验	在自然、现实条件下控制某些因素进行，调查员只能部分地控制实验环境的变化
实验要素或程序	标准实验	实验要素齐全，实验程序完整
	非标准实验	实验要素基本具备但不够齐全、实验程序基本符合但不够完整
实验对象与实验者对于实验刺激是否知情	单盲实验	不让实验对象知道自己正在接受实验，而由调查员实施实验刺激和实验检测
	双盲实验	就是不让实验对象和调查员知道正在进行的实验，而由第三方实施实验刺激和试验检测

单盲实验的典型案例是 Pepsi Challenge：一个调查员拿着若干杯饮料，每个杯子都贴着 A 或者 B。若干杯中有一些是可口可乐，另一些是百事可乐，调查员知道哪些杯子里是

可口可乐，哪些是百事可乐，但是不透露给参与者。参与者被要求品尝两杯饮料然后选择出他们更喜爱的那种。

练一练 14-4

某品牌服饰公司想调查其属下门店销售员的容貌、身材、气质等形象是否对其销售业绩有影响，请问该项调查适合采取哪种类型的实验调查法？为什么？

六、实验调查法的步骤

（1）以实验假设为起点设计实验方案。
（2）选择实验对象和实验环境，并对实验对象进行前检测。
（3）通过实验激发改变实验对象所处的社会环境。
（4）对实验对象后检测。
（5）通过对前检测和后检测的对比对实验效果做出评价。

案例 14-2

美国一家咖啡店准备改进咖啡杯的设计，为此进行了市场实验。首先，他们进行咖啡杯选型调查，他们设计了多种咖啡杯子，让500个家庭主妇进行观摩评选，研究主妇们用干手拿杯子时，哪种形状好；用湿手拿杯子时，哪一种不易滑落。调查研究结果，选用四方长腰果型杯子。然后对产品名称、图案等，也同样进行造型调查。接着他们利用各种颜色会使人产生不同感觉的特点，通过调查实验，选择了颜色最合适的咖啡杯子。他们的方法是，首先请了30多人，让他们每人各喝4杯相同浓度的咖啡，但是咖啡杯的颜色，则分别为咖啡色、青色、黄色和红色4种。试饮的结果，使用咖啡色杯子的人都认为"太浓了"的占2/3，使用青色杯子的人都异口同声地说"太淡了"，使用黄色杯子的人都说"不浓，正好。"而使用红色杯子的10人中，竟有9个说"太浓了"。根据这一调查，公司咖啡店里的杯子以后一律改用红色杯子。该店借助于颜色，既可以节约咖啡原料，又能使绝大多数顾客感到满意。结果这种咖啡杯投入市场后，与市场上的其他公司的产品开展激烈竞争，以销售量比对方多两倍的优势取得了胜利。

七、实验调查设计方法

根据实验的组织方式，即是否有对照组和实验组、对照组的多少，可设计出多种多样的实验调查方案。

1. 单一实验组设计

单一实验组设计，也叫连续实验，是对单一实验对象在不同的时间里进行前测与后测，比较其结果以检验假设的一种实验方法。在这种实验中，不存在与实验组平行的对照组（控制组）。同一组在引入自变量之前相当于实验中的对照组，在引入自变量之后则是实验中的实验组。检验假设所依据的不是平行的控制组与实验组的两种测量结果，而是同一个实验对象在自变量作用前和作用后的两种测量结果。在市场调查中，经常采用这种简便易行的实验调查方法。

应用这种单一实验组前后对比的实验方法，虽然比较简单易行，但在实践中往往显得不够完美。因为市场现象作为实验对象，可能会受到诸多因素的影响，而并不会仅受实验自变量一个因素的影响。

练一练 14-5

甜甜软饮料公司为了提高饮料的市场销售量，认为应改变原有的陈旧包装，并为此设计了新包装图案和款式。为了检测新包装的效果，该公司选取 A、B、C、D 四种饮料作为实验对象，以决定是否在未来推广这种新款包装。这四种饮料在改变包装款式和图案的前一个月和后一个月的销售量统计资料如表 3-22 所示。

表 3-22　四种饮料改变包装前后销售差异

饮料品种	改变包装前销量	改变包装后销量	实验差异
A	220	260	40
B	280	310	30
C	300	330	30
D	320	370	50
合计	1120	1270	150

依据此表，请写一段 100 字左右的结论。

2. 实验组对照组设计

实验组对照组设计就是选择一批实验对象为实验组，同时选择一批与实验对象相同或相似的对象作为对照组，并且努力使两者同时处于相类似的实验环境之中；然后只对实验组给予实验刺激，而对对照组不给予实验刺激；最后对实验组和对照组前后检测的变化进行对比研究，再得出实验结论。

实验组与对照组对比实验，是在实验组与对照组具有可比性（即两组及所处环境相似）的条件下进行的，因此实验效果的检测具有较高的准确性。但它对实验组和对照组都采取实验后检测，所以这种检测实际上仍无法反映实验前后非实验变量对实验对象的影响。为了弥补这一点，可将上述两种实验设计综合考虑。

案例 14-3

某食品公司为了解其生产的八宝粥配方改变后对消费者的反应，选择了 A、B、C 三个商店为实验组，再选择与之条件相似的 a、b、c 三个商店为对照组进行观察。一周后，再将两组对调继续观察一周，其观察结果如表 3-23 所示。

表 3-23　八宝粥配方改变前后的对比

		原配方销售量		新配方销售量	
	商店名称	第一周	第二周	第一周	第二周
实验组	A		74	96	
	B		88	102	
	C		98	112	
对照组	a	70			82
	b	80			94
	c	90			104
合计		240	260	310	280

从该表中可知，两周内原配方八宝粥共销售了 500 听，新配方八宝粥共销售了 590 听，改变配方后增加了 90 听的销售量，对企业是有利的。

练一练 14-6

是不是所有的实验调查法都需要对照组，你能举出不一需要对照组的实例吗？

3. 多实验组设计

选择若干个实验组，在各自的实验环境下，通过检测实验刺激前后实验对象的变化，作出各组的实验结论，然后再对各组实验结论进行对比研究，作出总的实验结论。实验组与对照组前后对比实验，是指对照组实验前后与实验组实验前后之间进行对比的方法。它既不同于单一实验组前后对比实验，仅就实验组进行对比；也不同于实验组与对照组对比实验，仅就实验后检测进行对比。而是对实验组和对照组都进行实验前后对比，再将实验组与对照组进行对比。这实际上是一种双重对比的实验法，它吸收了前两种方法的优点，也弥补了前两种方法的不足。

这几种方法都具有其自己的特点，但有时也存在不足之处。单一实验组前后对比实验，方法简单易行；但其使用必须有前提，即能够排除非实验变量的影响，或非实验变量的影响很小可忽略不计，实验者要根据市场实际情况适当选择设计。

案例 14-4

美国爱可公司为了检验店内广播广告在诱导顾客非计划的 POP 购买（即在购买现场作出决定的购买）方面的作用，进行了一项实验。按照商店的规模、地理位置和交通流量等几个指标，选择了 20 个可比的（相似一致的）商店。随机地选择一半的商店作为试验组，另一半为控制组。

在试验商店中播放广播广告，而在控制商店中则不播放。在实验进行前，收集了有关销售量的单位数和金额数方面的 7 天的数据。实验进行了四周，在实验结束之后收集了播放广告期间任意 7 天的销售量数据。实验的商品种类、价格等项目各不相同。结果表明，在实验商店中做了店内广播广告的商品其销售量至少是成倍增长的。根据这一结果，爱可公司认为店内广播广告在诱导 POP 购买时是十分有效的，并决定继续采用这种广告形式。

练一练 14-7

某食品公司欲测定改进巧克力包装的市场效果。选定 A、B、C 三家超市作为实验组，D、E、F 三家超市为控制组。在 A、B、C 以新包装销售，在 D、E、F 以旧包装销售，实验期为两个月。检测结果：实验组前后对比增加了 600 盒，控制组前后对比增加了 200 盒。

请问这是什么实验调查方法，并请计算实验效果。

八、实验调查实施的注意事项

（1）要有实验活动的主体，即实验者，实验者需掌握一定的实验调查研究相关知识与能力。

（2）要有实验调查所要了解的对象，自变量（实验刺激）必须是可以被改变的，同时也要容易被操作。

（3）要营造出实验对象所处的市场环境；实验调查法通过实验活动提供市场发展变化的资料，不是等待某种市场现象发生了再去调查，而是积极主动地改变某种条件，来揭示或确立市场现象之间的相关关系。

（4）要有改变市场环境的实践活动，建立变量之间因果关系的假设，通过改变环境，对实验前后结果进行检测。

（5）要在实验过程中对实验对象进行检验和测定，必须具有高度的控制条件和能力，实验中要正确控制无关因素的影响，减少干扰，使实验接近真实状态。否则，将失去结果的可信度。

实训与练习

一、单选题

1. 实验调查法的本质特点是（　　）。
   A．实践性　　　B．动态性　　　C．综合性　　　D．直接性
2. （　　）是一种更先进的实验调查方法。
   A．单一实验组设计　　　　　　B．实验组对照组设计
   C．多实验组设计　　　　　　　D．前后对比组设计
3. 在实验调查法中，为确保实验的有效性与客观性，（　　）必须是可控的。
   A．自变量　　　B．因变量　　　C．前检测　　　D．后检测
4. 不让实验对象和调查员知道正在进行的实验，而由第三方实施实验刺激和实验检测，这种调查类型是（　　）。
   A．标准实验　　B．非标准实验　C．双盲实验　　D．单盲实验
5. 在实验室实验中，可以对各种变量进行严格的控制与激发，其内部有效性比较高。这体现了实验调查法（　　）优点。
   A．客观性　　　B．可控性　　　C．多样性　　　D．时间性

二、简答题

1. 试述市场实验调查法的优缺点。
2. 简述市场实验调查法的应用步骤。
3. 实验调查有哪三种设计方法？

三、实训题

1. 依据实验资料中给出的数据完成表3-24。

表3-24　根据实验资料确定实验方法

实 验 资 料	实验方法	实验结果	是否有效
某副食品厂选其中两家分店进行促销效果实验，控制组不进行促销活动，照价销售，实验组进行促销活动。实验对比期为一个月，实验前后的销量为：实验组销量为300，实验后销售400；控制组实验前销售290，实验后销量为360			
某公司欲扩大其产品的销路，认为产品旧包装设计不理想，于是决定改用新的包装设计。设改用新包装前的月平均销售量为100%，改变包装后，经过两个月试验，该产品的月销售量上升了20%			
某企业有A、B、C三种产品，企业打算提高A产品价格，希望不会影响市场销售额，在某特定市场实验两周。实验前、后均有商品销售额的统计，公司选择实验商店作为实验对象，将其分为实验组和对照组，新包装只在实验商店中推出，在对照组商店中仍然采用旧包装。实验两个月后，采用新包装的实验组商店平均月销售量上升了20%，采用旧包装的对照组的平均月销售量上升了10%			

2. 著名的百货业巨子约翰·沃纳马克（John Wanamaker）曾说过一句名言，他知道他的广告支出有一半是浪费的，只是他不知道是哪一半。每一个营销人员都希望了解自己的营销努力或方案当中哪一个是有效的。一位在外资奶粉公司里工作的员工抱怨说，营销人员每月总是要想出各种点子来刺激销售以完成任务，但是在完成任务之后连自己也不能确定究竟是哪一种促销支出在起作用。某种商品畅销，可能是价格原因，也可能是包装改变或是促销手段的改变，究竟哪种因素的影响最大？可以用实验法来判断。那么怎么设计实验才能尽快找到这个因变量呢？请按下列步骤完成实验的整体设计规划：

（1）提出实验假设_____
（2）制定实验设计计划_____

_____

（3）采用的实验方法_____
（4）选择实验对象_____
（5）控制实验环境，前检测_____

_____

（6）激发实验环境，后检测_____

_____

（7）结果比较_____

3. 某热水器厂生产了一种新型低水压燃气热水器，计划采用广告促销。广告公司为该厂设计了两种不同风格的广告文稿征求厂家的意见，为了选择较为理想的广告，厂家在小范围内做市场实验。厂家选择人口和购买力及其他经济环境较为相似的甲、乙、丙三地，分别在乙、丙两地的报刊上刊登不同广告文稿，甲为控制组，不登广告，定某天为实验日。实验结果如表3-25所示。

表3-25 热水器广告效果销量实验

组　别	地　区	热水器销量
控制组	甲	140
实验组一	乙	200
实验组二	丙	280

请计算实验效果，并分析广告效果

综合实训

某知名连锁中餐厅，近一两年来，销售量不温不火，商场如战场，逆水行舟，不进则退。管理层策划了很多方法，希望迅速提升销售，其中有定期推出新菜式，不定期地进行优惠促销等，但到底哪种方法更有效呢？该公司计划进行一次市场实验调查。结合案例内容，请为该公司设计一份实验调查方案。

设计要求：

1. 过程要求　依据实验调查的实施步骤，结合案例情景，选择合适的实验方法，设计实验调查方案。

2. 成果要求　为方便理解，最好能借助图表，并阐述工作过程。

3. 其他要求　组员之间能顺利进行团队合作，在交谈讨论时能围绕主题清晰表达自己的观点，会倾听他人，能熟练使用计算机办公软件，面对困难能找出合理的解决方法。

拓展阅读（具体内容请扫描右侧二维码）

任务15　网络调查法

技能目标	知识目标	素质目标	建议课时
能够结合实际运用网络市场调查的相关知识进行简单的网络市场调查分析 能够结合实际进行网络市场调查问卷的设计与调查报告的撰写	掌握网络市场调查的特征、基本内容 熟悉网络市场调查的基本方法 理解网络市场调查问卷的设计和调查报告的撰写	培养学生组织分工与团队合作的能力、计算机软件应用能力、熟悉网络应用技术	4

任务情境

六一儿童节即将到来，受节日经济效应的推动，各大商家都在摩拳擦掌，备战六一。必达公司的广峰在节前也是忙得不亦乐乎，因为公司一个月前就接到了一项调查任务。某知名电子公司生产了一款新型的便捷式儿童学习机，想借六一机会，通过网络调查进行市场试水，顺路也趁势推广。对于此次调查，广峰列出以下几个任务清单：

1. 科学合理地设计网络调查问卷
2. 选取合适有效的网络调查方法
3. 清楚要调查的内容
4. 寻找最优的问卷投放网络平台
5. 配合调查，策划有力度的推广活动

一、网络调查法的含义与特征

网络调查是指以网络技术为基础，针对特定营销环境而言，有系统、有计划、有组织地收集、整理、分析有关产品与服务等市场数据信息，客观地测定、评价及发现各种事实，获得市场经营资料。它的目的是摸清企业目标市场和营销环境，为经营者细分市场、识别消费者需求和确定营销目标提供相对准确的决策依据，提高企业网络营销的效用和效率。

网络市场调研可以充分利用互联网的开放性、自由性、平等性、广泛性、直接性及无时间和地域限制等特点，展开调查工作。其工作流程如图3-11所示。

用户浏览 → 在线网络调查 → 用户反馈信息 → 信息分析处理 → 营销决策

图 3-11 网络调查法工作流程

总体来讲，网络调查法具有以下几点特征。

（1）时效性。网络上的信息传输速度非常快，一份调查问卷通过互联网可以立即传送到世界各地，在短时间之内就可获得大量的反馈信息，并且能马上通过统计分析产生结果，这就保证了调查机构调查信息的时效性，这是传统调查方式所不能比拟的。

（2）可靠性。与传统调查方式相比，一方面，网站受访者一般都对网络调查有一定兴趣，对调查内容作了认真思考之后进行回复，他们无须面对调查员，可在一种轻松而从容的气氛中回答问题，不受调查员或其他外在因素的干预或误导，这在很大程度上保证了网络调查结果的客观性和真实性。另一方面，网络调查省去了传统调查的数据录入环节，从而减少了数据录入过程中易产生遗漏、编误等问题。在自动统计软件配合完善的情况下，可以在短时间内完成标准化的统计分析工作，保证了网络调查结果的可靠性。

（3）低成本性。在网上进行调查，无论是调查员还是被调查者，只需拥有一台计算机、一个调制解调器、一部电话就可以进行网络沟通交流。调查员在网站上发出电子调查问卷，提供相关信息，然后利用计算机对受访者反馈回来的信息迅速整理和分析，十分便捷。

（4）广泛性。网络调查借助网络优势，广泛联系各网站联合进行调查，调查问卷填答可以在任何有计算机连接网络的场所填答问卷，不仅增加资讯传播的效率,也提高了调查问卷的效率。

（5）即时管理性。调查问卷一旦完成，调查员将问卷输入网络问卷的网络管理即时开始，调查员可以随时了解网络数据收集、处理和分析情况，发现问题，随时修改问卷。

（6）相对保密性。网络调查中，受访者是在独立条件下通过网络进行回答问题，不仅不用面对调查员，而且可以不提供本人资料，这提高了对受访者资料的保密性，从而更容易获得某些敏感的信息。

（7）趣味性。在设计网络调查问卷上可附加多种形式的多媒体背景资料，图文音像并茂，趣味效果倍增。这是网络调查独一无二的优点，是传统调查方式所无法比拟的。

练一练 15-1

"一触即发，释放真酷"调查

由雅虎（中国）和荷氏联手开展的"酷"调研从 9 月 15 日开始，在雅虎中国的专题网页和全国 29 所高校同时举行一个月，于 10 月 15 日截止，共收到有效答卷 3396 份，取得圆满结束。

本次调研的目的是打开品牌知名度，并发送 30 万新产品试用装。在调研中，利用雅虎在青年中的品牌优势和吸引力，通过雅虎"酷"调研，将线上和线下资源有机结合，形成立体宣传攻势，网上订做雅虎/荷氏"一触即发，释放真酷"调研专门网站，面向全国的青少年消费者征集对"酷"的看法，问题涉及青少年生活的方方面面。并将荷氏的产品自然地加入到整个过程。

在线下组织大学校园里"酷"的路演，派发产品小包装，成功收集了来自全国各地的有效调研问卷 4000 多份，调研结果被多家媒体竞相转载。在 4 个城市 29 所大学成功派发 300 000 试吃小包装。

试分析"酷"调研的成功之处及可借鉴的地方。

二、网络调查法的优点与局限性

1. 网络调查法的优点

（1）及时性和共享性。
（2）便捷性和节俭性。
（3）交互性和充分性。
（4）可靠性和客观性。
（5）可检验性和可控制性。
（6）无时空、地域限制。

如大型网上超市想调查农村消费者在该网上超市对日化用品的购买动机、习惯、价格承受能力及品牌偏好等，此处采用的便是网络调查法。网络市场调查与传统市场调查的区别如表 3-26 所示。

表 3-26 网络市场调查与传统市场调查的区别

比 较 项 目	网络市场调查	传统市场调查
调查费用	费用低廉，主要支出为设计费和数据处理费	费用昂贵，支出包括问卷设计、印刷、发放、回收、聘请和培训调查员、录入调查结果、由专业公司对问卷进行统计分析等多方面的费用
调查范围	调查分布广泛，样本数量庞大	受成本费用限制，调查地区和样本的数量有限
运作速度	速度快，只需搭建网络平台，数据库可自动生成，几天就能得出结论	速度慢。一般需要 2~6 个月才能得出结论
调查的时效性	调查可以 24 小时不间断进行	不同的被调查者接受调查的时间不同
被访问者的便利性	非常便利，受调查者不受时间、地点限制	不太方便，一般要跨越一定的空间障碍，到达访问地点
调查结果的可信性	相对真实可信	一般要对问卷进行审核，可信性较高
适用性	适合长期的大样本调查与结论得出比较迅速的情况	适合面对面的深度访谈

2. 网络调查的局限性

（1）对象的不确定性。由于网络的匿名性特点，对被调查者的身份和特征很难确定。
（2）部分细分群体难以涵盖，如不常上网的老年群体。
（3）因网络调查的非双向交流性，只适合进行简单定量调查，无法进行深入的定性调查。
（4）真实性受质疑，调查结果的可靠性受受访者影响大，不合作的态度会降低研究效率。
（5）对调查者填答问卷的质量难以控制，由于现场调查可以及时发现调查填答问卷的质量问题，而网络调查问卷则做不到这一点，一些较长的问卷可能会出现填答问卷的质量问题。

案例 15-1

3Com 的民意调查——"星球项目"

11月15—18日，在热闹的街头，或在偏远的乡村，一群人背着台式计算机、便携式计算机、PDA、无线调制解调器、蜂窝甚至卫星电话等，在人群中采访，受访者可以即时上网与世界各地的人交换不同的观点和看法，Planet Project（星球项目）的大型网络民意调查有包括中文、英文等在内的8种语言供人们选择。3Com公司还召集2500多名民意调查员，用最先进的网络设备向全球90多个国家数以百万计的能连接上网和未能连接上网的居民进行调查活动所得的一切数据资料，都即时传送到3Com美国总部的指挥中心和数据中心，53部服务器将24小时运作处理民意调查的结果从新加坡到慕尼黑，从柏林到圣保罗，从亚马逊热带雨林到喜马拉雅山脉……不同肤色的人都可以在网上分享彼此的见解和信念，Planet Project 将为华东这个人口最多、经济最发达的地区提供一个让世界更多人了解它的窗口。

3Com中国公司推出"心连心"中国东西部中学生网上交流活动，上海、北京、广州、乌鲁木齐、兰州、银川等城市的近千名学生通过互联网进行互动式交流，增进彼此的了解，缩小彼此的差距。作为第一家进入中国市场的网络系统供应商，3Com 一直致力于为中国政府、教育机构和用户提供简单易用的联网方案和网络设备产品，从而帮助不同的地区缩小发展差异，弥合数字鸿沟。主办公司3Com通过此次活动，实现了全球对话的初衷。该项目"即时比较"的功能尤其引起了人们极其浓厚的兴趣：参加者可以就其中一个模块中的任何问题，依据地理、性别和年龄等标准，将自己的答案与相隔万里、具有截然不同的文化和社会背景的人们的答案进行即时比较调查。结果揭示出了一些有趣的文化差异，如中国人对"以眼还眼、以牙还牙"的惩戒制度的认可度高居世界榜首，中国人对于外在形象的关注程度远远低于美国人，可能意味着中国人更加注意内在涵养。

练一练 15-2

访谈调查可以向受访者赠送一些小礼品进行激励，争取他们的配合与支持，另外还可以现场观察或适度控制调查质量。请问有哪些方法可提高参与网络调查调查者的积极性？

三、网络调查的内容

网络调查的内容分为四大块，如图3-12所示。

市场需求量、销量的调查与预测	消费者购买行为（习惯、频率、能力等）研究
竞争对手调查	4P因素研究

图3-12 网络调查内容

四、网络调查的适用范围

网络调查的适用范围如图 3-13 所示。

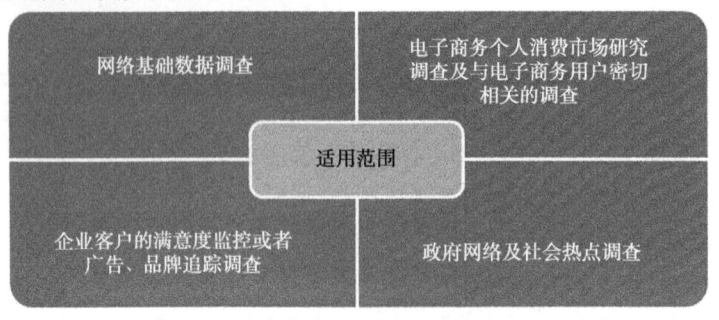

```
┌─────────────────────┬─────────────────────┐
│                     │ 电子商务个人消费市场研究 │
│   网络基础数据调查    │ 调查及与电子商务用户密切 │
│                     │     相关的调查        │
├─────────────┬───────┴─────────────────────┤
│             │  适用范围  │                │
├─────────────┴───────┬─────────────────────┤
│ 企业客户的满意度监控或者│                     │
│   广告、品牌追踪调查  │  政府网络及社会热点调查 │
└─────────────────────┴─────────────────────┘
```

图 3-13　网络调查适用范围

中国互联网络信息中心（CNNIC）已举行过 16 次有关网络基础数据的调查，对于动态地掌握互联网在我国的发展情况、提供有关决策依据有着十分重要的意义。同时也为其他类型调查在网络上的开展提供了基础性统计数据。

练一练 15-3

国内一家老品牌食品公司，计划推出几种新配方、新口味的饼干，想通过调查了解是否受消费者喜欢或者哪几种最受消费者喜欢。你认为此次调查适合运用网络调查法吗？为什么？

适合（　　） 不适合（　　）

因为

五、网络调查方法

1. 网络直接市场调查

网络直接市场调查是指企业利用互联网以问卷调查等方式直接收集一手资料。

根据调查的方法进行分类：

（1）网络问卷调查法。

（2）网络观察法。

（3）专题讨论法。

根据网络调查所采用的技术标准进行分类：

（1）随机 IP 法。

（2）站点法。

（3）视讯会议法。

（4）电子邮件法。

案例 15-2

澳大利亚某出版公司计划向亚洲推出一本畅销书,但是不能确定用哪一种语言、在哪一个国家推出。后来决定在一家著名的网站做一下市场调查。方法是请人将这本书的精彩章节和片断翻译成多种亚洲语言,然后刊载在网上,看一看究竟用哪一种语言翻译的摘要内容最受欢迎。过了一段时间,他们发现,网络用户访问最多的网页是用中文的简化汉字和朝鲜文字翻译的摘要内容。于是他们跟踪一些留有电子邮件地址的网络读者,请他们谈谈对这部书的摘要的反馈意见,结果大受称赞。于是该出版公司决定在中国和韩国推出这本书。书出版后,受到了读者普遍欢迎,获得了可观的经济效益。

思考:这个案例采用了什么调查方法?

2. 网络间接市场调查

网络间接市场调查的方法:
(1)利用搜索引擎收集资料。
(2)利用公告栏收集资料。
(3)利用新闻组收集资料。
(4)利用电子邮件收集资料。

网络间接市场调查的信息来源:
(1)本国政府机构网站。
(2)外国政府网站。
(3)图书馆。
(4)国际组织。

案例 15-3(请扫描二维码阅读"思科"案例)

练一练 15-4

Double Click 的网络跟踪器

无论用户浏览了哪些网页,他们都会留下自己的许多相关信息,我们称为电子指纹,这样在网络上营销人员可以比较简单地就收集到关于用户行为习惯的信息,还有一些比较成熟的跟踪软件也可以给在线营销人员提供大量的数据。当用户访问某个网站的时候,是很容易检测出其所使用的操作系统以及浏览器类型、浏览过的页面或者从哪个页面离开本网站的(据此很容易了解他是不是去了竞争者的网站),等等。

一些在线广告网络(例如 DoubleClick、Flycast 和 ValueClick)会在网络上跟踪用户,了解他们浏览网页的习惯和爱好。

DoubleClick 是最大的在线广告网络,拥有将近 11 500 个网站。当用户访问其中任何一个网站时,DoubleClick 会在用户的计算机上放置一个 Cookie 文件(一种文本小文件,存储类似用户的 ID 号等信息)。Cookie 文件可以存储关于用户爱好、购买记录、浏览过的网站、浏览过的网页、经常浏览的网页和曾经点击过的旗帜广告等信息。

DoubleClick 宣布将在跟踪用户信息的基础上进一步将跟踪用户的在线数据与用户的个人信息联系起来，如地址、年龄、性别、收入、信用卡和购买信息。

此举引起了轩然大波，因为一旦将这两种信息联系起来的话，也就说明 DoubleClick 不仅知道了用户的爱好和购物习惯，而且很清楚地知道这样的用户是谁，网络上的匿名性已经彻底消失。

你认为 Double Click 的网络跟踪器属于哪种网络调查方法，面对众多网民对网络跟踪器的质疑，你是怎么看的？

六、网络调查的实施步骤

网络调查的实施步骤如图 3-14 所示。

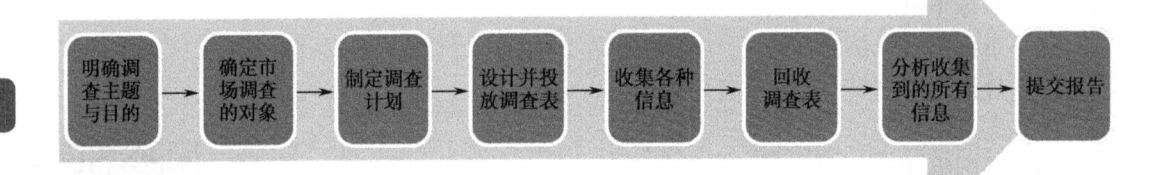

明确调查主题与目的 → 确定市场调查的对象 → 制定调查计划 → 设计并投放调查表 → 收集各种信息 → 回收调查表 → 分析收集到的所有信息 → 提交报告

图 3-14 网络调查的实施步骤

七、网络调查的设计及其注意的问题

1．网络市场调查问卷的设计原则

（1）目的性原则。
（2）可接受性原则。
（3）简明性原则。
（4）匹配性原则。
（5）问题数量的合理性原则。
（6）逻辑性、规范性原则。

2．网络市场调查问卷的设计步骤

（1）明确问卷设计的主题。
（2）设计问卷初稿。
（3）小样本试调查。

（4）设计正式问卷。

（5）对正式问卷再次核实。

3．网络市场调查问卷设计应注意的问题

（1）不要占用被调查者太长时间。由于在线调查占用受访者的上网时间，因此在设计上应该简洁明了，尽可能少地占用填写表单的时间和上网费用（如果一份问卷需要 10 分钟以上的时间，相信多数人没有这种耐心），避免受访者产生抵触情绪而拒绝填写或者敷衍了事。

（2）问题应当以选择型为主，尽可能地简练，表达明确清晰；题目数不宜过多，控制页面在 1～2 页。

（3）要有一定数量的样本。如果没有足够数量的样本数量，调查结果就不能反映总体的实际状况，也就没有实际价值，足够的访问量是一个网站进行在线调查的必要条件之一。

（4）选取的样本要有广泛性及代表性。由于网上调查的对象仅限于上网的用户，从中随机抽样取得的调查结果可能与消费者总体之间有误差。另外，用户地理分布的差别和不同网站拥有特定的用户群体也是影响调查结果因素之一。

（5）要有个人信息保护的声明或不涉及个人隐私：为了尽量在人们不反感的情况下获取足够的信息，在线调查应尽可能避免调查最敏感的资料，如家庭住址、电话、身份证号码等。

（6）避免问题有诱导性。

（7）尽量减少无效问卷。在线调查都利用 Javascript 等计算机程序在问卷提交时给予检查，并提醒受访者对遗漏的项目或者明显超出正常范围的内容进行完善。

（8）投放的调查平台是目标受访者经常访问的平台，要做到有的放矢。

练一练 15-5

1．下面是某超市在问卷星在线调查平台上投放的客户满意度调查部分选择题，你发现有什么不妥的地方了吗？应该如何修改？

2. 联想集团于2001年6月月初在163电子邮局登录之后，有一个关于计算机液晶显示屏的有奖在线调查弹出窗口，要求受访者填写姓名、身份证号、E-mail地址、电话、邮政地址等资料，联想在线调查中并没有公布有关保护个人信息的声明，但联想给予的奖品比较丰厚。这则调查可能预示着联想公司有可能在某个时期向市场投放个人电脑用的液晶显示器，对于有这种需求的用户，脑子中已经形成了联想将要生产液晶显示屏的概念，当需要购买该产品时，自然会想到联想的品牌。

当时如果你看到这份在线调查，你会愿意参加吗？为什么？

实训与练习

一、单选题

1．下列不属于网络调查的特征的是（　　）。
A．时效性　　　B．保密性　　　C．公开性　　　D．广泛性
2．在设计网络调查问卷上可附加多种形式的多媒体背景资料，图文音像并茂，趣味效果倍增。这是网络调查独一无二的优点，也是传统调查方式所无法比拟的，这指的是网络调查的（　　）特征。
A．广泛性　　　B．代表性　　　C．真实性　　　D．趣味性
3．一般情况下，网络调查的问卷设计以（　　）为主。
A．选择型　　　B．主观性　　　C．开放式　　　D．个性化
4．网络观察法属于网络（　　）调查。
A．直接　　　　B．间接　　　　C．讨论　　　　D．站点法
5．以下属于网络间接调查方法的是（　　）。
A．网络问卷　　B．电子邮件　　C．专题讨论　　D．图书馆

二、简答题

1．请简述网络调查法的优点与局限性。
2．实施网络调查法的步骤有哪些？
3．网络问卷设计的原则有哪些？

三、实训题

1．在教师的指导下学会使用问卷星进行网络调查。
2．某知名品牌服装天猫旗舰店想运用网络调查法了解客户对在该店购买服装的满意度情况，请设计一份网络调查问卷提纲。
3．案例分析。

Yahoo！的用户分析调研

Yahoo!曾授权英国营销调研公司——"大陆研究"对德国及法国网络用户进行分析调研。"大陆研究"公司将与纽约一家名为Quantime的公司合作完成此项目，两公司设计了两阶段调研计划。

第一阶段：收集数据

第一阶段，收集德国、法国及美国 Yahoo!商业用户及一般用户访问 Yahoo! 网站的数据，了解其上网动机及主要网上行为。第二阶段的主要问题就是吸引、督促被访者参与、完成调研，以确保收集到最佳信息。

Yahoo!第一阶段的调研包括 10 个问题，涉及被访者的媒体偏好、教育程度、年龄、消费模式等，约有 10%的被访者没有完成全部问卷。但这些费用几乎为零，所以没有造成什么损失。在第二阶段中，对已留下 E-mail 地址的人进行深度调研时，可以在其上次中断的地方进行重新访问。这样做虽然使第二阶段的问卷相对长了些，但中途断线率降到了 5%～6%。这在某种程度上得到了个人 E-mail 收发信箱的激励，并赢得了 20%的电子组织者的支持。

第二阶段：深度调研

第二阶段则对那些在第一阶段中留下了 E-mail 地址并同意继续接受访谈的人进行。这些被访者将收到 E-mail 通知，告知他们调研的网址。

第二阶段的询问调研要较第一阶段长，它会涉及一系列有关生活方式的深度研究问题。由于"大陆研究"公司已经认识了这些受访者，因此公司要求受访者进行登记，这样做能够准确计算回答率。如果需要的话，公司还将寄出提醒卡，以确保每位受访者只进行一次回答。实际上，在发出 E-mail 通知后的一周内，调查员便收到了预期的样本数目，根本无须提醒。

问题：

（1）试分析 Yahoo!用户调研的成功与不足之处。

（2）一个成功的网络市场调研应注意哪些环节？

综合实训

随着网络普及，计算机成本的不断下降，网上购物已经从当时雾里看花遥不可及的状态，变成了当今最火爆、最适合上班族和年轻族群购物口味的一种购物方式。网上购物已经慢慢地从一个新鲜的事物变成了人们日常生活的一部分，冲击着人们的传统消费习惯和思维、生活方式，以其特殊的优势而逐渐深入人心。大学生作为对网络最敏感的人群，他们对网上购物行为接受很快，是未来购物市场上的潜在用户。请运用网络调查法，调查大学生网络购物情况，并撰写一份调查报告。

设计要求：

1. 过程要求　学生根据网络调查法的相关要求，先确定主题，再选择一个合适的网络调查系统平台，在线设计生成一份网络调查问卷。之后发布并统计、分析、整理，形成报告。

2. 成果要求　用计算机展示网络问卷，并依据数据提交调查报告，阐述工作过程。

3. 其他要求　能利用互联网平台投放问卷，并能熟悉运用相关的统计工具，对收集的数据与资料进行整理分析。

拓展阅读

CNNIC 中国互联网络发展状况调查

我国互联网络上网计算机数、用户人数、用户分布、信息流量分布、域名注册等方面情况的统计信息，对国家和企业动态掌握互联网在我国的发展情况，提供决策依据有着十分重要的意义。1997年，经国家主管部门研究，决定由中国互联网络信息中心（CNNIC）联合互联网络单位来实施这项统计工作。为了使这项工作制度化、正规化，从1998年起CNNIC决定于每年1月和7月发布"中国互联网络发展状况统计报告"。本次为CNNIC第十二次调查。

一、第十二次中国互联网络发展状况统计调查的主要内容

1. 中国互联网络发展的宏观概况

包括：我国上网计算机数、我国上网用户人数、CN下注册的域名数及其地域分布情况、WWW站点数及其域名、地域分布、我国国际出口带宽总量、我国IP地址总量。

2. 中国互联网络用户的相关情况

包括：用户基本特征（如性别、年龄、婚姻状况、文化程度、收入状况等）、用户对互联网的使用情况及满意度、用户对互联网热点问题的回答。

3. 相关说明

（1）网民（互联网用户） CNNIC对网民的定义为——平均每周使用互联网至少1小时的中国公民。

（2）网站：指有独立域名的Web站点，其中包括CN和通用顶级域名下的Web站点。

（3）上网计算机：指至少有一人通过该台计算机连入互联网。

（4）除非明确指出，本报告中的数据均不包括中国香港、澳门、台湾地区在内。

（5）本次调查统计数据截止日期为2003年6月30日。

二、调查方法

依据统计学理论和国际惯例，在前十一次调查工作基础之上，本次调查采用了计算机网上自动搜寻、网上联机、网下抽样、相关单位上报数据等调查方法。

1. 域名数、网站数调查

（1）我国的通用顶级域名对应网站数（通过各通用顶级域名注册单位协助提供）。这些数据包括：所有通用顶级域名中有网站（即有WWW服务）的域名总数，所有有网站（即有WWW服务）的通用顶级域名按.com、.net、.org分类的数目，所有网站（即有WWW服务）的通用顶级域名按注册单位所在省份分类的数目。

（2）我国的CN域名数及对应网站数。采用计算机网上自动搜索可得到如下数据：CN下的域名数及地域分布情况，CN下WWW站点数及其地域分布情况。

（3）我国网站总数。将以上（1）、（2）两部分的相关数据分别相加，即可得到我国的网站总数、网站的地域分布、网站分类数等数据。

2. 网上联机调查

网上联机调查重在了解网民对网络的使用情况、行为习惯以及对热点问题的看法和倾向。具体方法是将问卷放置在CNNIC的网站上，同时在全国各省的信息港与较大ICP/ISP上设置问卷链接，由网络用户主动参与填写问卷的方式来获取信息。

CNNIC 在 2003 年 6 月 11—30 日进行了网上联机调查。调查得到了国内众多知名网站、媒体的大力支持，国内许多知名网站均在主页为本次联机调查问卷放置了链接。本次网上联机调查共收到调查问卷 72767 份，经过有效性检查处理得到有效答卷 19 096 份。

3. 网下抽样调查

网下抽样调查侧重于了解中国网民的总量、相关的特征及行为特点等。

（1）调查总体：本调查的目标总体有两个，一是全国有住宅电话的 16 岁以上的人群（总体 A），采用电话调查的方式，样本对全国有代表性；另一个总体是全国所有高等院校中的住校学生（总体 B），采用面访的方式进行调查。在对全国结果进行推断时，将两个子样本的统计量应用加权公式进行汇总。

（2）总体 A 抽样方法：按照科学性和可操作性相结合的原则，我们对目标总体按省进行分层。对全国的推断采用对各省的调查结果进行事后加权处理的方法。省内各地市的抽样采用 PPS 抽样方法。

第一步：用 PPS 法在每省抽取 7 个地市（此处的地市包括地级市和地区行署，每个地市下都包含城镇和乡村，为不引起歧义，以下简称为地市），其中广东省和四川省由于地市较多，对其抽取 8 个地市进行调查。在地市多于 7 个的省中，各省的样本量在抽中各地市中按抽中的次数平均分配，在地市少于或等于 7 个的省中，各省的样本量在各地市中的分配与各地市的住宅电话成比例。

抽取地市的方法：在各省中抽取地市，根据所确定的入样指标"住宅电话的数目"，按照 PPS 抽样法，使每个地市被抽中的概率等于该地市"住宅电话的数目"与该省"住宅电话的数目"之比。利用 Excel 软件产生 0~1 之间的均匀分布的随机数，根据随机数落在各地市对应累计百分比的范围，抽取 7 个地市。如果一个地市被抽到两次以上，则该地市样本量相应加倍。例如：某地市被抽中一次，样本量为 229 个，如果该地市被抽中两次，则样本量为 457 个。

第二步：获得抽中地市的所有电话局号，根据该地市的局号数和样本数确定平均每个局号下需抽取的电话号码数。电话号码中除局号外的后四位或后三位数字，由计算机随机产生。

第三步：确定抽取调查对象，在电话拨通后，把接听电话的人作为受访者，先询问家庭基本状况和他（她）本人上网（不上网）的有关情况、个人背景资料和家庭其他成员的最简要资料。如果他（她）不上网，但家中有人上网，则再随机抽取一名上网的成员来接听电话，回答有关上网的问题及其个人基本资料。

通过以上方法确定了调查对象后，对有家庭电话的住户进行电话访问，经过事后加权得出总体 A；对于总体 B，由于近年来大学生在全国人口中所占比例变化不是很大，而且大学生中网民的比例已经比较高，所以本次调查中涉及大学生的数据是在 2000 年年底进行的大学生面访调查的基础上，结合最新的在校大学生数据建立数学模型推算得到的。最后将这两部分调查结果综合加权计算以后即得到中国网民的总量、相关特征、行为特点等数据。

（3）抽样调查成功率。

按美国舆论研究协会（AAPOR）的成功率公式三计算，本次抽样调查的成功率为 33.5%。

（4）数据预处理。

在数据处理之前，对数据中变量的取值、变量之间的逻辑关系、配额等进行检查，对其中的不合格样本进行核对、删除和补充，并对部分变量进行事后编码。

在统计报告中有一些平均数（比如每周上网小时数、每周上网天数、电子邮件账号数、收发电子邮件数等），在计算这些平均数前，首先采用以大于或小于平均数的三个标准差和检查观测量的各变量之间的逻辑关系等方法对数据中的异常值进行排除。

项目四

分析调查资料

任务16 整理调查数据

技能目标	知识目标	素质目标	建议课时
能按要求对问卷数据进行整理 能根据项目要求登记问卷 学会处置有问题的问卷 善于运用多种方法进行资料分组	了解整理调查资料的意义 明确审核调查问卷需要注意的原则	培养学生信息筛选能力、大局观	4

任务情境

受某电器商场委托，必达公司针对家用空调满意度和购买行为进行了为期三天的实地调查，共采集样本2000份。

在公司总经理张总带领下，调查组对资料室的调查问卷资料进行了简单的抽查，并对调查执行工作给予了较高评价。张总再三叮嘱刘剑："接下来数据处理非常重要，不能出现一点错误，这些数据是我们给客户提交调查报告的信息源，每一份问卷信息都必须得到正确和有效利用。"之后，组长刘剑召集广峰等人开了一个短会，对调研数据处理工作进行了部署，要求在两周之内完成数据整理任务。

回到办公桌前，广峰看着一大堆问卷资料，心里感觉任重道远，陷入了沉思，想到自己毕业以来，每天都过得很充实，的的确确感觉到自己成长了不少，很庆幸的是，自己在学校学到的很多知识都做到了学以致用，但同时工作中也碰到了一些新问题，有些地方存在不足之处，比如出现了很多细节错误等。接下来的数据资料处理就是一项烦琐而复杂的事情，必须保持高度注意力，否则很容易出现错误。

想一想：
1. 为什么要对调查资料进行抽查？
2. 如果你是广峰，你打算如何开展工作？

一、整理调查资料的意义

通过问卷调查得到的是大量的原始资料，这些资料反映的是总体单位（个体）的状况，是分散而凌乱的，不能完整系统地反映总体情况。

调查资料的整理，就是运用科学方法，对调查所获得的各种原始资料进行审核、分类处理和综合加工，使之系统化和条理化，从而以集中、简明的方式反映调查对象总体情况的工作过程。

整理调查资料具有以下重要意义。

（1）调查资料的整理是市场调查研究中十分重要的环节。

通过市场调查取得的原始资料都是从各个被调查单位收集来的、零散的、不系统的资料，只是表明各被调查单位的情况，反映事物的表面现象，不能说明被研究总体的全貌和内在联系。而且收集的资料难免出现虚假、差错、短缺、余冗等现象，只有经过加工整理，才能使调查资料条理化、简明化，确保调查资料正确和可靠。

（2）调查资料的整理，可以大大提高调查资料的使用价值。

市场调查资料的整理过程是一个去粗取精、去伪存真、由此及彼、由表及里、综合提高的过程。它能有效提高信息资料的浓缩度、清晰度和准确性，从而大大提高调查资料的使用价值。

（3）调查资料的整理也是保存调查资料的客观要求。

市场调查得到的原始信息资料，不仅是当时企业做出决策的客观依据，而且对今后研究同类市场经济活动现象具有重要参考价值。因此，每次市场调查后都应认真整理调查的原始信息资料，以便于今后长期保存和研究。

案例 16-1

杜邦公司的"市场瞭望哨"

杜邦公司创办于1802年，是世界上著名的大企业之一。经过近200年的发展，杜邦公司今天所经营的产品包括化纤、医药、石油、汽车制造、煤矿开采、工业化学制品、油漆、炸药、印刷设备，近年来又涉足电子行业，其销售产品达1800种之多。多年的研究开发经费达10亿美元以上，研究出1000种以上的新奇化合物——等于每天有2~3件新产品问世，而且每一个月至少从新开发的众多产品中选出一种产品使之商业化。

杜邦公司兴盛200年的一个重要原因，就是围绕市场开发产品，并且在世界上最早设立了市场环境"瞭望哨"——经济研究室。成立于1935年的杜邦公司经济研究室，由受过专门培训的经济学家组成，以研究全国性和世界性的经济发展现状、结构特点及发展趋势为重点，注重调查、分析、预测与本公司产品有关的经济、政治科技、文化等市场动向。

除了向总公司领导及有关业务部门做专题报告及口头报告，解答问题外，经济研究室还每月整理出版两份刊物。一份发给公司的主要供应厂家和客户，报道有关信息和资料；另一份是内部发行，根据内部经营全貌分析存在的问题，提出解决措施，研究短期和长期的战略规划、市场需求量，以及同竞争对手之间的比较性资料。另外，每季度还会整理出版一期《经济展望》供总公司领导机构和各部门经理在进行经营决策时参考。

正是由于他们重视对调查资料的整理、分析和利用，才使得杜邦公司200年兴盛不衰。

二、回收并登记问卷

随着实地调查工作的开展，项目管理控制部门应开始考虑安排调查问卷的回收工作。调查问卷的回收要有项目组专人负责，应加强责任制，保证问卷的完整与安全。

当完成资料收集工作的时候，回收的资料应该得到确认。确认工作首先是从调查问卷的回收与登记开始的。同时，为保证调查资料准确、真实和完整，还必须对资料进行严格的审核，以确定哪些问卷是合格的，可以接受，哪些问卷是不合格的，必须作废。资料审核以后，即可以进行分组研究。具体步骤如下。

1. 各调查点完成的问卷分别编号存放

如果是一个大型项目，可能涉及多个调查地点，根据调查计划，随时会有不同的调查员交回不同的问卷。问卷回收部门要细心、妥善地将各种问卷及时进行编号，分门别类地存放或移交给研究部门。

2. 填写问卷登记表

为了加强对回收问卷的管理，一般事先需要专门设计登记表格，具体内容包括：调查地区及编号，调查员姓名及编号，调查实施的时间，问卷交付的日期；问卷编号，实发问卷数、上交问卷数、未答或拒答问卷数、丢失问卷数，等等，如表4-1所示。

表 4-1　问卷登记表格的具体内容

登记人：　　　　　　　　　　　　　　　　　　　　　　时间：

调查员姓名		调查员编号	
调查地区		区域编号	
调查实施的时间		问卷交付的日期	
计划样本数		上交问卷数	
实发问卷数		未答或拒答问卷数	
		丢失问卷数	

3. 做好标记

回收的问卷应分别按照调查员和不同地区（或单位）放置，醒目标明编号或注明调查员和地区、单位，以方便整理和查找。

练一练 16-1

广峰对回收的问卷资料进行分类并做标记，以便后续工作更加顺利。为了登记方便，他将参与调查的8名调查员分别以A、B、C、D、E、F、G、H表示，区域编号则按粤A0001、粤0002……依次排列。

想一想：

你觉得在问卷哪个地方做标记更合适？请在图4-1中标识出来。

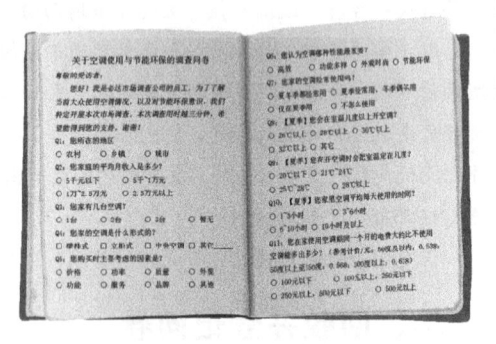

图 4-1　图上标记

三、审核调查问卷

审核调查资料是资料整理工作的基础，是对已经收集到的资料进行总体检验，检查其是否齐全，是否有差错，以决定是否采用此份调查资料的过程。对调查资料的审核是多方面的，主要集中在审核资料是否完整、资料是否准确、是否具有时效和是否一致等。审核问卷一般由具有丰富经验的资深审核员进行。

1．完整性审核

完整性审核主要检查以下三个部分的内容：

（1）审核总体单位是否齐全，有没有被遗漏的调查对象，如事先规定样本是 3000 户居民，调查资料只有 2000 户居民，这就是调查资料不完整。

（2）调查项目（标志）的回答是否完整，调查问卷的所有问题都应有答案。答案缺失，可能是受访者不能回答或不愿回答，也可能是调查员遗忘所致。资料整理人员应决定是否接受该份问卷。如果接受就应马上向受访者询问，填补问卷的空白；或者询问调查员有无遗漏，能否追忆受访者的回答。否则，就应放弃该份问卷，以确保资料的可靠性。

（3）调查资料详细程度是否符合要求。例如，对某商品销售额进行调查，预定收集该商品各品种、规格、花色、型号在各个地区的销售额资料，而如果只收集了一个总销售额数字或只有一个地区的销售资料，就不完整了。

练一练 16-2

广峰审核问卷资料时，发现调查员 A 交回的编号为 UK0302 的调查问卷的最后一道开放式问题未回答。由于不清楚是受访者没回答还是没意见，还是调查员没及时在调查表上用文字记录。广峰认为这份问卷资料存在残缺，但按废卷处理太可惜了，于是就在答题的空白处填上无意见。

想一想：

你认为广峰这样处理合适吗？如果你是当事人，你会怎样做？

2．准确性审核

逻辑检查是常用的准确性审核之一，是分析标志、数据之间是否符合逻辑，有无矛盾或违背常理的地方，即进行合理性检查。

练一练 16-3

下面哪些地方存在不符合逻辑之处，请指出来：

姓名：<u>张大彪</u>　　性别：<u>女</u>　　年龄（周岁）：<u>16</u>

文化程度：<u>高中</u>　　职业：<u>教师</u>　　联系电话：<u>1395876326</u>

3. 时效性审核

时效性审核是检查各调查单位的资料在时间上是否符合本次调查的要求，其中包括接收资料是否延迟、填写的资料是否是最新等，从而避免将失效、过时的信息资料用于决策的依据。

练一练 16-4

广峰审核问卷资料时，又发现调查员 C 交回的编号为 UZ0530 的调查问卷存在一个问题：本次调查截止时间为 10 月 3 日，但这份调查资料写着调查时间为 10 月 5 日。广峰认真核查问卷，没有发现其他填写不符合规范之处。

那么，这个问题该如何处理呢？

4. 一致性审核

一致性审核检查资料前后是否一致，避免自相矛盾。

练一练 16-5

在整理资料中，广峰发现一份卷面皱巴巴，字迹相当潦草的问卷，仔细看后发现一个问题。问卷第四题的题干是"您购买空调机首要考虑因素是？"，选项分别为"A. 品牌 B. 功效 C. 节能 D. 价格"，受访者选择了 A 选项。但在第六题的回答中，被调查者回答家里用的空调是以廉价著称的格兰仕。

另外一份问卷，被调查者在某一问题中回答说没有用过节能空调，但在回答另一个问题时却提出关于使用变频空调时必须注意的诸多建议。

广峰请示了一下组长后，便将这两份问卷作为无效问卷放在一旁了。

想一想：

这两份问卷为什么被广峰作废了？

四、处置有问题的问卷

1．返回现场重新调查

此方法适用于规模较小、被调查者容易找到的情形。但是，调查时间、调查地点和调查方式可能发生变化，从而影响两次调查的数据结果。比如，在第一次调查时，调查员采用的是面谈采访，第二次调查为了更方便快捷就采用了电话采访的方式。由于受访者短期内未适应这种变化，心理上会出现波动，回答问题与第一次相比出现较大差别。

2．视为缺失数据

在无法退回问卷、不能重新调查问卷的情况下，可以将这些不满意的问卷作为缺失值处理。如果不满意的问卷数量较少而且这些问卷中令人不满意的回答比例也较小，涉及的变量不是关键变量时可采取此方法。

小·资料

什么是缺失值

缺失值也称缺失数据，是由于被调查者对问题回答的表述含混不清、错误、未作回答，或者由于访问人员疏忽，未问问题，也未做记录，而造成的数据奇异值或缺失。当缺失回答大于 10% 时，就必须对其进行必要处理，如用平均值替代、相关推测值替代和删除调查对象等方法。

3．视为无效问卷

如存在以下情况，问卷应被视作无效问卷，可放弃不用。

（1）在同一份问卷中，有相当一部分题目没有作答的问卷。

（2）答案记录模糊不清的问卷，如字迹不清楚，无法辨认，或把"√"打在两个答案之间等。

（3）不符合作答要求，如在不应该回答的问题问卷中作了回答。

（4）调查对象不符合要求，如针对性较强的产品，在调查使用效果时，无关人员成为调查对象。

（5）问卷中答案之间前后矛盾或有明显错误，如没用过本产品，却对本产品的功效表达用后感受。

（6）答案选择可疑，如只选第一个答案或开放式答案均不作答。

（7）问卷缺损，如个别页码丢失或页面破损，影响到阅读。

（8）关键变量的回答缺失。

练一练 16-6

对待无效问卷，是不是可以直接撕掉，或者丢进垃圾桶？

五、资料分组

调查资料分组，是指根据市场调查的目的、要求，按市场现象的一定标志，把调查的有关资料分为不同类型或性质的组。

练一练 16-7

必达公司在调查某市居民家庭人口状况时，随机抽取了 1000 户进行调查，并对调查资料整理后进行分组，如表 4-2 所示。

表 4-2　某市居民家庭人口调查资料分组

按人口数分组（人）	1	2	3	4	>5	合计
家庭数（户）	158	262	330	160	90	1000

从分组后可以看出，该市居民家庭规模小，3 口之家最多，5 人以上的大家庭最少。

对调查资料的分组有多种类型，包括以下类型。

1. 简单编组处理

简单编组处理是指对总体各单位或样本各单位只按一个标志或标准进行编组处理。编组的标志或标准一般可以区分为品质属性、数量属性、时间属性、空间属性四类。

必达公司为某电器商城进行了样本量为 2000 户的客户家庭空调满意度和购买行为的市场调查,设计的问项是 36 个,其中基本项目 9 项,主题项目 27 项,如表 4-3 所示。

表 4-3　家庭空调满意度和购买行为调查问项表

基本项目	主题项目		
(一)基本项目	(二)空调拥有状况	(三)满意度项目	(四)需求项目
1. 性别	10. 拥有量	19. 制冷效果	28. 需求数量
2. 年龄	11. 品牌	20. 制热效果	29. 需求时间
3. 文化程度	12. 机型	21. 需电效果	30. 品牌选择
4. 职业	13. 功率	22. 噪声大小	31. 机型选择
5. 所属行业	14. 购买时间	23. 外观设计	32. 功率选择
6. 家庭人口	15. 购买地点	24. 组件质量	33. 价位选择
7. 就业人口	16. 购买因素	25. 价格水平	34. 购点选择
8. 年人均收入	17. 信息渠道	26. 送货安装	35. 关注要素
9. 居住城区	18. 价格	27. 维修服务	36. 由谁决定

(1) 品质属性分布数列。它以被调查者的职业、所属行业、性别、文化程度等品质属性作为分组标志而形成的简单品质数列,如表 4-4 所示。

表 4-4　某市居民家庭空调拥有量品牌分布

品牌	A	B	C	D	E	F	G	合计
拥有量(台)	369	665	775	444	406	261	230	3150
比重(%)	11.7	21.1	24.6	14.1	12.9	8.3	7.3	100.0

(2) 数量属性分布数列。它是以被调查者的年龄、收入、消费支出、家庭人口、就业人口等数量属性作为分组标志形成的变量数列。有以下两种形式。

① 单项式变量数列。适应于离散型变量(如家庭人口、就业人口、耐用品拥有量、需求量等)的分组处理,即直接以变量的不同取值作组别而编制的变量数列,如表 4-5 所示。

表 4-5　某市居民家庭空调拥有台数分布

拥有量(台)	0	1	2	3	4	>5	合计
家庭数(户)	300	708	646	274	52	20	2000
比重(%)	15.0	35.4	32.3	13.7	2.6	1.0	100.0

② 组距式变量数列。适应于连续变量(如年龄、收入、消费支出等)的分组处理,即以变量的不同取值区间作为分组的组别而编制的变量数列,如表 4-6 所示。

表 4-6　某市居民家庭人均年收入分布

组别(万元)	样本户数(户)	比重(%)
<0.5	180	9.0
0.5~1	220	11.0
1~2	320	16.0

(续表)

组别（万元）	样本户数（户）	比重（%）
2~3	500	25.0
3~4	360	18.0
4~5	260	13.0
>5	160	8.0
合计	2000	100.0

（3）时间属性分布数列。它是以调查问卷中的一些时间属性的调查项目（如购买时间、需求时间）作为分组标志，对被调查者的时间选项进行分组而形成的时间数列，如表4-7所示。

表4-7 某市居民家庭现有空调购买时间分布

购买年数（年）	1	2	3	4	5	6	7	合计
空调数（台）	652	592	551	513	479	310	53	3150
比重（%）	20.7	18.8	17.5	16.3	15.2	9.8	1.7	100.0

（4）空间属性分布数列。它是以调查问卷中的某些具有空间属性的调查项目（如被调查者的居住区域、购买产品的场所等）作为分组标志而形成的空间数列，如表4-8所示。

表4-8 某市居民家庭现有空调购买场所分布

购买场所	超市	专卖店	电器城	厂家直销	旧货市场	合计
家庭（户）	547	554	534	48	16	1699
比重（%）	32.2	32.6	31.4	2.8	1.0	100.0

2. 交叉编组处理

交叉编组处理是对总体各单位或样本各单位采用两个或两个以上的标志或调查项目进行交叉编组，所编制的数列一般表现为相关分组数列或复合分组数列。

（1）基本项目之间的交叉编组处理。它是利用反映被调查者基本情况和基本调查项目之间的关联性进行交叉编组处理，如表4-9所示。

表4-9 被调查者性别与文化程度分布

单位：人

文化程度 \ 性别	男	女	合计
小学以下	6	4	10
初中	210	176	386
高中职高	297	321	618
专科	248	265	513
大学本科	226	177	403
硕士博士	48	22	70
合计	1035	965	2000

（2）基本项目与主体项目之间的交叉编组处理：它是利用问卷中的基本项目与主体项目之间的关联性进行交叉编组处理，用以揭示不同性别、不同年龄、不同行业、不同职业、不同文化程度、不同居住区域、不同家庭人口的被调查者对所要研究的主体项目选项回答的差异性、相关性等深层次的问题。两变量交叉列表，如表4-10所示。

表4-10 客户人均年收入与品牌需求交叉分组列表

人均年收入（万元） \ 品牌需求	A	B	C	D	E	F	G	合计
<1	—	10	15	8	10	24	18	85
1～2	4	32	28	18	14	20	16	132
2～3	6	60	56	28	18	16	8	192
3～4	14	48	43	30	26	4	5	170
4～5	26	36	30	25	16	2	3	138
5～6	28	4	4	16	14	1	2	69
>6	25	2	2	15	12	1	—	57
合计	103	192	178	140	110	68	52	843

（3）三变量交叉列表，如表4-11所示。

表4-11 被调查者对空调维修服务满意度测评汇总表

单位：人

态度测评选项	男 大学以下	男 大学以上	男 小计	女 大学以下	女 大学以上	女 小计	合计
很满意	135	116	251	124	40	164	415
较满意	126	48	174	141	95	236	410
一般	124	52	176	136	46	182	358
不满意	196	46	242	170	13	183	425
很不满意	180	12	192	195	5	200	392
合计	761	274	1035	766	199	965	2000

3．平行编组处理

平行编组处理是对总体各单位或样本各单位同时采用两个或两个以上的标志或标准进行平行排列的编组，所编制的编组数列称为平行编组数列。

（1）两变量（项目）平行编组数列。它是将两个有联系的调查项目按相同选项分组的结果并列在一起而编制的平行编组数列，如表4-12所示。

表4-12 客户家庭空调品牌分布

品牌	A	B	C	D	E	F	G	合计
拥有量（台）	369	665	775	444	406	261	230	3150
比重（%）	11.7	21.1	24.6	14.1	12.9	8.3	7.3	100.0
需求量（台）	103	192	183	140	110	68	52	848
比重（%）	12.1	22.6	21.6	16.5	13.0	8.0	6.2	100.0

(2)多变量（多项目）平行编组数列。这是将两个以上有联系的调查项目按相同选项分组的结果并列在一起而编制的平行编组数列。常用于产品或服务满意度测评、受访者态度测量等原始资料的加工开发，如表4-13所示。

表4-13　某市居民家庭空调满意度测评汇总表

测评项目	很满意	满意	较满意	不满意	很不满意	次数合计
制冷效果	261	328	686	340	85	1700
制热效果	272	330	514	386	198	1700
节电效果	272	330	514	386	198	1700
噪声大小	115	230	680	365	310	1700
外观设计	202	324	860	230	84	1700
产品价格	212	396	726	285	81	1700
配件质量	98	283	606	390	323	1700
送货安装	120	286	698	324	272	1700
维修服务	120	286	695	326	273	1700

4．分类归纳处理

分类归纳处理针对的是开放性项目，其中比较常用的方法是"意见分类归纳法"，其基本思路和程序如下。

（1）集中所有同一个开放式问题的全部文字性答案，通过阅读、思考和分析，了解受访者的思想认识。

（2）将受访者的全部文字性答案，按照其思想认识不同归纳为若干类型，并计算各种类型出现的频数，制成全部答案分布表。

（3）对全部答案分布表中的答案进行挑选归并，确定可以接受的分组数。一般来说，应在符合调查项目的前提下，保留频数多的答案，然后把频数很少的答案尽可能归并到含义相近的组，应考虑调查的目的和答案类型的多少而确定，一般应控制在10组之内。

（4）为确定的分组，选择正式的描述词汇或短语。不同组别的描述词汇或短语应体现质的差别，力求中肯、精练、概括。

（5）根据分类归纳的结果，制成正式的答案分布表。例如，在一项关于居民空调购买行为的调查中，问卷中设置了"您对'静音空调'这个产品概念有何看法？"的开放式问项，受访者的回答是多种多样的，通过分类归纳得到的答案分布，如表4-14所示。

表4-14　被调查者对"静音空调"的看法分布

看法分类	答案人数	比重（%）
符合环保需求	325	16.25
符合发展趋势	286	14.30
符合消费需求	316	15.80
希望尽快推出	198	9.90
有可能实现	312	15.60
不可能实现	350	17.50

（续表）

看法分类	答案人数	比重（%）
难以评价	213	10.65
合计	2000	100.00

实训与练习

一、单选题

1. 整理调查资料的意义有（　　）。
   A．是市场调查研究中十分重要的环节
   B．可以大大提高调查资料的使用价值
   C．是保存调查资料的客观要求
   D．是进行市场调查前非常重要的一项工作
2. 调查问卷回收后进行登记的步骤是（　　）。
   A．将问卷编号存放—填写问卷登记表—做好标记
   B．做好标记—填写问卷登记表—将问卷编号存放
   C．填写问卷登记表—将问卷编号存放—做好标记
   D．将问卷编号存放—做好标记—填写问卷登记表
3. 以下不是完整性审核主要检查内容的是（　　）。
   A．审核总体单位是否齐全
   B．调查项目（标志）的回答是否完整
   C．调查资料详细程度是否符合要求
   D．检查各调查单位的资料在时间上是否符合本次调查的要求
4. 以下问卷应被视作无效问卷，可放弃不用的是（　　）。
   A．在同一份问卷中，有相当一部分题目没有作答的问卷
   B．答案选择可疑，如只选第一个答案或开放式答案均不作答
   C．问卷缺损，如个别页码丢失或页面破损，影响到阅读
   D．关键变量的回答缺失
5. （　　）是指对总体各单位或样本各单位只按一个标志或标准进行编组处理。
   A．简单编组处理　　　　　　　B．交叉编组处理
   C．平行编组处理　　　　　　　D．分类归纳处理

二、简答题

1. 如何理解市场调查资料整理在整个调查工作中的作用？
2. 在市场调查活动中，如果审核中发现一些有问题的问卷，该如何处理？
3. 简述分类归纳处理的程序。

三、实训题

1. 业务能力

经过几天奋战,广峰和他的同事终于完成了调查工作。但是,面对堆积如山的调查问卷,有的同事心中暗生畏难情绪。如果你是组长,应如何说服组员认真整理调查资料呢?

2. 请与同桌/交叉组合作,交换回收来的问卷,并在表 4-15 中进行问卷登记(也可另行制表)。

表 4-15 问卷登记表格

登记人: 时间:

调查员姓名		调查员编号	
调查地区		区域编号	
调查实施的时间		问卷交付的日期	
计划样本数		上交问卷数	
实发问卷数		未答或拒答问卷数	
		丢失问卷数	

3. 一份奇怪的答卷

以下是广峰在整理资料时在一份《关于空调使用与节能环保的调查问卷》中发现了一些问题,请你指出来,并做出处理判断。

Q1: 您所在的地区是以下哪个?
○ 农村   ⊙ 乡镇   ○ 城市

Q2: 您的家庭平均月收入是多少?
○ 5000 元以下   ⊙ 0.5 万元~1 万元   ○ 1 万元~2.5 万元   ○ 2.5 万元以上

Q3: 您家有几台空调?
○ 1 台   ⊙ 2 台   ○ 3 台   ○ 暂无

Q4: 您家的空调是什么形式的?
□ 壁挂式   □ 立柜式
□ 中央空调   √ 其他_____

Q5: 您购买空调时主要考虑的因素是?
○ 价格   ⊙ 功率   ○ 质量   ○ 外观
○ 功能   ○ 服务   ○ 品牌   ○ 其他

Q6: 您认为空调的哪种性能最重要?
○ 高效   ⊙ 功能多样   ○ 外观时尚   ○ 节能环保

Q7: 您家的空调经常使用吗?
○ 夏冬季都经常用   ⊙ 夏季经常用,冬季偶尔用
○ 仅在夏季用   ○ 不怎么使用

Q8:(夏季)您会在室温多少度以上开空调?
○ 26℃以上   ⊙ 28℃以上   ○ 30℃以上   ○ 32℃以上
○ 其他

Q9：（夏季）您在开空调时会把室温定在多少？
○ 20℃以下　　　　⊙ 21~24℃　　　　○ 25~28℃　　　　○ 28℃以上
Q10：（夏季）您家空调平均每天使用多长时间？
○ 1~3 小时　　　　　　　　　　　　⊙ 3~6 小时
○ 6~10 小时　　　　　　　　　　　　○ 10 小时及以上
Q11：您在家使用空调期间一个月的电费大约比不使用空调多出多少？（参考计价/元，50度及以内：0.538；50度以上至150度：0.568；200度以上：0.638）
○ 100 元以下　　　　　　　　　　　⊙ 100 元以上，250 元以下
○ 250 元以上，500 元以下　　　　　○ 500 元以上
Q12：如果有一款空调的功率和电风扇的功率差不多，且环保，您会考虑把家里现有的空调换成这种节能环保型的吗？
○ 会，且毫不犹豫　　　　　　　　　⊙ 会更换一台
○ 等现有的空调报废后考虑购买　　　○ 不会考虑更换
Q13：您是否关注环境问题，例如全球变暖、臭氧层破坏等问题？
○ 关注　　　　⊙ 比较关注　　　　○ 不太关注　　　　○ 不关注
Q14：您是否清楚空调制冷制热对环境的危害？
○ 清楚　　　　⊙ 比较清楚　　　　○ 不太清楚　　　　○ 不清楚
Q15：在了解危害后您是否会减少使用空调的频率？
○ 不会，仍然随性　　　　　　　　　⊙ 会适当减少
○ 会减少较大幅度　　　　　　　　　○ 完全不用了
Q16：您觉得使用空调对环境的影响有哪些？
□ 全球变暖　　　□ 臭氧层破坏　　　□ 酸化
□ 富营养化　　　□ 无影响　　　　　□ 其他＿＿＿＿

4．必达公司要调查某城镇的家庭收入状况，需要选择分组标志，现提供两种不同的分组标志，如表 4-16 和表 4-17 所示。

表 4-16　第一种分组标志的选择方法

每户月收入（元）	户数（户）
800 以下	110
800~1200	395
1201~1600	450
1600 以上	245
合计	1200

表 4-17　第二种分组标志的选择方法

每户平均每人的月收入（元）	户数（户）
400 以下	205
400~600	435

(续表)

每户平均每人的月收入（元）	户数（户）
601~800	435
800 以上	125
合计	1200

请问，必达公司使用哪种更能反映家庭收入水平的本质特征呢？

综合实训

请运用本节课学习的内容进行市场调查，并对调查结果进行资料整理。

广州市中、高档商品房需求市场调查

受访者电话＿＿＿＿＿＿＿＿＿　　调查开始时间＿＿＿＿＿＿＿＿＿

调查员姓名＿＿＿＿＿＿＿＿＿　　调查日期＿＿＿＿＿＿＿＿＿

问卷审核日期＿＿＿＿＿＿＿＿＿　　调查结束时间＿＿＿＿＿＿＿＿＿

受访者所在区：□天河区　□白云区　□越秀区　□荔湾区　□黄埔区　□海珠区

□南沙区　□番禺区　□花都区　□增城区　□从化区

过滤性问题

G1 请问我能否和您或您家里任何 30 岁以上的成年人通话？

□可以（继续访问）　　□不可以（停止访问）

G2 请问您或您的配偶是否购买了有完全产权的中、高档商品房？

□是（跳至 Q16）　　□不是（停止访问）

G3 请问您是否在两年内计划购买具有完全产权的中、高档商品房？

□是（继续访问）　　□不是（停止访问）

（提请调查员注意：Q1～Q14 是对意向购买者的提问，Q15 之后是对已购者的提问）

Q1 广州的房地产公司中您听说过的有哪些？（请说出至少三个）

＿＿＿＿＿＿＿＿＿＿＿＿＿＿＿＿＿＿＿＿＿＿＿＿＿＿＿＿＿＿＿＿＿＿＿＿＿

Q2 下面是广州一些较知名的商品房小区名单，请问您听说过的都有哪些？

□骏景花园　　　　□碧桂园　　　　□金茂湾　　　　□金湾明珠

□恒大银湖城　　　□万科华府　　　□雅居乐　　　　□其他（请注明）

Q3 您是通过何种渠道了解商品房消息的？

□报纸　　　　　　□杂志　　　　　□互联网　　　　□朋友介绍

□电视　　　　　　□房展会　　　　□广播　　　　　□其他（请注明）

Q4 目前已推出的商品房对您的购买力来讲：

□很高　　　　□有些高　　　　□适中　　　　□有些低　　　　□很低

Q5 您认为商品房价格趋势将会怎样？

□会上升　　　□变动不大　　　□会下跌　　　□说不清楚

Q6 您购房所能承受的总价格是＿＿＿万元。

Q7 您希望选择的付款方式为：

□一次性付款　　　　□小于 5 年的银行贷款　　　　□10 年的银行贷款

□15 年的银行贷款　　　　□15 年以上的银行贷款

Q8 您若购房最希望选择的地段是：
□天河区　　□白云区　　□越秀区　　□荔湾区　　□黄埔区　　□海珠区
□南沙区　　□番禺区　　□花都区　　□增城区　　□从化区

Q9 您心目中预期购买商品房的建筑面积是_____平方米。

Q10 您预期购买商品房的户型是：_____室_____厅_____卫_____阳台。

Q11 您预期购买的商品房楼型是：
□多层　　　　□高层　　　　□复式结构　　　　□别墅式

Q12 您购房的目的是：
□投资　　　　□自用　　　　□为家人购买　　　　□其他（请注明）

Q13 您购置商品房所考虑的前三位重要因素是：
第一因素　_____
第二因素　_____
第三因素　_____

Q14 您在购买商品房时所希望的装修标准是：
□毛坯房　　　　□初装修　　　　□厨卫精装　　　　□全部精装

Q15 您购买商品房所期望的是：　□期房　　　　□现房

（调查员注意：意愿购房者回答完 Q15 后跳至 D1 个人部分，Q16～Q26 仅对已经购置了商品房者提问）

Q16 您目前所在的商品房小区是_____。

Q17 您当时购置商品房所考虑的前三位重要因素是：
第一因素　_____
第二因素　_____
第三因素　_____

Q18 您购买商品房的价格是_____万元。

Q19 您购置的商品房付款方式为：
□一次性付款　　□分期付款　　□小于 5 年的银行贷款　　□5 年的银行贷款
□10 年的银行贷款　　□15 年的银行贷款　　□15 年以上的银行贷款

Q20 您购买商品房的总建筑面积是_____平方米。

Q21 您家的房屋户型是：_____室_____厅_____卫_____阳台。

Q22 您购买商品房的楼型是：
□多层　　　　□高层　　　　□复式　　　　□别墅式

Q23 您购房的目的是：
□投资　　　　□自用　　　　□为家人购买

Q24 您在最近的两年内会不会再购买商品房？
□会　　　　□不会

Q25 您对您小区的物业管理满意度：
□很满意　　□满意　　□稍满意　　□稍不满意　　□不满意　　□很不满意

Q26 您所购买的商品房房价相对您的购买力来说：

□很高 □有些高 □适中 □很低

Q27 您认为商品房之后两年的价格趋势是：
□会上升 □变动不大 □会下跌 □不清楚

个人及家庭背景

D1 您的年龄是____岁。

D2 您的性别：□男 □女

D3 您的婚姻状况：
□已婚 □未婚 □离婚 □分居 □丧偶 □其他

D4 您的家庭有几口人？
□一人 □二人 □三人 □四人 □五人以上

D5 您的职位是：
□董事长 □部门主管 □总经理/副总经理 □市场营销/销售总监
□财务总监/总会计师 □行政经理/人力资源经理 □专业人士
□其他_____

D6 您工作单位的地点是：
□天河区 □白云区 □越秀区 □荔湾区 □黄埔区 □海珠区
□南沙区 □番禺区 □花都区 □增城区 □从化区 □其他_____

D7 您的教育程度：
□研究生及以上 □大学本科 □大学专科 □高中
□中专 □初中 □小学毕业及以下

D8 您的家庭年收入为：
□3万元以下 □3.1万元～5万元 □5.1万元～7万元
□7.1万元～9万元 □9.1万元～11万元 □11.1万元～13万元
□13.1万元～15万元 □15.1万元～20万元 □20.1万元以上
□不知道/拒答

D9 您是否有供自己自由支配的汽车：
□是 □否

【要求】

1. 过程要求　学生先按要求进行电话调查，每人至少成功完成一份；根据调查结果对问卷数据进行整理、登记问卷；分工合作，务必至少有一人负责审核；对于有疑问的问卷，先做讨论，再由调查组长做出最后选择。

2. 成果要求　提交整理后的资料，并制作 PPT 阐述工作过程。

3. 其他要求　顺利进行团队合作，在交谈讨论时能围绕主题清晰表达自己的观点，会倾听他人；能熟练使用计算机办公软件；面对困难能找出合理的解决方法；组长拥有最后裁决权，组员可以保留意见，但必须服从。

4. 可以尝试进行数据录入及分析工作。（有能力的同学选做）

拓展阅读

经验介绍会

必达公司为了培训员工，组织了一次经验介绍会。会上，资深员工李先生向大家介绍了他对待调查资料整理时的复查方法：比较调查表的复查方法是非常重要的。依照以下要求比较检查大约 5 份调查表。首先检查这 5 份调查表的地址，并且要看调查员是否正确地填写了地址，然后再检查商店类型，等等。从这点上可以看出调研员对定义理解是否清楚或者是否有欺骗行为。如果所有的调查表都没有记录销售量，则说明他没有尽力去问，而仅仅是把此类信息记作"拒访"，那么他应该重新做这些商店调查。

如果一个调查员没有正确填写地址和表头，那么把所有的问卷退回，要求其在交卷前要认真检查。如果对问卷进行复查，在其交表之前很多错误可以被调研员自己检查出来。

1. 检查表头是否填写正确，是否街的名称和门牌号都被填写在相应的栏目内，而不是填在一个栏目内。

2. 检查所有栏目是否都填满了。要复查电话和商店类型，如果有必要，应重新确认以得到这些信息。

3. 检查问卷中的记录内容以确认商店类型是否正确。以下列举一些常见错误的例子，这种情况下要求调查员必须重新确认：
- 商店类型为一家小卖部/杂货店，但是有 3 个冰柜。
- 商店类型为一家大卖场但是问卷中并非包含所有调查品类。
- 商店类型为一家便利店，但是关门时间为 22：00。

4. 检查地图块上店的数量，看看是否与我们对这个街区的了解或二手资料一致，如果出现不一致，要求调研员重做。

5. 对照黄页或其他相关资料，看看是否遗漏了著名的或大型的店。如果出现遗漏，要求调研员重新做这个街区。

6. 检查数据的精确性，特别是理清一些逻辑关系。

7. 普查负责小组将复查所有的表格。

8. 如果问卷中数据错误小于 20%，调查员将被要求改正问卷。如果错误大于 20%，问卷则为废卷必须重做。

9. 如果一个调查员的问卷错误份数超过 20%，则他的问卷必须加大工作量进行实地检查。如果错误仍然超过 20%，将开除此调查员，并且他的问卷要全部重做。

10. 检查调查员和质检助理完成地图块的一致性。如果不同之处超过 20%，则必须复查调查员和质检助理的工作。如果有必要，普查主管要到该地区进行复查来决定最终采取什么行动。

如果不一致性非常小，由调研员主管决定哪个是正确的，则被放在上面，在下面的一张地图上写上 CNL。但是不要扔掉，当对项目进行总结时出示给调查员。

11. 复查调查表，实地 QC 要用做标准 QC 问卷的方法来做。同样适用 20%的规则。

12. 填写复查表，在"问题"中填写需要复查/确认的"可能"的错误，在"实际"中标出已经确认的错误，能见到怎样使用标准表格的细节。

13. 注意要在质量控制表上记录调查员在这次调查中发生的所有错误。包括在问卷检查时发现的错误以及实地 QC 时，质检助理在原始问卷上做出的任何改动或添加的任何信息，还包括在当地 QC 发现的错误，或数据检查中发现的错误。这是非常重要的，因为这将用于最后的项目质检报告。

14. 当完成一个街区时，（在所有问卷 QC 和实地 QC 之后，并且已经准备好数据录入）街区内共计多少店数应该在地图上标注出来。当所有街区都做完之后，此地图块中共计有多少店数要在一张新的城市地图上标注出来。这样便于使项目小组了解城市普查的进展程度，并且可以知道有哪些地图块已经完成，有多少家店已经被记录。

任务 17　录入调查数据

技 能 目 标	知 识 目 标	素 质 目 标	建 议 课 时
能根据项目要求组织数据录入 学会利用 Excel 等软件开展数据录入进制表、绘图工作	了解编码及其作用 了解数据录入的操作要点 学会看统计图	培养学生认真细致的素质 提高学生计算机软件应用能力	4

任务情境

广峰和刘红花了九牛二虎之力，终于把数据整理完毕，清除了不少不符合规范的样本。可是，不需要组长来提醒，他们知道更为艰巨的工作在前面等着呢——要开始数据录入了！

录入也不太难，细心一点就是了。关键是——数据录入之前要编码！

广峰笑着对刘红说："编码'鞭马'，不鞭的话，马儿怎么跑得快？"

编码是什么？市场调查问卷为何要进行编码呢？

一、编码

编码就是将问卷中所有的调查问题和每一个答案都分配一个代码，即把文字等形式的问题及答案转化成统一设计的计算机可识别的符号或数字。如：广州市邮政编码 510000，电话区号 020。

经过编码，诸多复杂信息即可转化为数字的简单信息，大大减少了录入的工作量，帮助调查员利用计算机迅速进行分析工作，能够节省时间和费用，提高工作效率；同时，编码将定性数据转化为定量数据，进而可任意利用统计软件，采用统计分析方法进行定量分析。在编码过程中，还可以利用编码修正回答误差，替代缺失值，有助于减少调查误差，所以，编码是调查资料整理中很重要的工作。

市场调查员可以对问卷进行编码，也可以针对具体某个问题进行编码。

> 身边还有哪些事物是经过编码的？你又曾对哪些事物进行过编码？你是如何进行的？编完之后，对你的工作或学习的开展起的是积极作用还是消极作用呢？
> 大家都来试一试，对你身边的事物进行一次"别名"大战吧！

编码工作过程主要包括以下几个方面。

1. 对问卷编码

例如，一共有1000张调查问卷应占4位数，每份问卷设定一个代码，代码号为001～1000。

> 某问卷的代码为2031508，第一位数字2表示广州市，后面两位数字03表示调查员代号，再后面两位数字15为居委会代号，最后两位数字08表示该调查员在这个居委会成功调查的第8份问卷。
>
> **2031508**
>
> 问卷编码　　　　XX区图书馆开展青少年活动意见征集
>
> 某区图书馆坚持"文化进基层"理念，围绕"未成年人思想道德建设"和"我们的节日系列活动"等主题积极开展青少年活动，2015年上半年累计开展20多场。为更好地开展各项活动，现向社会开展意见征集。
>
> 　　　　　　1. 您参加过图书馆开展的青少年活动吗？（　　）
> 问题编码　　A．有　　　B．没有
> 　　　　　　2. 您对图书馆开展的青少年活动是否满意？（　　）
> ……

2. 对问卷中的问题进行编码

一种做法是将问卷中问题本身的序号作为代码，另一种做法是每一道题都用英文单词或汉语拼音前几个字母作为变量代码。例如，年龄用age或NL等。

还有一种做法是，将问卷的所有题目分为不同大类进行编码。例如，营销师考证的题目中，难度高的题目用X表示，难度适中的题目用Y表示，难度低的题目用Z表示。

练一练17-1

大家将原来进行访问调查时回收的问卷找出来，小组自己拟定规则，按照顺序给问卷逐个进行编码吧！

3. 对问卷的答案进行编码

（1）事前编码。

事前编码是针对结构性问题的一种编码方法，方法相对简单，因为问题事先都已规定好了备选答案，所以每一个问题的每一个答案都可以赋予编码，并对答案代码的含义和所在栏目予以说明。

如对问卷常用到的单选题、多选题和排序题举例进行编码。

单选题实例

您有用过睫毛膏吗？　　A．有　B．没有　C．有打算要学着用　　　（2）

> 在这个问题中，代码1代表"有"，代码2代表"没有"，代码3代表"有打算要学着用"括号中的数字表示这个答案记录在编码表中的第2栏。

多选题实例

您喜欢的睫毛膏品牌是？（可多选）

A．倩碧（0，1）（19）　　　　B．美宝莲（0，1）（20）
C．蜜丝佛陀（0，1）（21）　　D．兰蔻（0，1）（22）
E．火烈鸟（0，1）（23）　　　F．欧莱雅（0，1）（24）

> 多选题的编码处理方式是将每个选项设为二分变量，对每个选项给予0、1两个编码，选中为1，未选中为0。

排序题实例

您选购睫毛膏主要考虑的因素是什么？_____（请按重要程度顺序排序）

A．价格（1）　　B．品牌（2）　　C．效果（3）　　D．外包装（4）

如果某位受访者给出的排序从第一位到第四位是商品效果、外包装、价格、品牌，那么下画线上写出的答案是CDAB，这样得到的编码是3412。

> 这种方法的优点是便于分析，缺点是不便于录入，变量随选项增多而增多，对于大样本，人工录入工作负担较重，而且录入时，录入的值与问卷答案不同，很容易出错。

练一练 17-2

以下摘自必达公司针对消费者使用电器的一份调查问卷，请你尝试为其进行编码，如表 4-18 所示。

表 4-18　消费者电器使用调查编码表

问题编码	变量	变量位数	备注

1. 请问您最近一年内买过电视机吗？
   A. 买过　　　　　B. 没买过
2. 下面哪种媒体的广告对您的消费影响较大？（可多选）
   A. 电视　　　　　B. 报纸　　　　C. 街头广告　　　　D. 购物场所的广告
3. 您选择去某一商场购物时主要考虑的因素是什么？（请按重要程度顺序排序）
   A. 服务水平　　　B. 地理位置　　　C. 商品质量　　　　D. 价格因素

（2）事后编码。

事后编码是指问卷调查及回收工作完成以后再进行编码设计。需要进行事后编码的问题主要有两类，一是封闭型问题的"其他"选项，二是开放型问题或非结构性问题。由于以上两类问题的回答较为复杂，所以一般需要在资料收集完成后，再进行编码设计。事后编码一般需由具有专业素质的编码人员进行。

事后编码实例

问卷中："您为什么选择'眼前一靓'牌睫毛膏？"调查员收集到了一些回答并列出所有答案：

1. 无毒副作用　2. 外包装美观　3. 价格公道　4. 容易清洗
5. 效果好　　　6. 性价比高　　7. 周边朋友推荐
8. 体积小，容易携带　　9. 经常看到广告　　10. 尝试新产品
11. 没什么特别的原因　　12. 不清楚
……

面对如此多的主观性答案，如果不进行归类整理，势必对下一步分析工作造成麻烦。因此，可以把意思相近的回答归类，如表 4-19 所示。

表 4-19　选择原因合并归类表

回答类别描述	答案归类	分配的数字编码
质量	1，4，5	1
外形	2，8	2
价格	3，6	3
不清楚	11，12	4
品牌	7，9	5

练一练 17-3

回答问卷中"今后两年内您为什么不想购买储水式电热水器？"调查员收集到以下回答：

1. 我可以在单位洗澡，没有必要买。
2. 它们的外观不好看，影响卫生间布局。
3. 颜色不好，价格又贵。
4. 听说使用有安全隐患。
5. 体积太大，厨房里不好安装。
6. 国产热水器使用不安全。
7. 我不太了解。
8. 安装和维修都比较麻烦，还是不买了。
9. 我不喜欢它的外观，颜色要单调。

这么多答案，如果不进行归类处理，就不好去分析，请同学讨论集思广益，对这些答案进行分组归类，并填入表 4-20 中。

表 4-20　选择原因合并归类表

回答类别描述	答案归类	分配的数字编码

（3）设计编码表。

为了查找、录入以及分析的方便，编码人员要编写一本编码表，用来说明各题英文字母以及数码的意思。录入人员可根据编码表的说明录入数据，研究人员或计算机程序员根据编码表统计分析程序，研究者阅读统计分析结果，不清楚各种代码的意义时，可以从编码表中查询。所以，这也是一份"使用说明书"。如表 4-21 所示是对大学生睫毛膏效果调查的一个编码表。

表 4-21 大学生睫毛膏效果调查数据编码表

问题编码	变量	变量位数	备注	人员代码
Q1	年龄层次	1	A 16～18=1 B 19～21=2 C 22～24=3 D 25 或以上=4	
Q2	使用情况	1	A 有=1 B 没有=2 C 有打算要学着用=3	
Q3	使用习惯	1	A 有=1 B 没有=2 C 重要场合或约会用=3	
Q4	种类选择	1	A 浓密型=1 B 有点稀疏=2 C 长的=3 D 短的=4	
Q5	更换频率	1	A 一个月=1 B 两个月=2 C 三个月或以上=3	
Q6	效果重视	1	A 是的=1 B 不是=2	
Q7	购买因素	1	A 牌子=1 B 效果=2 C 价格=3 D 使用期限=4	
Q8	消费能力	1	A 30～50=1 B 50～90=2 C 90～150=3 D 150 或以上=4	
Q9	使用效果	1	A 很好=1 B 一般=2 C 不理想=3	
Q10	常用类型	1	A 防水型=1 B 浓密型=2 C 纤长型=3 D 卷翘型=4	
Q11	喜爱款式	1	A 防水型=1 B 浓密型=2 C 纤长型=3 D 卷翘型=4	
Q12	具备效果	1	A 纤长=1 B 浓密=2 C 不晕染=3 D 易卸妆=4 E 其他=5	
Q13	刷头选择	1	A 长直螺旋型=1 B 弧形螺旋型=2 C 细梳子型=3 D 棍棒型=4	001501=成员 1
Q14	颜色选择	1	A 黑=1 B 棕=2 C 白=3 D 蓝=4 E 其他=5	001502=成员 2
Q15	使用伤害	1	A 会的=1 B 不会=2 C 不多使用应该不会=3	001503=成员 3
Q16	考虑因素	1	A 价格=1 B 实用性=2 C 效果=3 D 性能=4	
Q17	购买方式	1	A 专柜=1 B 淘宝=2 C 别人赠送=3 D 其他=4	
Q18	使用原因	1	A 工作需要=1 B 爱美之心=2 C 其他=3	
Q19	接受范围	1	A 30 以下=1 B 30～50=2 C 50～100=3 D100 以上=4	
Q20	不良情况	1	A 出现"苍蝇脚"=1 B 很快变成熊猫眼=2 C 没效果=3 D 其他=4	
Q21	用后评价	1	A 眼睫毛很漂亮=1 B 一般=2 C 睫毛有点脏=3 D 其他	
Q22	了解途径	1	A 电视销售广告=1 B 报刊杂志=2 C 促销活动=3 D 网上查询=4 E 熟人介绍=5	
Q23	使用频率	1	A 几乎每天都用=1 B 一周数次=2 C 一月数次=3 D 场合需要而用=4 E 几乎不用=5	
Q24	自我评价	1	A 很多心得可以分享=1 B 满足日常所需=2 C 没心得体会=3 D 不熟练，希望别人指导=4	

4．编码注意事项

（1）正确掌握分类的尺度。对资料中的某个问题分类过细，会增加分析的复杂程度；分类过粗，会造成资料信息的流失，也会影响分析的深入程度。所以根据实际分析的需要，设置合理的分类尺度是资料编码的首要问题。

（2）为保证每一类回答都有类可归，又避免分类过细，可设置一个"其他"的分类。

（3）每一个问题中的分类应含义明确，避免与其他分类产生交叉。

（4）对错误或疏漏的回答可作为特殊的分类，并指定一个特殊的数字或字符代表，如用-1，而不应将其归入其他类中。

二、录入数据

1．选择录入方式

采用计算机辅助电话调查、计算机辅助访谈及网络调查，数据收集与录入可以同时完成。而对于面访、邮寄调查及传真调查，事后还需要进行数据录入。

人们可以采用扫描仪、光标阅读器等光电录入方式，只是这种方式要求填写的调查表和编码的数字书写规范，否则容易造成数字误识。为此，人们采取了使用 2B 铅笔在答题卡上填涂作答，又用光标阅读机识别，通过配套软件使涂点数据录入到计算机中，如图4-2 所示。

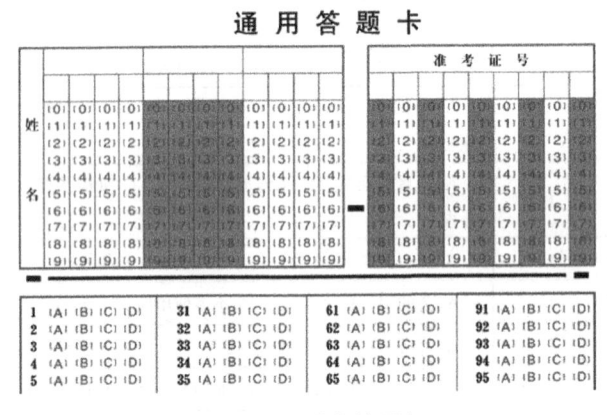

图 4-2 标准化答题卡

数据录入可以利用数据库形式，也可以采用一些专门的数据录入软件。然而，目前使用最多的仍是键盘录入。

2．手工录入注意事项

键盘录入容易出现错误，录入人员可能因为手指错位、错看、串行等原因造成录入错误，如将编码 BHZ078411119 录入为 BH7O784111119。如果录入人员工作态度不够认真负责或者技术不够熟练，更会扩大差错率。因此，采用手工录入时，可采取以下措施，控制录入质量。

（1）挑选工作认真、有责任心、技术水平高的人员组成数据录入小组。

（2）随时加强对录入人员的培训、管理和指导。

（3）定期不定期检查录入人员的工作效率和质量，对差错率和录入速度不达标的录入人员予以淘汰。

（4）对录入的资料进行抽样复查，一般比例为25%～35%。

（5）双机录入，即采用两台计算机分别录入相同资料，比较并找出不一致的数据，确定差错并更正，以提高数据质量。其缺点是投入的时间和费用较高。

三、编制统计图表

市场调查取得了大量反映个体情况的原始资料，对这些原始资料进行科学的分类、编码、录入之后，就可以得到反映总体综合情况的统计资料，这些资料数据必须通过有效的方式得以显示，其主要形式是编制统计图表。

编制统计图表是资料整理归纳的最后一个步骤，也是数据分析工作的开始。在实践中，显示数据主要有两种形式，一种是统计表，另一种是统计图。

1. 编制统计表

统计表是表现调查资料的一种重要形式，即将调查得来的原始资料经过整理，使之系统化，用表格形式表现。

从形式上看，统计表是由纵横交叉的直线组成的左右两边不封口的表格，表的上面有总标题，即表的名称，左边有横行标题，上方有纵栏标题，表内是统计数据。因此，统计表的构成一般包括4个部分：

（1）总标题。它相当于一篇论文的总标题，表明全部统计资料的内容，一般写在表的上端正中。

（2）横行标题。通常也称为统计表的主词（主栏），它表明研究总体及其分组的名称，也是统计表说明的主要对象，一般列于表的左方。

（3）纵栏标题。表明总体特征的统计指标的名称，一般写在表的上方。

（4）数字资料，即表格中的数字。

2. 统计表分类

根据统计表的不同形式可以分为简单列表和交叉列表。

（1）简单列表。

简单列表是指将资料总体按照一个标志分组，显示对问卷中某一个问题做出每种可能回答的人的数量。

表4-22所示为居民购买电器的渠道调查中得到的资料，第一列是购买地点，第二列给出了频数，即统计出来回答问题的人数，第三列是相应的比例数。

表4-22　居民购买电器的渠道频数分布表

购买地点	人数（人）	频率（%）
网络商城	591	31.98
百货商店	798	43.18
品牌专卖店	459	24.84
合计	1848	100.00

练一练 17-4

表 4-22 反映了什么情况？

简单列表中的变量可以是定性变量，也可以是定量变量。其中，定量变量又分为连续变量和离散变量。在一定区间内可以任意取值的变量称为连续变量，其数值是连续不断的，相邻两个数值可作无限分割，即可取无限个数值。例如，生产零件的规格尺寸，人体测量的身高、体重、胸围等都为连续变量，其数值只能用测量或计量的方法取得。离散变量是指其数值只能用自然数或整数单位计算的则为离散变量。例如，企业个数、职工人数、设备台数等，只能按计量单位数计数，这种变量的数值一般用计数方法取得。

对于连续变量，简单列表必须采用组距式分组（即用表示一定范围的一个区间作为一个组）；而对于离散变量可以采取单项式分组（即用一个具体的数值表示一个组）。表 4-23 和表 4-24 分别是对连续变量和离散变量的简单列表。

表 4-23　某企业平均工资情况

按工资收入分组（元）	人数（人）	比例（%）
<1000	30	10.63
1001～2000	88	31.20
2001～3000	98	34.75
3001～4000	30	10.63
4001～5000	26	9.22
>5001	10	3.57
合计	282	100.00

练一练 17-5

如果该企业所在地区居民人均年收入为 18000 元，那么表 4-23 说明了什么问题？

表 4-24　某地区居民家庭住房数分布表

按居民家庭住房拥有数分组（套）	居民户数（户）	比例（%）
0	50	10.25
1	318	65.16
2	90	18.44
≥3	30	6.15
合计	488	100.00

练一练 17-6

表 4-24 反映了什么情况？

在编制简单列表时应该注意"比例"一栏计算的基数问题。通过对调查资料的整理发现，并非所有的调查者均需回答全部问题，对同一问题，被调查者可能有多种回答，还存在着拒绝回答的情况，如何科学计算"比例"是要注意的问题。一般可采用选"作出回答的人数"作为基数，选"需要回答此问题的人数"作为基数，也可以采用"被调查者数而非答案的总数"作为基数。

（2）交叉列表。

交叉列表是指将资料按照两个或两个以上标志分组，目的是结合对其他问题的回答来考察对某一个问题的答案。

简单列表可以回答很多调研问题，但是对每个问题的单独分析毕竟不够深入，因为问题是相互关联的，而交叉列表可以就每个问题做不同因素组合的深入分析。所以在实践中应用极其广泛。

虽然人们可以就一个问题结合多种因素进行分析，但过多的变量会使分析过于复杂，因此，一般交叉列表针对两种因素分析。把要分析的资料分成纵横两个方面，形成二维数据。分析时既可以对每个数据计算百分比，也可以按行或列进行计算，由于这些百分比要从各行或各列的总和中计算出来，因而交叉列表通常被称为列联表，它是进行统计分析表重要的基础。

表 4-25 所示为婚姻状况和性别对衣服支出水平的交叉列联分析，即为一个交叉列表。

表 4-25　婚姻状况和性别对衣服支出水平的交叉列联分析（%）

衣服支出水平	性别			
	男		女	
	婚姻状况		婚姻状况	
	已婚	未婚	已婚	未婚
高（人）	35	40	25	60
低（人）	65	60	75	40
合计（人）	100	100	100	100
样本数（人）	400	120	300	180

练一练 17-7

从表 4-25 可以看出，在衣服支出方面，存在着高低之分。已婚男性及女性绝大部分在购买衣服方面的支出低。而未婚女性大多数在购买衣服方面的支出高。

你能分析出其中的原因吗？

（3）制表应注意的问题。

第一，制表要求科学、实用、简明、美观。

第二，表格一般采用开口式，表的左右两端不画纵线，表的上下通常用粗线封口。

第三，一个表集中说明一个问题，如果反映的内容较多，可以分为几个表来表达。

第四，表格的左上方是表的序号，表格上方的总标题要简明扼要，恰当反映表中的内容。

第五，表格中的数字要注明计量单位。

练一练 17-8

某地区 200 家企业的有关资料如下：

2000 人以下的企业中，全民企业 10 家，集体企业 5 家，合资企业 3 家；

2001～3000 人的企业中，全民企业 20 家，集体企业 34 家，合资企业 4 家；

3001～4000 人的企业中，全民企业 15 家，集体企业 15 家，合资企业 2 家；

4001～5000 人的企业中，全民企业 20 家，集体企业 15 家，合资企业 1 家；

5001～6000 人的企业中，全民企业 20 家，集体企业 10 家，合资企业 1 家；

6001 人以上的企业中，全民企业 15 家，集体企业 10 家，合资企业 0 家。

根据以上资料，请你在下面空白处编制简单列表和交叉列表。

四、编制统计图

从效率上来说，用文字描述优于口头表达，用图表展现又要优于文字描述。调查资料整理的结果，可以用统计表来表示，但对某些调查结果，特别是重要的结果，用图形表示更充分、更有效。统计图从视觉角度来说具有简洁具体、形象生动和直观易懂的特点，能给人明确深刻的印象，一般能取得较好的效果。以下是三种常用的图形。

1. 条形图

条形图也称柱形图，是以宽度相等的条形的长度或高度来反映统计资料。所表示的统计指标可以是绝对数，也可以是相对数和平均数；可以是不同地区、单位之间的同类现象，也可以是不同时间的同类现象。根据图形的排列方式，条形图可以分为纵式条形图（即柱状图）和横式条形图（即带形图）；根据图形的内容区分，有单式条形图、复式条形图、分段条形图。

使用 Excel 软件的"图表向导"功能可以迅速实现所需的图形，如图 4-3 和图 4-4 所示。

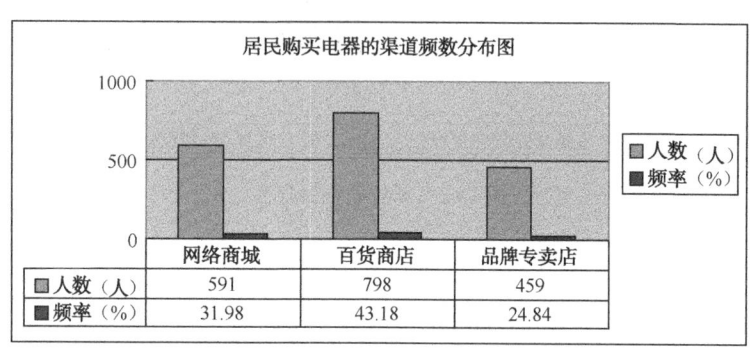

图 4-3 利用 Excel 软件生成条形图表

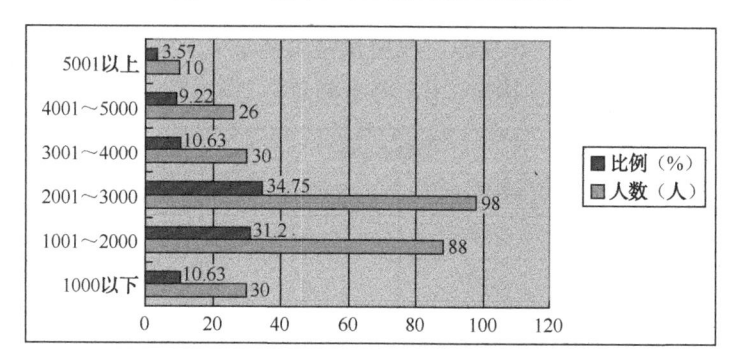

图 4-4 利用 Excel 软件生成条形图表

2. 饼形图

饼形图是用圆形和圆内扇形的面积来表示数值大小的图形，主要用于表示总体中各组成部分所占的比例，对研究结构性问题十分有用。在绘制圆形图时，总体中各部分所占的百分比用圆内的各个扇形面积表示，这些扇形的中心角度是按各部分百分比占 360°的相应比例确定的。

如某校新学期各专业招生情况如表 4-26 所示。

表 4-26　某校新生报到一览表

专　业	人数（人）	比例（%）
市场营销	110	15.49
电子商务	250	35.21
物流管理	60	8.45
会计	200	28.17
计算机	90	12.68

使用 Excel 软件制图后，可形成饼形图，如图 4-5 所示。

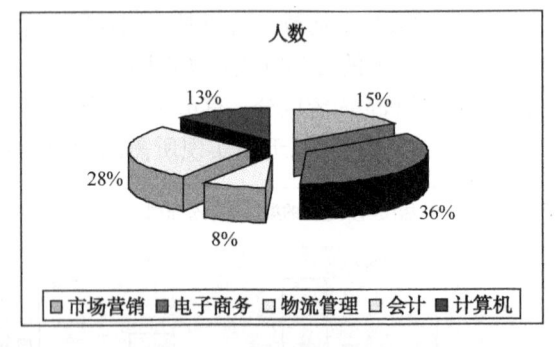

图 4-5　新生比例饼形图

3. 环形图

环形图又称圆环图，是将总体或样本中的每一部分数据用环形中的一段表示。环形图也可同时绘制多个总体或样本的数据系列。每一个总体或样本的数据系列为一个环。例如，在一项有关住房问题的研究中，调查人员在甲、乙两个城市各抽样调查 300 户家庭，其中一个问题是："您对目前的居住环境的空气质量是否满意？"备选答案有："A．非常不满意　B．不满意　C．一般　D．满意　E．非常满意"，调查结果如图 4-6 所示。

回答类型	甲城市家庭 户数（户）	甲城市家庭 比例（%）	乙城市家庭 户数（户）	乙城市家庭 比例（%）
非常不满意	25	8	70	23
不满意	100	33	65	22
一般	95	32	50	17
满意	50	17	97	32

(续表)

回答类型	甲城市家庭		乙城市家庭	
	户数（户）	比例（%）	户数（户）	比例（%）
非常满意	30	10	18	6
合计	300	100	300	100

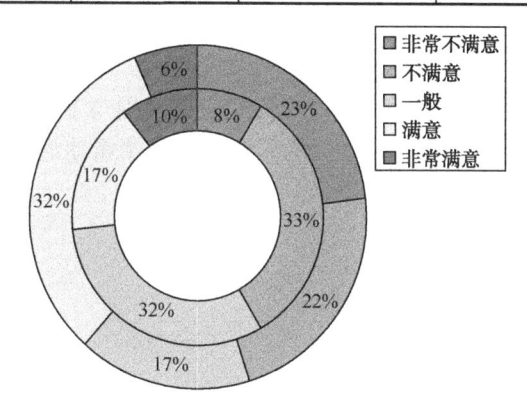

图 4-6　甲乙城市家庭居住情况图

如何使用 Excel 制作图形，请参考相关图书或资料。

实训与练习

一、选择题

1.（　　）就是将问卷中所有的调查问题和每一个答案都分配一个代码，即把文字等形式的问题及答案转化成统一设计的计算机可识别的符号或数字。

　　A．编号　　　　B．编码　　　　C．排序　　　　D．排码

2.对问卷的答案进行编码可以有（　　）。

　　A．事前编码　　B．预先编码　　C．事后编码　　D．事中编码

3.以下不属于编码注意事项的是（　　）。

　　A．分类的尺度不必太紧，以免浪费时间

　　B．为保证每一类回答都有类可归，又避免分类过细，可设置一个"其他"的分类

　　C．每一个问题中的分类应含义明确，避免与其他分类产生交叉

　　D．对错误或疏漏的回答可用-1 来表示

4.采用手工录入时，可采取（　　）措施，控制录入质量。

　　A．挑选认真负责的人员组成数据录入小组

　　B．加强对录入人员的培训、管理和指导

　　C．定期/不定期地检查录入人员的工作效率和质量

　　D．对录入的资料进行抽样复查

5.（　　）是指将资料按照两个或两个以上标志分组，目的是结合对其他问题的回答来考察对某一个问题的答案。

　　A．交叉列表　　B．简单列表　　C．相互列表　　D．对称列表

二、简答题

1. 什么是编码，其在市场调查中的作用是什么？
2. 编码时应该注意哪些事项？
3. 统计表一般由哪些部分构成？在进行制表时应注意哪些问题？

三、实训题

1. 业务能力

必达公司进行完市场调查后，决定对《关于空调使用与节能环保的调查问卷》进行编码，可广峰和他的同事实在太累了。亲爱的同学，快来帮帮他们吧！

Q1：您所在的地区是以下哪个？
○ 农村　　　　　○ 乡镇　　　　　○ 城市

Q2：您的家庭平均月收入是多少？
○ 5000 元以下　　　　　　○ 5001～10000 元
○ 10001～25000 元　　　　○ 25000 元以上

Q3：您家有几台空调？
○ 1 台　　　○ 2 台　　　○ 3 台　　　○ 暂无

Q4：您家的空调是什么形式的？
□ 壁挂式　　　　　　　　□ 立柜式
□ 中央空调　　　　　　　□ 其他_____

Q5：您购买空调时主要考虑的因素是？
○ 价格　　　○ 功率　　　○ 质量　　　○ 外观
○ 功能　　　○ 服务　　　○ 品牌　　　○ 其他

Q6：您认为空调的哪种性能最重要？
○ 高效　　　○ 功能多样　　　○ 外观时尚　　　○ 节能环保

Q7：您家的空调经常使用吗？
○ 夏冬季都经常用　　　　○ 夏季经常用，冬季偶尔用
○ 仅在夏季用　　　　　　○ 不怎么使用

Q8：（夏季）您会在室温多少度以上开空调？
○ 26℃以上　　○ 28℃以上　　○ 30℃以上
○ 32℃以上　　○ 其他

Q9：（夏季）您在开空调时会把室温定在多少度？
○ 20℃以下　　　　　　○ 21～24℃
○ 25～28℃　　　　　　○ 28℃以上

Q10：（夏季）您家里空调平均每天使用多长时间？
○ 1～3 小时　　　　　　○ 3～6 小时
○ 6～10 小时　　　　　　○ 10 小时及以上

Q11：您在家使用空调期间一个月的电费大约比不使用空调多出多少？（参考计价/元，50 度及以内：0.538；50 度以上至 150 度：0.568；200 度以上：0.638）

○ 100 元以下 　　　　　　　　　　　○ 101～250 元
○ 251～500 元 　　　　　　　　　　 ○ 501 元以上

Q12：如果有一款空调的功率和电风扇的功率差不多，且环保，您会考虑把家里现有的空调换成这种节能环保型的吗？
○ 会，且毫不犹豫 　　　　　　　　○ 会更换一台
○ 等现有的空调报废后考虑购买 　　○ 不会考虑更换

Q13：您是否关注环境问题，例如全球变暖、臭氧层破坏等问题？
○ 关注 　　　　　○ 一般 　　　　　○ 不关注

Q14：您是否清楚空调制冷制热对环境的危害？
○ 清楚 　　　　　○ 一般 　　　　　○ 不清楚

Q15：在了解危害后您是否会减少使用空调的频率？
○ 不会，仍然随性 　　　　　　　　○ 会适当减少
○ 会减少较大幅度 　　　　　　　　○ 完全不用了

Q16：您觉得使用空调对环境的影响有哪些？
□ 全球变暖 　　　□ 臭氧层破坏 　　□ 酸化
□ 富营养化 　　　□ 无影响 　　　　□ 其他_____

2．为研究广告市场的状况，必达公司在某城市随机抽取 300 人对广告问题做了问卷调查，其中的一个问题是："以下哪类广告更容易吸引您的注意力？（　　）"

A．电视广告 　　　B．广播广告 　　　C．报纸广告 　　　D．杂志广告
E．网络广告 　　　F．车身广告 　　　G．宣传单张 　　　H．其他

根据资料整理，选择 A 的有 96 人，选择 B 的有 10 人，选择 C 的有 15 人，选择 D 的有 78 人，选择 E 的有 25 人，选择 F 的有 40 人，选择 G 的有 20 人，选择 H 的有 16 人。

请你根据以上数据整理一份数据统计表。

3．请根据第二题的数据统计表，使用 Excel 软件生成三种不同的图形。

4．为了确定灯泡的使用寿命（小时），在一批灯泡中抽取了 30 只进行测试，所得结果如表 4-27 所示。

表 4-27　灯泡使用寿命测试数据表

700	716	695	709	700	730	722	717	694	723
704	755	699	724	728	693	723	721	697	699
711	734	727	698	708	729	712	733	693	721

请同学们根据上述资料，以组距为 10 进行分组，绘制条形图和饼形图。

5．请认真分析图 4-7。

请问，图 4-7 反映了一个什么样的情况？请预测 2016 年的数值，然后尝试在图中补齐柱形图。

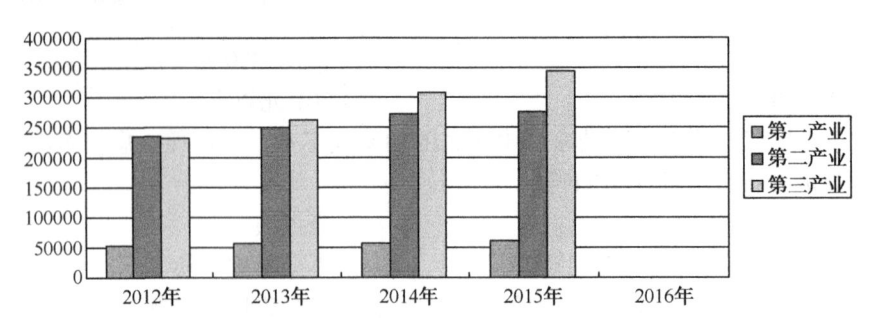

图 4-7 2012—2015 年我国各产业国内生产总值柱形图

综合实训

必达公司 2016 年对家电产品的购买情况进行了一次调查。在广州、深圳、佛山、中山四个城市，采用邮寄问卷调查的方式进行。调查问卷的部分内容如下：

1．您的性别是_____？
  A．男（   ）   B．女（   ）
2．您的年龄是_____。
3．您的文化程度是_____。
  A．小学及以下（   ）   B．初中（   ）   C．高中或中专（   ）
  D．大学专科（   ）   E．大学本科（   ）   F．研究生或以上（   ）
4．请问您在购买时主要考虑的因素是（限选三项）？
  A．商品的功能（   ）   B．商品的品质（   ）
  C．商品的外观（   ）   D．商品的价格（   ）
  E．商品的品牌（   ）   F．商品的售后服务（   ）
  G．朋友介绍（   ）   H．其他（   ）
5．真正的好产品是不需要广告的，您同意这种说法吗？
  A．非常同意（   ）   B．同意（   ）   C．无所谓（   ）
  D．不同意（   ）   E．非常不同意（   ）
6．买东西时您经常货比三家。
  A．非常同意（   ）   B．同意（   ）   C．无所谓（   ）
  D．不同意（   ）   E．非常不同意（   ）

对上述问卷的编码列入表 4-28 中。

表 4-28　2016 年家电产品购买情况编码表

变量编号	变量名称及说明	变量位数	编码说明
1	问卷编号（编号）	3	001～500
2	城市编号	1	1．广州；2．深圳；3．佛山；4．中山
3	访问编号	3	首位是城市编码，后两位是访问员编码：如 01～50
4	Q1 受访者性别（访问记录）	1	1．男；2．女

(续表)

变量编号	变量名称及说明	变量位数	编码说明
5	Q2 受访者年龄（　　）岁	2	按照访问对象的实际年龄填写，如 16～60
6	Q3 受访者学历	1	1. 小学及以下；2. 初中；3. 高中或中专；4. 大学专科；5. 本科；6. 研究生
7	Q4 购买时考虑的因素	1	1. 商品的功能；2. 商品的质量；3. 商品的外观；4. 商品的价格；5. 商品的品牌；6. 商品售后服务；7. 朋友的推荐；8. 其他
8	Q5 真正的好产品是不需要广告的	1	5. 非常同意；4. 同意；3. 无所谓；2. 不同意；1. 非常不同意
……	……	……	……

实训要求

（1）完善此调查问卷和编码说明书。

（2）按原分组自由选择调查方式开展调查活动。

（3）对回收的问卷进行全面整理并进行简单的分析。

（4）有能力的同学可以尝试撰写调查分析报告，也可以在讲授到相关内容后再撰写。（必须用图形化以及表格化的方式表现）

拓展阅读（具体内容请扫描右侧二维码）

任务 18　分析调查数据

技能目标	知识目标	素质目标	建议课时
能根据图表数据进行资料分析　学会运用不同的方法开展分析工作	了解调查资料分析的规则	培养逻辑思维能力、分析能力	4

任务情境

连续多天的加班之后，广峰感觉非常疲劳，这些天整理资料、录入数据实在太累了，虽然工作相对简单，但是精神也高度紧张，生怕输入错一个数字而影响最终的数据。

今天广峰一回到家就躺在沙发上，可脑子里混乱极了。眼前一会儿飞舞着无数的数字，仿佛是一群讨厌的苍蝇在面前绕来绕去；一会而又是一堆的表格，像是一张网撒过来；一会又是那讨厌的柱形图，砸过来，压下来。

忽而组长抱着一堆资料出现在面前，拍敲着桌子大声吼道："A>B，B>C，C>D，D>A，你说，这是为什么？快说，快，客户等着呢！"

广峰吓得跳起来，一身冷汗！原来是南柯一梦。唉！明天就要开始进行调查数据分析了，这工作太伤脑筋了，搞得都做恶梦了。不过，广峰坚信没有完不成的任务。

在完成对数据的整理、编码及录入，并形成图表之后，市场调查工作就可以进入下一阶段资料分析了。前期的工作比较烦琐，相对耗费"体力"，后期的分析工作则相对耗"脑力"。因此，这一阶段的资料分析工作，更需要有经验的市场调查员加入。

市场调查资料分析的本质是对已整理的数据和资料进行深加工，从数据导向结论，从结论导向对策，使调查者从定量认识过渡到更高的定性认识，从感性认识上升到理性认识，从而有效地回答和解释原来定义的市场调查问题，实现市场调查的目的和要求，满足管理决策的信息需求。

一、市场调查资料分析的规则

在市场调查的全过程中，市场调查资料分析应遵循以下规则。

1．从目的到研究

从市场调查的目的出发，有针对性地选择分析的内容和方法，才能有效地回答和解决所定义的市场调查问题。

2．从局部到整体

从局部问题的分析研究开始，再过渡到对整体的全面认识，才能有效地揭示市场调查现象的本质和规律。所有的题目都是为实现服务整体调查目的而设置的，在开展调查工作之后，就必须把局部的问题合并，将各题反映的情况结合起来分析。

如某调查问卷中：
Q1：您的性别是：
A．男　　　　　　B．女
Q2：您购车首选车型是：
A．家用轿车　　B．运动型多用途汽车　　C．旅行型多用途汽车
统计结果得出：在样本总数为 100 的调查中，50 人为男性，50 人为女性。而 Q2 题目中，50%选择家用轿车。那么可以推断绝大部分消费者喜欢家用轿车车型。而如果仅仅单看第一题，根本没法得出任何结论。

3．从单项到多项

认识市场调查问题的各个方面的情况，需要从单项指标或单个数列的认识过渡到多项指标或多个数列的认识，以获得对总体的全面认识。

4．从表层到里层

为了抓住现象发展变化的内在本质，有必要深入事物的里层，了解总体的内部结构和内在变化。

5．从静态到动态

为了认识事物的总体的、内部的和事物联系的发展动态，必须利用动态分析的方法去认识事物发展变化的过程、趋势、规律及其原因。

6. 从结果到原因

为了认识事物发展变化的原因，对比研究应在认识事物本身变化的基础上，去探索影响事物变化的历史背景和现实背景，各种内部因素和外部因素的影响作用和它们之间的数量联系，使定量认识更全面。

练一练 18-1

某地区粮食单位面积产量和施肥量的关系列表如表 4-29 所示。

表 4-29　某地区粮食单位面积产量和施肥量的关系表

每公顷化肥施用量（千克）	粮食单位面积产量（千克/公顷）
116.25	2827.5
133.50	3124.5
145.50	3396.0
153.75	3608.3
163.50	3484.0

请问：粮食单位面积产量和施肥量存在着怎样的关系？

7. 从过程到规律

认识事物发展变化的规律，应在分析事物发展变化过程的基础上，抓住事物的内部结构、总体和内部的动态、内因与外因的联系，去认识事物变化的本质特征，从而达到认识规律的目的。

8. 从规律到预测

在认识事物发展变化的本质、趋势和规律的基础上，对事物未来的发展做出定性认识或定量认识。

9. 从问题到对策

思考对策和提出对策是建立在认识事物的情况和问题的基础上的，也只有这样，才能使对策具有现实性、针对性和可行性。

某学校在针对课堂学习氛围的调查中，发现 90% 以上的学生曾经在听课时看手机。而在问及"如何才能把学生注意力从手机转移到课堂学习中"的开放式问题中，有多个意见，包括"没收手机""砸了手机""暂时保管，下课归还""关机""合理使用，如搜索与授课内容相关信息""教师多变的教学方式"等。题目中的问题是"手机影响学习"。解决方案则有多个,而其中砸手机、没收手机之类的答案,不管支持率多高,显然都不应成为最终选择的对策。

10. 从单一方法到多种方法

在分析研究各种问题时,既要选择合适的分析方法,又要善于将不同的方法组合起来应用。

二、选择分析方法

1. 定性分析

定性分析就是要确定数据资料的性质,是通过对构成事物"质"的有关因素进行理论分析和科学阐述的一种方法。定性调查常用来确定市场的发展态势与市场发展的性质,主要用于市场探究性分析。定性调查是市场调查和分析的前提与基础,没有正确的定性分析,就不能对市场作出科学而合理的描述,也不能建立起正确的理论假设,定量调查也就因此失去了理论指导。而没有理论指导的定量分析,也不可能得出科学和具有指导意义的调查结论。

(1) 操作过程。

定性分析市场调查资料一般要经历以下几个操作环节:

① 审读资料数据。首先对于要分析的资料数据进行认真的审查和阅读。审读时,要对访问或观察记录所反映的调查对象的实际情况做好事实鉴别,将数据资料按问题分类、选取有意义的事例,为下一步定性分析做好准备。

② 知识准备。调查分析人员在分析前要做好定性分析的知识准备。如查找相关分析知识、理论及推导逻辑过程,实际上这种知识准备主要是有关理论的进一步学习。在市场调查实践中,整个工作过程都可能涉及一些理论准备,定性分析的知识准备主要是做进一步分析工作的准备。

③ 制定分析方案。制定分析方案是指整体性考虑分析什么材料,用什么理论,从什么角度对调查资料数据进行解释。当然,资料的审查与理论知识的准备过程也是设计方案的过程,但完整的分析方案的形成一般在前两个步骤之后进行。

(2) 定性分析方法。

进行定性分析时,市场调查人员可以有以下几个选择方法。

① 对比分析。对比分析的具体操作:将被比较的事物和现象进行对比,找出其异同点,从而分清事物和现象的特征及其相互联系。

在市场调查中,就是把两个或两类问题的调查资料相对比,确定它们之间的相同点和不同点。市场调查的对象不是孤立存在的,而是和其他事物存在着或多或少的联系,并且相互影响,而对比分析有助于找出调查事物的本质属性和非本质属性。

在运用比较分析法时要注意:可以在同类对象间进行,也可以在异类对象间进行;要分析可比性;对比应该是多层次的。

> 必达公司在调查空调机销售情况时,通过对普通空调机的销售分析,得出结论,依据表4-30来推断变频空调的销售变化规律及特点。

表 4-30　某市半年来普通空调销量表

单位：台

序　号	月　份	2014 年	2015 年
1	3 月	4200	3856
2	4 月	4329	4102
3	5 月	4618	4502
4	6 月	6005	5120
5	7 月	6890	5500
6	8 月	12308	8350
7	9 月	9200	8135
合　计		47550	39565

广峰认为，与 2014 年同期相比，普通空调机销量均出现下跌趋势，但由于地球气温持续升高，空调机市场不可能萎缩。因此，普通空调机销量下降，空出来的市场份额必将为变频空调等具有绿色环保、低能耗的空调所占领。

② 推理分析。推理分析的操作：由一般性的前提推导出个别性的结论。

市场调查中的推理分析，就是把调查资料的整体分解为各个因素、各个方面，形成分类资料，并通过对这些分类资料进行研究，分别把握其特征和本质，然后将这些通过分类研究得到的认识联结起来，形成对调查资料整体和综合性认识的逻辑方法。使用时需要注意，推理的前提要正确，推理的过程要合理，而且要有创造性思维。

案例 18-1

早在 20 世纪 60 年代，日本汽车丰田公司就对世界上主要汽车生产国生产的汽车型号、能源消耗的情况进行过市场调查。结果，调查发现各国生产的汽车油耗普遍较高，而石油资源是不可再生资源。丰田意识到：一旦发生能源危机，小排量、低油耗汽车一定畅销。很快在调查的基础上做出决策——上低油耗车型的生产项目。1973 年石油危机爆发，丰田公司生产的低油耗车型大举进入美国市场，占据了很大的市场份额。在国内强大的压力下，一向标榜"贸易自由"的美国政府被迫向日本政府施加压力，要求限制其向美国的汽车出口。

③ 归纳分析。归纳分析就是由具体、个别或特殊的事例推导出一般性规律及特征，即在市场调查所收集的资料之中，归纳出若干个问题所共有的特性，揭示这几个问题所包含的共性特征和自身的思想内涵，用以支持和证明观点。归纳分析法是市场调查分析中应用最广泛的一种方法，具体操作可以分为完全归纳、简单枚举和科学归纳。这是一种由个别到一般的论证方法，它是建立在大量的事实论据之上的，是通过大量的事实来证明论点，俗话说"事实胜于雄辩"，因而这一论证方法具有较强的说服力。

完全归纳：根据调查问题中每个对象的某种特征属性，概括出该类问题的全部对象整体所拥有的本质属性。应用完全归纳法要求分析者准确掌握某类问题全部对象的具体数量，而且还要调查每个对象，了解它们是否具有所调查的特征。但在实际应用中，调查者往往很难满足这些条件，因此，使完全归纳法的使用范围受到一定的限制。

简单枚举：根据目前调查所掌握的某类问题一些对象所具有的特征，而且没有个别不同的情况，来归纳出该类问题整体所具有的特征。这种方法是建立在应用人员经验的基础上的，操作简单易行。但简单枚举法的归纳可能会出现偶然性，要提高结论的可靠性，则分析考察的对象就应该尽量多一些。

科学归纳：根据某类问题中的部分对象与某种特征之间的必然联系，归纳出该类问题所有对象都拥有的某种特征。这种方法应用起来较复杂，但很科学。

2．定量分析

定量分析是指从市场的数量特征方面入手，运用一定的数据处理技术进行数量分析，而挖掘出数量中所包含的市场本身的特性及规律性的分析方法。常用的方法有相关分析法、判别分析法、因子分析法、聚类分析法、回归分析法等。

（1）相关分析法。

相关分析法是通过计算变量之间的相关系数，分析现象之间的相关关系和相关程度，并用适当的数学表达式表示的统计分析方法。在相关分析法中，还要分析相关关系中哪些是主要因素，哪些是次要因素，这些因素间的关系如何。

当一种市场现象的数量随另一种市场现象的数量的变动而变动，并且它们之间有确定的关系，则这两个变量之间是函数关系，如 $Y=3X-2$。当这两个变量的关系不能够完全确定，但可能在一定程度上相关时，称它们之间存在相关关系。如商品的销售额与商品价格的关系，影响商品的销售额除了商品价格这个因素以外，还受商品的质量、包装、销售地点、收入水平等其他因素的影响。

认真阅读表 4-31 所示资料，思考收入与拥有超级本手提电脑存在着什么关系？

表 4-31　超级本手提电脑的拥有情况与收入之间的关系（人数）

拥有情况	收入水平			合计
	高收入水平	中等收入	低收入	
有	252	156	96	504
没有	156	240	300	696
合计	408	396	396	1200

散点图常常在进行相关关系分析时用到，是用于描述两个变量之间的相关关系的图形，通过散点图可以直观地看出变量之间的关系、联系程度。

例如，一个音像商店调查了在过去三个月内的连续 10 次利用周末电视广告进行促销的资料，如表 4-32 所示。

表 4-32　广告与销售额关系表

周次	1	2	3	4	5	6	7	8	9	10
广告播出次数	2	5	1	3	4	1	5	3	4	2
商店销售额（万元）	50	57	41	54	54	38	63	48	59	46

根据上述资料，以广告播出次数为横轴，以商店销售额为纵轴，形成的散点图，如图 4-8 所示。

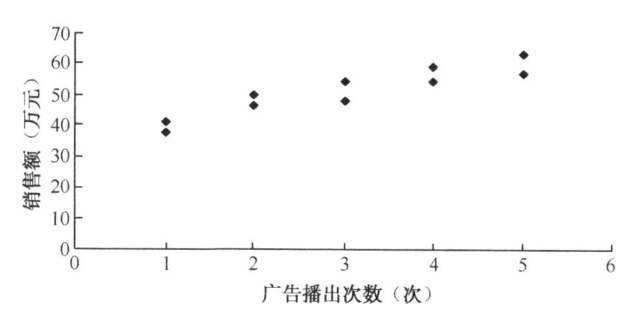

图 4-8　某商店广告次数与销售额散点图

从图 4-8 可看出，商店电视广告播出次数的多少与商店销售额存在明显的正线性相关性。即随着广告播出次数的增多商店的销售额呈线性增大关系。

（2）判别分析法。

判别分析法是判别样本所属类型的一种多变量统计分析方法。通常是在已知被研究对象已经被分为若干组的情况下，确定新的被研究对象属于已知类型的哪一类。如判别某个顾客是可能购买者还是非可能购买者，是某产品的可能使用者还是非可能使用者。

（3）因子分析法。

因子分析法是将大量的变量和样本进行归类，并寻找变量之间的数据结构，构造少量的因子去解释大量的统计变量。通过研究众多变量之间的内部依赖关系，探求观测数据中的基本结构，且用少数一个"类别"变量来表示基本的数据结构。分析影响变量或支配变量的共同因子有几个、各因素的本质如何，由表及里地探索市场之间的本质联系。在市场研究中，因子分析法常用来分析消费者对各种消费品的态度，研究消费者选择消费品的因素，从而为制定营销策略和拟定广告宣传主题提供参考依据。

（4）聚类分析法。

聚类分析法是根据研究对象的特征而对研究对象进行分类的一种多元分析技术，把性质相近的个体归为一类，使得同一类中的个体都具有高度的同质性，不同类之间的个体具有高度的异质性。在市场研究中涉及市场细分问题时，常使用聚类分析法。

（5）回归分析法。

回归分析法是对自变量和因变量的调查数据进行分析、计算并归纳出一个反映因变量与自变量之间统计数据关系，也就是说，它和相关分析一样都是研究变量间关系的方法。但两者的应用范围不同：在回归分析中，因变量被放在了被解释的主要地位，而相关分析关注的是因变量和自变量之间的密切程度，两者地位平等。其计算公式为 $Y=a+bx$。

如果在回归分析中，只包括一个自变量和一个因变量，且两者关系可用一条直线近似表示，这种回归分析称为一元线性回归；如两者关系不能用一条直线近似表示，则称为非线性回归；如果回归分析中包括两个或两个以上的自变量，那么就称作多元回归分析，当然它也包括曲线关系的情况。

三、调查资料的列表分析技术

1. 单项频次列表

这种列表显示了对每个问题每种可能回答的人的数量,可以进行由表及里的分析,为更加复杂的列表提供基础。

必达公司在对某保险公司关于交通事故调查的最初记录显示,该公司有57%的保户从未在驾车时出过事故,列项如下:

A. 从未出过事故   B. 至少出过一次事故

根据回收的问卷,对该问题的答案可得出如表4-33所示单项频次列表。

表4-33 交通事故调查单项频次列表

选 择	样本总数(人)	比例(%)
从未出过事故	228	57.0
至少出过一次事故	172	43.0
合计	400	100

2. 两项频次列表

两项频次列表是同时将两个调查中的变量,按照一定顺序对应排列在一张表中,从而使交叉表中每个节点的值反映不同标量的某一特征。

两项频次列表简单易行,主要用来分析两个变量之间是否存在相关关系,不需要过多的统计知识,容易被经营管理人员接受和理解。

案例18-2

必达公司调查员广峰为了进一步了解交通事故发生与性别是否存在某种联系,在上述资料基础上引入性别变量,形成两项频次列表,如表4-34所示。

表4-34 交通事故调查两项频次列表

	男性	女性
从未出过事故	54%	60.0%
至少出过一次事故	46%	40.0%
样本总数(人)	200	200

这个调查结果令广峰大跌眼镜,颠覆了他以为女性驾驶技术比男性差、交通事故必定更多的惯性思维!于是广峰根据以上数据,向领导进行汇报,同时猜测原因可能与男性在应酬时饮酒,以及女性更加细心有关。

组长怀疑广峰调查结论的准确性,提出一个可能:男性开车次数及时间比女性多,因此事故也多。广峰表示将继续跟进调查,并引进第三个变量"开车驾驶里程",研究结果如表4-35所示。

表4-35 交通事故调查中"开车驾驶里程变量"引入后的统计表

	男性		女性	
开车驾驶里程（千米）	>15000	<15000	>15000	<15000
至少出过一次事故（%）	59.8	40.2	60.0	40.0
样本总数（人）	55	37	48	32

练一练 18-2

究竟事故发生率是与性别相关，还是与驾驶里程相关？请你与同学讨论后说说你的看法。

实训与练习

一、单选题

1．市场调查资料（　　）的本质是对已整理的数据和资料进行深加工，从数据导向结论，从结论导向对策，使调查者从定量认识过渡到更高的定性认识，从感性认识上升到理性认识。

　　A．整理　　　　B．编码　　　　C．录入　　　　D．分析

2．以下选项不属于市场调查资料分析的规则的是（　　）。

　　A．从目的到研究　　　　　　B．从局部到整体

　　C．从原因到结果　　　　　　D．从表层到里层

3．从市场调查的（　　）出发，有针对性地选择分析的内容和方法，才能有效地回答和解决所定义的市场调查问题。

　　A．步骤　　　　B．目的　　　　C．对象　　　　D．人员

4．（　　）就是要确定数据资料的性质，是通过对构成事物"质"的有关因素进行理论分析和科学阐述的一种方法。

　　A．回归分析　　B．定性分析　　C．定量分析　　D．正态分析

5．某汽车生产商在开展市场调查后，根据资料反馈进行数据分析，发现近五年来汽油价格持续提高，此外国家加大力度扶持新能源的发展，于是决定开发生产新能源汽车及节能汽车。则该汽车生产商所采用的分析方法是（　　）。

　　A．判别分析　　B．推理分析　　C．对比分析　　D．归纳分析

二、简答题

1. 市场调查资料分析有哪些规则？
2. 定性分析市场调查资料一般要经历哪几个操作环节？
3. 什么是定量分析？常用的定量分析方法有哪些？

三、实训题

1. 必达公司针对是否拥有笔记本电脑，在某市进行市场调查，在进行资料分析时，结合受教育情况及学历水平两个变量列表如下，请你认真阅读表 4-36 资料并进行相关分析。

表 4-36 教育情况及学历水平两项频次列表

拥有笔记本电脑情况	受教育程度					
	大专以上			大专以下		
	收入水平			收入水平		
	高收入	中等收入	低收入	高收入	中等收入	低收入
有	65%	63%	60%	40%	34%	20%
没有	35%	37%	40%	60%	66%	80%
合计	100%	100%	100%	100%	100%	100%
个案数	200	196	196	208	200	200

有人说，表 4-36 相关性的变量是"收入水平"与"拥有情况"，你认为呢？

2. 2007 年 12 月 31 日，中华人民共和国国务院办公厅下发了《国务院办公厅关于限制生产销售使用塑料购物袋的通知》。这份被群众称为"限塑令"的通知明确规定："从 2008 年 6 月 1 日起，在全国范围内禁止生产、销售、使用厚度小于 0.025 毫米的塑料购物袋"；"自 2008 年 6 月 1 日起，在所有超市、商场、集贸市场等商品零售场所实行塑料购物袋有偿使用制度，一律不得免费提供塑料购物袋"。

距离这份法令颁布已经过去好些年了，请你进行一次调查，了解一下法令实施的情况，并进行推理分析，注意推理的过程要合理。

3. 某糖酒公司经营五种品牌的白酒（分别用 A、B、C、D、E 代表），这五种白酒各有特色。但市场销售中 A、B 有些滞销，积压量大，而 C、D 是平销，E 畅销，库存量较少。为进一步研究市场需求，加快企业资金周转，调节市场供求，决定对商品的价格进行调整，调低 A、B 两种白酒的价格，适当提高 C、D、E 的价格。为获得良好的市场销售结果，在调价过程中进行实验。调价前先分别测定五种品牌白酒的销售数量及市场占有率，然后再调整价格进行销售。实验一个月后，再测量五种品牌白酒的销售数量及其构成。这样来观察判断商品调价后的市场需求情况和销售趋势。经实验调查测定，实验前后数据如表 4-37 所示。

表 4-37　白酒调价前后实验数据汇总表

结果 品牌	每瓶零售价（元）		销售数量（箱）		构成（%）	
	实验前	实验后	实验前	实验后	实验前	实验后
A	12.6	10.6	40	55	20.0	26.2
B	12.2	10.2	41	50	20.5	23.8
C	7.8	9.6	36	35	18.0	16.7
D	7.1	8.5	38	36	19.0	17.1
E	6.5	8.2	45	34	22.5	16.2
总计			200	210	100	100

请根据以上材料分析，该公司的价格调整策略是否成功？

4．请完成任务 16 综合实训题 "广州市中、高档商品房需求市场调查" 的数据分析工作，要求做到图表清晰，数据分析有理有据。

综合实训

必达公司通过对某宾馆 800 名顾客抽样调查（问卷调查），获得如表 4-38 所示汇总数据。

表 4-38　某宾馆顾客满意度意见汇总表

序号	项目	很满意	较满意	一般	不满意	很不满意
1	进店接待	170	180	250	150	50
2	手续办理	178	188	260	138	36
3	大堂布置	180	230	260	90	40
4	大堂设施	180	230	260	90	40
5	大堂卫生	180	190	248	142	40
6	客房布置	188	192	236	144	40
7	客房设施	150	160	240	150	100
8	客房卫生	148	162	250	140	100
9	客房服务	180	195	258	97	70
10	客房用品	148	160	252	148	92
11	水电供应	200	260	278	50	12
12	通信设施	200	250	288	40	22
13	电视配置	200	250	288	40	22
14	服务态度	150	160	250	140	100
15	投诉处理	140	170	250	130	110
16	餐厅布置	156	200	300	84	60
17	餐厅设施	156	200	300	84	60
18	餐厅卫生	160	200	300	130	110

(续表)

序号	项目	很满意	较满意	一般	不满意	很不满意
19	餐厅服务	150	180	240	130	100
20	饭菜品种	150	160	250	140	100
21	饭菜卫生	140	170	250	130	110
22	饭菜份量	150	180	250	120	100
23	饭菜档次	150	160	250	130	110
24	饭菜价格	150	160	250	130	110
25	饭菜色香味	140	150	230	160	120
26	碗筷餐巾	150	180	250	120	100
27	等候时间	200	250	288	40	22
28	酒水饮料	200	260	270	48	22
29	酒店外观	200	250	288	40	22
30	酒店装修	210	260	298	22	10
31	酒店绿化	210	260	298	20	12
32	娱乐设施	140	160	220	160	120
33	酒店交通	210	250	300	30	10
34	宣传用品	130	160	200	198	112
35	酒店安全	200	250	288	50	12

其他调查资料：

1．顾客来酒店之前，知道本酒店的有 320 人，不知道的有 480 人。

2．顾客来本店的次数分布：1 次的 300 人，2 次的 200 人，3 次的 120 人，4 次的 100 人，4 次以上的 80 人。

3．本店近三年来营业收入增长率分别为 8.6%、9.8%和 7.2%。

4．本店近三年投入的广告费用增长率分别为 5.3%、4.2%和 2.8%。

5．根据本店员工满意度调查，有关项目的满意度为：用人机制 75.8%，物质激励 80.1%，精神激励 71.3%，人际关系 70.2%，劳资关系 73.2%，技术培训 70.2%，发展期望 68.8%，企业管理 70.5%，愉快感 70.1%，信任感 70.2%，员工安心率 68.3%。

设计要求

1．过程要求　学生根据上述数据汇总，分小组开展讨论，并初步完成相应的数据分析工作。

2．成果要求　提交分析材料，并制作 PPT 阐述分析结果。

3．其他要求　能合理运用相关理论知识，按照调查资料整理的步骤进行，顺利进行团队合作，在交谈讨论时能围绕主题清晰表达自己的观点，学会倾听他人，尊重他人意见，能熟练使用 Excel 软件，面对困难能找出合理的解决方法，并做简单描述性分析。

拓展阅读

辛普森悖论

辛普森悖论，即在分组比较中都占优势的一方，会在总评中反而是失势的一方。该现象于20世纪初就有人讨论，但一直到1951年，E·H·辛普森在他发表的论文中才正式被描述解释，后来人们就以他的名字命名该悖论。辛普森悖论的例子如下：

秘书："校长，不好了，有很多男生在校门口抗议，他们说今年研究所女生的录取率是42%，是男生21%录取率的2倍，我们学校录取学生存在性别歧视。"

校长满脸疑惑地问秘书："我不是特别交代，今年要尽量提升男生录取率吗？"

秘书赶紧回答："确实已交代下去，我刚刚也查过，今年法学院录取率是：男性75%，女性只有49%；而商学院录取率是：男性10%，女性为5%（见表4-39）。这两个学院都是男生录取率比较高。"

表4-39 研究所学生申请与录取情况表

学院	女生 申请	女生 录取	女生 录取率（%）	男生 申请	男生 录取	男生 录取率（%）	合计 申请	合计 录取	合计 录取率（%）
商学院	100	49	49	20	15	75	120	64	53.30
法学院	20	1	5	100	10	10	120	11	9.20
总计	120	50	42	120	25	21	240	75	31.25

你知道为什么个别录取率男生皆大于女生，但是总体录取率男生却远小于女生吗？

原因是，简单地将分组资料相加汇总，并不一定能反映真实情况。

就本例的录取率与性别来说，导致辛普森悖论有两个前提。

（1）两个分组的录取率相差很大，即法学院录取率9.2%很低，而商学院53.3%却很高，另外，两种性别的申请者分布比重却相反，女生偏爱申请商学院，故商学院女生申请比率占83.3%，相反男生偏爱申请法学院，因此法学院女生申请比率只占16.7%。结果从数量上来说，录取率低的法学院，因为女生申请人数少，所以不录取的女生相对很少。而录取率很高的商学院虽然录取了很多男生，但是申请者却不多。使得最后汇总的时候，女生在数量上反而占优势。

（2）性别并非是录取率高低的唯一因素，甚至可能是毫无影响的，至于在法学院和商学院中出现的比率差可能是属于随机事件，又或者是其他因素作用，例如学生入学成绩却刚好出现这种录取比例，使人牵强地误认为这是由性别差异造成的。

为了避免辛普森悖论的出现，就需要斟酌各个分组的权重，并乘以一定的系数去消除以分组数据基数差异而造成的影响。同时必须了解清楚是否存在潜在因素，要综合考虑。

备注：权重是要从若干评价指标中分出轻重来，一组评价指标体系相对应的权重组成了权重体系。如：学生期末总评是对学生平时成绩，期中考成绩，期末考成绩的综合评价，但是这三个成绩所占期末总评成绩的比重不一样。若平时成绩占30%，期中考成绩占30%，期末考成绩占40%，那么期末总评=平时成绩×0.3+期中考成绩×0.3+期末考成绩×0.4。

项目五

撰写调查报告

任务 19　调查报告及其撰写

技 能 目 标	知 识 目 标	素 质 目 标	建 议 课 时
掌握市场调查报告的写作格式及写作技巧 能够运用市场调查数据分析资料撰写市场调查报告	理解市场调查报告的写作意义 掌握市场调查报告的基本结构	培养学生的沟通与口头表达能力、文字表达能力、数据分析能力	6

任务情境

一转眼到年底了,大大乳品公司派代表来听必达公司关于大大酸奶客户满意度调查结果的汇报。广峰所在团队负责进行数据分析、报告撰写、PPT 制作。

市场调查报告,就是根据市场调查、收集、记录、整理和分析市场对商品的需求状况以及与此有关的资料的文书。换句话说,就是用市场经济规律去分析,进行深入细致的调查研究,透过市场现状,揭示市场运行的规律、本质。

一、市场调查报告的意义

市场调查报告作为市场调查环节的最后一步也是最重要的一步。调查员以书面形式,反映市场调查内容及工作过程,并提供调查结论和建议的报告。市场调查报告是市场调查研究成果的集中体现,其撰写的好坏将直接影响到整个市场调查研究工作的成果质量。一份好的市场调查报告,能给企业的市场经营活动提供有效的导向作用,能为企业的决策提供客观依据。

二、市场调查报告的要求

(1) 调查报告应结构严谨、语言简练、有说服力,词汇尽量通俗易懂。

(2) 调查报告应该能让读者了解调查过程的全貌,并将调查过程中各个阶段收集的有关资料组织在一起。

(3) 调查报告应该对调查活动所要解决的问题提出明确的结论或建议。

三、调查报告的类型

1. 按服务对象分

可分为市场需求者调查报告(消费者调查报告)、市场供应者调查报告(生产者调查报告)。

2. 按调查范围分

可分为全国性市场调查报告、区域性市场调查报告、国际性市场调查报告。

练一练 19-1

请把调查报告的分类方法转化为表格。

3. 按调查频率分

可分为经常性市场调查报告、定期性市场调查报告、临时性市场调查报告。

4. 按调查对象分

可分为商品市场调查报告、房地产市场调查报告、金融市场调查报告、投资市场调查报告等。

5. 按报告性质分

可分为普通调查报告、研究性调查报告、技术报告。

6. 按报告表述方式分

可分为陈述性市场调查报告和分析型市场调查报告。

练一练 19-2

阅读图 5-1 所示 2015 年卫浴市场调查报告。按照上面 6 种分类方法判断调查报告的类型，并把帮助你判断的标准画出来。

请扫描二维码阅读详细文字

图 5-1 2015 年卫浴市场调查报告

四、市场调查报告的内容和格式

一篇规范的市场调查报告，一般应包含下列三个部分：前言部分、主体部分、结尾部分。如图 5-2 所示。

```
前言
    ● 标题页
    ● 目录
    ● 委托信
    ● 摘要及小结
主体
    ● 引言
    ● 调查方法
    ● 调查材料
    ● 总结
结尾
    ● 附录
```

图 5-2　市场调查报告的三大部分

1. 前言

概述调查宗旨、经过、调查目的、调查方法和技术以及必要的谢辞等，它的实际意义和理论意义是什么、哪些问题还待解决等，使读者获得一个全面的印象，以期引起他们的注意和兴趣。前言包括：标题页、目录、委托信、摘要及小结。

（1）标题页。内容包括：市场调查报告的题目、机构、调查报告的时间。市场调查报告的标题与市场调查题目往往是一致的。

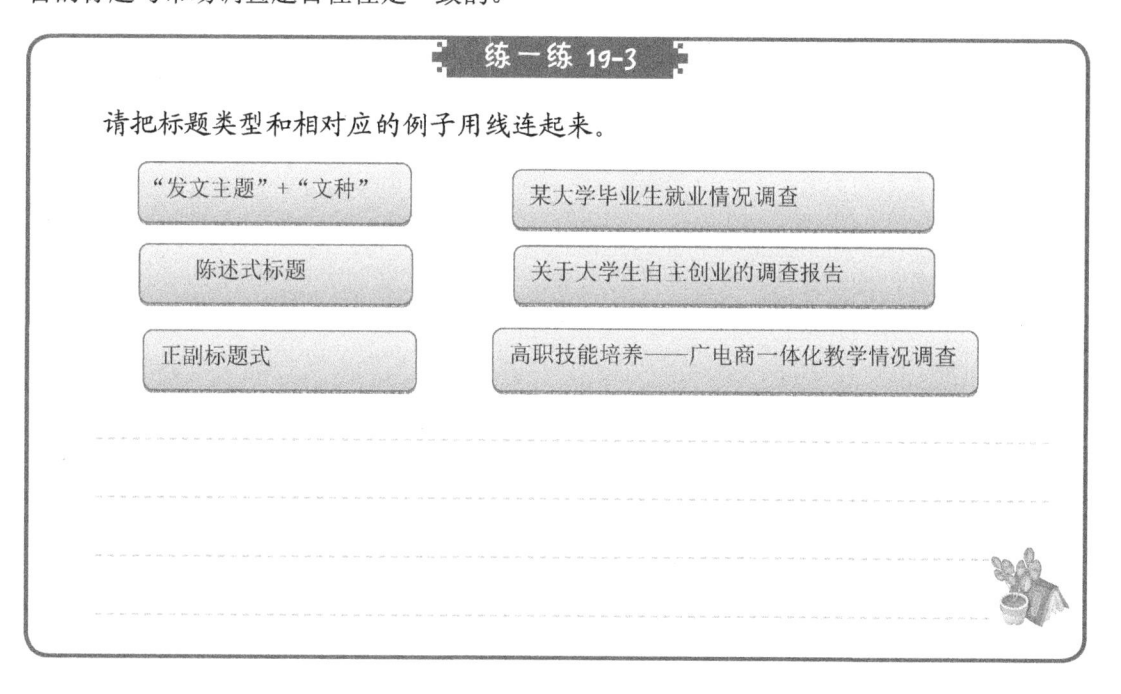

练一练 19-3

请把标题类型和相对应的例子用线连起来。

"发文主题" + "文种"	某大学毕业生就业情况调查
陈述式标题	关于大学生自主创业的调查报告
正副标题式	高职技能培养——广电商一体化教学情况调查

练一练 19-4

为委托公司提出的"消费者对大大常温酸奶产品的口感、包装和容量方面的期望"设计通俗的标题，并把图 5-3 中的空白封面补充完整。

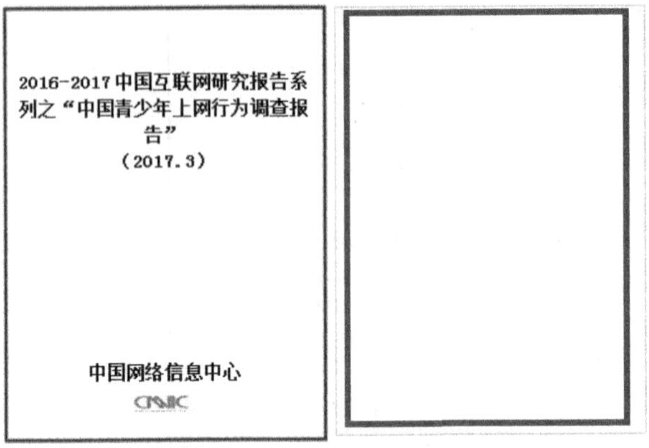

图 5-3　市场调查报告封面

（2）目录。

如果调查报告的内容、页数较多，为了方便读者，应当使用目录或索引形式列出报告所分的主要章节和附录，并注明标题、有关章节的号码及页码。电子版的目录可以在 Word 中自动生成。

练一练 19-5

为委托公司提出的"消费者对大大常温酸奶产品的口感、包装和容量方面的期望"设计调查项目，请你尝试把目录章节列出来。

第一章　调查背景

第　　章

第　　章

第　　章

目录可参考图5-4。

一、摘要 3	第一章 调查介绍 1
二、调研目的 3	1.1 调查背景 1
三、调研内容与范围 3	1.2 报告术语界定 1
（1）消费者 3	1.3 调查方法 1
（2）参展商 3	1.3.1 调查总体 1
四、调研方法 4	1.3.2 样本规模 2
（1）调查方式 4	1.3.3 调查内容 2
（2）问卷设计思路 4	1.3.4 调查方式 2
（3）深度访谈操作流程 4	1.4 主要发现 2
（4）问卷设计流程 5	第二章 手机网民发展概况 4
（5）访员要求 6	2.1 第一波手机网民潜力挖掘殆尽，增速急降 ... 4
（6）我司访员优势和培训计划详见"附录" ... 6	2.2 PC上网与手机上网互相渗透，融合趋势明显 ... 5
五、调研进度、经费预算 6	第三章 手机网民结构 5
（1）调研进度安排 6	3.1 中国总体手机网民结构分析 5
（2）经费预算（略） 7	3.2 新增手机网民结构分析 9
六、附录 8	第四章 手机网民使用特点 11

图5-4 市场调查报告目录

练一练 19-6

请为一篇已经完成的调查报告编制目录。如条件允许也可以用 Word 直接生成。
自动生成文章目录的操作：
1. 设置标题格式
（1）选中文章中的所有一级标题。
（2）单击"格式"工具栏左端"样式"列表中的"标题1"。
仿照步骤（1）和步骤（2）设置二、三级标题格式为标题2、标题3。
2. 自动生成目录
（1）把光标定位在文章第1页的首行第1个字符左侧（目录应在文章的前面）。
（2）执行菜单命令"插入/引用/索引和目录"，打开"索引的目录"对话框。
（3）在对话框中单击打开"目录"选项卡，进行相关设置后，单击"确定"按钮，文章的目录自动生成完成。

（3）委托信。

委托专业市场调查公司来做市场调查必须授予委托信或签订委托合同。授权委托信需写清楚：委托双方名称、委托事务、权责分担等，如图5-5所示。

```
                        市场调查委托合同
甲方：上海×房地产集团有限公司
乙方(viiress)：上海×管理顾问有限公司

   受甲方委托，乙方(viiress)为甲方的×花园房地产项目进行市场调查。双方经充分协商，根据有关法律法规，本着公平、
诚信和互利互惠的原则，就相关事宜达成以下协议：
一、委托调查项目
   1、项目名称：×花园房地产项目市场调查。
   2、甲方委托乙方调查的内容等详见附件一：《×花园房地产项目调查纲要》。
二、项目工作组
   针对甲方所委托项目，乙方专门成立由上海×大学产业经济与区域经济学教授×、市场营销学教授×、旅游与酒店管理学
博士×等相关专家组成的项目工作组（项目工作组成员的简历和名单等详见附件二），负责项目调查工作方案的制订、市场调查
的组织协调、市场调查结果的分析、市场调查报告的编制以及提供相关建议。
三、调查期限
   1、乙方在本协议签订之日起×日内完成调查，并向甲方提供市场调查报告的文字资料和电子版资料各三套。乙方保证调查
报告中的数据均真实、准确、可靠。甲方有权要求乙方提供调查的全部原始资料，以核对上述数据是否真实。
   2、乙方应当按照《×花园房地产项目调查纲要》所列的时间计划完成阶段性调查和报告工作。
四、甲方的协助义务
   1、甲方向乙方提供相关资料。乙方应提前五日向甲方提交所需相关资料明细，经甲方确认同意后乙方提供，如甲方拒绝
提供，乙方不能以此为由拒绝或延期向甲方提供市场调查服务。
   2、乙方独立调查有困难的，经甲方同意，可请甲方提供协助。
五、保密义务
   1、乙方承诺对甲方的商业秘密负有保密义务。
   2、泄密责任：乙方承担因泄漏甲方商业秘密而给甲方造成的全部损失。经济损失难以计算的，赔偿额应当相当于本合同总
价款的十倍。
六、成果提交与验收
```

图 5-5 市场调查委托合同范例

练一练 19-7

请你在网上查找一篇市场调查委托书或市场调查委托合同的样板，以大大乳业代理人的身份尝试写一篇委托书。

参考：本人（姓名）系（投标人名称）的法定代表人，现委托（姓名）为我方代理人。代理人根据授权，以我方名义签署、澄清、递交、撤回、修改（项目名称）处理（调查内容）有关事宜，其法律后果由我方承担。

(4) 摘要及小结。

摘要及小结的写法有下列几种（有的小型调查报告把这块内容直接作为前言）。

第一种是写明调查的起因或目的、时间和地点、对象或范围、经过与方法，以及人员组成等调查本身的情况，从中引出中心问题或基本结论来，如图 5-6 所示。

第二种是写明调查对象的历史背景、大致发展经过、现实状况、主要成绩、突出问题

等基本情况，进而提出中心问题或主要观点来，如图5-7所示。

关于中北女大学生化妆品消费市场的调查报告

1. 概述

为了解中北大学女大学生化妆品消费市场的情况，洞察她们的消费习惯和规律，以便更深入的了解中北大学生化妆品消费特征，从而制定出适合中北大学女大学生的营销策略，六位来自中北大学08级市场营销一班的同学，于2011年6月7日至6月16日进行了一次关于中北大学女大学生化妆品消费市场的调查与分析。现将调查活动的情况介绍如下：

1.1 调查目的

本次调查的目的主要是揭示我校女大学生化妆品的消费市场的特征，以及提出开发该部分市场的一些建议，从而为化妆品销售商和生产商开发中北大学女大学生化妆品消费市场提供参考。

1.2 调查对象

这次市场调查的对象是中北大学全体在校本科女大学生。

1.3 调查方法与方式

图5-6 市场调查前言中摘要及小结范例1

可口可乐调查报告

一、公司简介

可口可乐这风行世界一百余年的奇妙液体是在1886年由美国乔治亚州亚特兰大市的药剂师约翰·彭伯顿博士（John S. Pemberton）在家中后院将碳酸水和糖以及其他原料混合在一个三角壶中发明的。「可口可乐」的英文名字是由彭伯顿当时的助手及合伙人会计员罗宾逊命名的。罗宾逊是一个古典书法家。他认为"两个大写C字会很好看"，因此他亲笔用斯宾塞草书体写出了"Coca-Cola"。"coca"是可可树叶子提炼的香料，"cola"是可果果中取出的成份。「可口可乐」的商标百多年来一直未有改变。

二、在中国市场的发展

概括的讲，可口可乐在中国市场的发展也应当分为两个阶段：

第一阶段，解放前，是可口可乐在旧中国市场的发展阶段。可口可乐在中国的发展历史最早起源于1927年。当时，可口可乐来到中国并在上海设立了中国第一家装瓶厂。到1930年，可口可乐已经在中国青岛建立了第三个装瓶厂。1948年，上海已经成为了美国境外第一个年销售量超过100万箱的重要市场。1949年，新中国成立，可口可乐公司停止了在中国的业务。

图5-7 市场调查报告前言中摘要及小结范例2

第三种是开门见山，直接概括出调查的结果，如肯定做法、指出问题、提示影响、说明中心内容等。前言起到画龙点睛的作用，要精炼概括，直切主题，如图5-8所示。

2. 主体

（1）引言、项目背景。

此部分内容主要是写营销环境分析，影响项目的背景因素分析、政治和法律环境、经济环境、科技环境、社会文化环境、自然环境。一般会涉及的分析类型如表 5-1 所示。

> **茶叶市场调查报告**
>
> 一、调查结果分析
>
> 　　1、调查方向：针对淘宝、京东网络销售平台，包括高中低档多种品类进行调查。主要调查内容为茶叶畅销品牌、消费者接受程度较高的价格区间，以及购买率较高的包装规格等。
>
> 　　2、调查内容：调查了淘宝、京东多家综合、人气、销量排名靠前的产品和店铺。针对品牌、价格、包装三个内容作重点调查，结果大致如下：
>
> 　　（1）品牌：通过对多家店铺的调查结果显示，在网络平台畅销的茶叶以花草茶和乌龙茶为主。在数家店铺中，花草茶和乌龙茶在店铺里占据了极大位置；此外，十大名茶中的铁观音、碧螺春两个品牌的茶叶在网络平台销售情况较为突出。西湖龙井、武夷山大红袍次之。

图 5-8　市场调查报告前言中摘要及小结范例 3

表 5-1　背景分析内容表

营销环境分析	背景因素分析、政治和法律环境、经济环境、科技环境、社会文化环境、自然环境（PEST 分析）
项目市场分析	市场目前的容量分析、行业发展前景、趋势分析
目标客户群分析	消费者基本特征描述、消费者分析、心理因素、生活方式、性格、爱好、价值观；消费群体的构成与消费情况
商业推广与消费习惯特征的基本分析	根据使用场合、场所、目的及与媒体接触度来制定渠道策略、产品定位策略、媒体推广策略、品牌传播和促销分析
竞争对手分析	市场占有率、价格、广告与促销的比较
产品分析	优势、劣势、机会、威胁（SWOT 分析）

练一练 19-8

　　请你在网上查找乳制品行业的资料，完成大大乳业旗下酸奶客户满意度的调查报告中的营销环境分析。

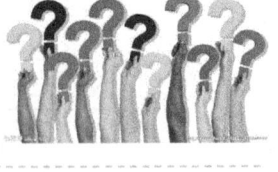

（2）调查方法。

包括本次调查涉及的范围，典型的选择，调查对象分类原则及调查的时间和地点。

（3）调查材料。

材料包括用来对比或说明现象结构的背景材料、其他调查材料、典型调查材料以及文献资料。要求在各自不同的角度和层次围绕主题展开，用材料来证明观点，并以观点来统帅材料。

（4）总结。

总结包括结论、预测、建议和对调查的估价。结论是对本次调查所研究的现象的状况、结构、特征、原因、相互联系作出明确扼要的判定。预测是根据调查结果对本课题的发展进行估计；建议是对调查中发现的一些问题提出建设性意见；估价是对自己所作调查实事求是的评价，特别是结论成立的条件。

3. 结尾

一般是附录部分，包括调查问卷和参考资料。如调查中采用了问卷，应附于调查报告之后。

五、市场调查报告的写作技巧

要写好一篇调查报告，要做好市场调查研究前期工作。写作前，要根据确定的调查目的，进行深入细致的市场调查，掌握充分的材料和数据，并运用科学的方法，进行分析研究判断，为写作市场调查报告打下良好的基础。进行报告撰写时需要掌握以下几点技巧。

1. 要具体，不要空洞

怎样才能做到具体呢？一个重要的问题是要善于运用事例和数据，坚持用事实说话。事实包括历史事件和现实经验，数据是用数字表现的事实。"事实胜于雄辩"，事实材料反映出不以人的意志为转移的客观事实，具体实在。在调查报告中运用事实说理，用材料证明观点，能很好地从理论与实际相结合的高度说明问题。

2. 要简明，不要烦琐

写调查报告，由于是反映情况，因而最烦琐。怎样才能做到简明呢？根本问题是要抓住要领，抓住关键。如果能用典型事例和典型数据去说明带根本性的观点，自然就可做到简明而不烦琐。

3. 要有点有面，不要笼统浮泛

写调查研究报告，如果只有面（一般情况）而没有点（典型事例和典型数据），就容易笼统浮泛，调查研究报告就缺乏说服力。因此，必须在广泛概括"面"的背景之下，要有生动的"点"上的材料，通过众多的"点"反映"面"，做到点面结合，从而使调查报告既有广度，又有深度。

> **案例 19-1**
>
> 例1：2013年房地产市场持续活跃，前11个月房地产开发投资已经超过去年总量，同比增速达19.5%。此前密集出台的房地产调控政策也被市场消化，活跃的刚性需求推动住宅市场量价齐涨。为了给市场降温，年末一二线城市陆续出台地方调控政策，包括严格限购、提高二套房的首付比例等。预计短期内针对住宅市场的调控仍将持续。该报告预计，
>
> 例2：未来10年，中国报业发展将呈现八大趋势：报纸出版的集约化水平将大幅提高；报业第四个增长周期即将到来；中央党报和省级党报将确立高端主流大报的领导地位；都市报的发展模式将重大转型；行业专业报纸将普遍树立资源中心观，"数字报业"将改变传统报业形态；职业报人和职业报业经理人群体将加速形成；海外报业市场将成为新的发展空间。

4．要有叙有议，不应罗列现象

在调查报告中，叙是铺叙情况，议是表明观点。调查报告是反映情况的，但不能只摆情况，要有底座，有观点。只有从材料中升华出观点，调查报告才会有一定理论高度，才能给人们以启示和指导。当然，也应该议不脱离叙，既不能空发议论，也不能叙不够而议很多。

5．要生动，不要呆板

调查报告虽然是反映情况的，但也要求生动。因为情况只有被生动地反映出来，调查报告才能获得最佳效果。调查报告的生动性并非借助于描写的手法，也不是要创造出生动的形象来，而是借助于生动活泼的群众语言和通俗、形象的比喻。这种群众语言和比喻能够深入浅出地提出事物本质，解释和说明观点，产生很好的效果。

六、编写市场调查报告的注意事项

1．市场调查结果沟通

一份好的市场调查报告不仅要精心设计报告内容，同时要合理地组织安排报告结构和格式，更重要的是应以客户导向为基础，在调查进行的不同阶段（包括结果分析阶段）与客户保持良好的沟通。

2．合乎逻辑

撰写市场报告应按照调查活动展开的顺序，前后衔接、环环相扣，使调查报告结构合理、符合逻辑，并对必要的重复性调查工作进行适当说明。通常通过设立标题、副标题、小标题并标明项目的等级符号以增强报告的逻辑性。

3．解析充分，结论正确

调查报告中的图、表是为增强阅读性、可视性而设计的，然而并不意味着不需要进行任何解释性工作。尽管绝大多数人都能够理解图、表的内容及含义，但调查报告撰写者应辅以相关文字进行说明。同时，报告中不要堆砌很多与调查目标和调查主题无关的资料和

解释说明，避免形成脱离目标的结论，而是应尽量切合实际地提出调查建议。

4．重视质量，篇幅适当

有些调查员误认为报告越长质量越高，并试图将自己获知的所有信息均纳入到报告之中，从而导致"信息冗余，重点不突出"。因此，应重视调查报告的质量，一份优秀的调查报告应该是简洁、有效、重点突出，篇幅适当。

5．定量与定性分析相结合

一份优秀的调查报告既不能通篇是文字说明（使报告的可续性下降），又不能将所有的定量分析结果罗列，这些使用高技术手段和过度使用定量技术的形式往往被视为"泡沫工作"，给人们的阅读及理解造成干扰和困难。因此，撰写调查报告要将定量分析与定性分析相结合。

6．避免虚假的准确性

通常人们对于统计数字保留到两位小数以上会形成认知错觉，主观上认为这些数字极其精确。例如，"有 60.26%的顾客对我公司提供的服务满意"，人们会误认为 60.26%这一数字是准确无误的，然而，这可能是调查员的技巧与方法。因此，调查员应尊重客观事实，避免虚假的准确性。

实训与练习

一、不定项选择题

1．必须在保证全面、系统地反映客观事物的前提下，突出调查目的，提高报告的针对性、适用性，从而提高其价值，这是市场调查报告编写的（　　）。

　　A．迅速及时原则　　　　　　　　B．实事求是原则
　　C．突出重点原则　　　　　　　　D．客户导向原则

2．市场调查报告的目录包括（　　）。

　　A．前言　　　　B．统计结果　　　C．附录　　　　D．调查问卷

3．附件里面包含的内容有（　　）。

　　A．数据汇总表　　　　　　　　　B．原始资料
　　C．被调查人名片　　　　　　　　D．数据分析结果

二、简答题

1．请说出市场调查报告的类型。
2．用自己的话描述编写市场调查报告的注意事项。
3．请列出市场调查报告中应该出现的内容。

三、实训题

根据模板撰写大大乳品之酸奶满意度调查报告，并按格式要求在电子版上进行排版。

调查题目：　　　　　　　　　（宋体小三）

调查公司：　　　　负责人：　　　　（宋体小三）
调查对象：　　　　　　　　　　（宋体小三）
调查时间：　　年　　月　　日

关于＿＿＿＿＿＿＿＿＿＿的调查报告（黑体二号）

摘要（黑体三号）

　　大学生是一个特殊的消费群体，对大学生网络购物特征进行研究，有助于企业发展大学生网上市场，取得未来的竞争优势。本研究通过调查问卷的方式对大学网络购物情况进行了五个方面的调查，并根据调查结果分析了大学生网络购物潜力大、购物网站集中度高等基本特征……（宋体小四，行间距1.25倍）

　　关键词：＿＿＿＿；＿＿＿＿；调查报告（小四，关键词之间用分号隔开）

注：1. 题目和"摘要"两字之间空一行，"摘要"两字和摘要正文之间空一行，摘要正文和关键词之间空一行。

2. 摘要、目录等前置部分的页码用罗马数字单独编排，正文及正文以后的页码用阿拉伯数字编排。页码应位于页面底端居中。

目　录（黑体三号，居中，和下文空一行）

　　一、引言……………………………………………………………………………1
　　二、

注：1. 引言（问题背景陈述、关键概念和相关理论、研究目的及意义）。
2. 研究结果分析（主体部分）。
3. 小结（小结要简洁中肯，针对假设；从分析中作出合理的推论；具有一定的概括性）。
以上目录内容仅供参考，可以根据调查题目调整报告内容。

一、引言（一级标题三号黑体，居中，一级标题和正文之间要空一行）

二、调查结果分析（内容较多，可以使用计算机完成）

（一）调查对象特征分析（二级标题四号黑体）

（二）性别特征（三级标题小四号黑体）

  本次调查的样本量总计_____个，其中，男性_____，女性_____（正文用小四号宋体，行间距 1.25 倍）。请在图 5-9 中完成样本性别结构饼图。

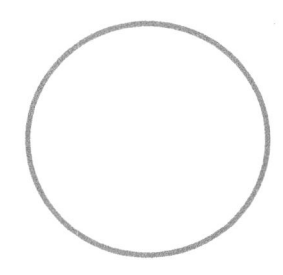

图 5-9　样本性别结构（请做饼图，图表要居中，题注用 5 号黑体）

三、小结

参考文献（三号黑体，居中，和下文空一行，并不必须要。）

[1] 张灿鹏，郭蚬常.市场调查与分析预测[M].北京：清华大学出版社，2008，3：49-55.

[2] 陈正汉.大学生网络购物行为分析研究[J].销售与市场， 2007（6）：34-36.

（宋体小四，行间距1.25倍）

附录 关于酸奶购买行为的调查问卷（黑体三号，居中，与下文空一行。）

亲爱的朋友们：

您好！我们是大二学生，为了将理论付诸于实践，更好地了解所学知识，我们需要对您进行一次关于酸奶市场的调查，希望您能在繁忙之余配合填写，我们将不胜感激！

1．您的性别是（   ）。   （小四号宋体，行间距1.25倍。）

　A．男　　　　　　B．女

2．您的年级是（   ）。

　A．大一　　　　　B．大二　　　　　C．大三

3．您是否喜欢喝酸奶（   ）。

　A 喜欢　　　　　B．一般　　　　　C．不喜欢

4．您一般饮用酸奶的时间为（   ）。

　A．早餐前后　　　B．午餐前后　　　C．晚餐前后　　　D．想喝就喝

5．您比较喜欢喝哪种品牌的酸奶（多选）（   ）。

　A．蒙牛　　　　　B．大大　　　　　C．伊利　　　　　D．畅优

　E．其他

6．您购买酸奶比较注重于（多选）（   ）。

　A．大品牌　　　　B．口味好　　　　C．价格合理　　　D．容量适中

　E．包装精美　　　F．营养价值　　　G．新鲜度　　　　H．其他

7．您比较喜欢喝（   ）口味的酸奶。

　A．原味　 B．水果类（草莓，蓝莓，芦荟，黄桃……）　C．蔬菜类（玉米，红枣……）

　D．奶酪　 E．其他

拓展阅读（具体内容请扫描右侧二维码）